George Walther **Verkaufe alles –
nur nicht
Deine Kunden**

George Walther

Verkaufe alles – nur nicht Deine Kunden

Deutsch von Maria Bühler

ECON Verlag
Düsseldorf · Wien · New York · Moskau

Inhalt

Einleitung 7

I. Kunden auf das Förderband zurückbringen 21

1. Vom Trauerspiel zum Happy-End 23
2. Die Zahlungsmoral 77
3. Schweigen ist gefährlich 108

II. Kunden auf dem Förderband halten 141

4. Lernen Sie Ihre Kunden kennen 142
5. Bleiben Sie in Kontakt 171
6. Die Bedürfnisanalyse 201

III. Kunden auf das Förderband bringen 223

7. Weg von der Al-dente-Akquisition 224
8. Schnelligkeit ist keine Hexerei 239
9. Bringen Sie Leben in Ihre Kundenbeziehungen! 252

Schlußbemerkung:
Die Dichotomie Berufsleben–Privatleben 260

Register 265

Einleitung

Wer Geschäfte machen will, in welcher Branche auch immer, hat drei Schlüsselaufgaben zu erfüllen:
- Aufgabe Nummer 3: Neukunden gewinnen und Geschäfte »abschließen«;
- Aufgabe Nummer 2: Kaufende Kunden zufriedenstellen, damit sie Stammkunden werden, und schließlich
- Aufgabe Nummer 1: Ex-Kunden zurückerobern.

Warum sind die Aufgaben rückwärts numeriert?

Der Grund dafür ist schnell erklärt: Es ist an der Zeit, alte Prioritäten zu revidieren. Ich habe die Schlüsselaufgaben im Marketing auf den Kopf gestellt, weil diese neue Reihenfolge ihrer wahren Bedeutung entspricht. Leider halten sich aber alte Gewohnheiten hartnäckig: Fast alle Anbieter konzentrieren ihre Kräfte auf die Akquisition von Neukunden, getreu dem Motto »Je mehr, desto besser«. Aber was passiert nach dem ersten Auftragseingang? Die Verkäufer haben keine Zeit mehr für die Betreuung der so ausdauernd umworbenen Kunden, und das Wort »Service« bedeutet lediglich, Beschwerden und Reklamationen unter möglichst geringem Aufwand an Zeit und Energie auf ein erträgliches Maß zu reduzieren. Ex-Kunden zurückzugewinnen gilt als eine Aufgabe, die an letzter Stelle rangiert. Zugegeben, es ist nicht immer angenehm, sich mit enttäuschten, unzufriedenen Abnehmern zu befassen, zumal die Jagd nach Neukunden schon nervenaufreibend genug ist.

Verkaufe alles – nur nicht Deine Kunden zeigt den Verkaufs- und Marketingprofis, *warum* und *wie* sie ihre Prioritäten neu ordnen sollten und warum die Konzentration auf die kaufenden und ehemaligen Kunden lohnender ist als eine rekordverdächtige Zahl von Neuabschlüssen.

Mein neues Marketingmodell erschöpft sich aber keineswegs in einigen guten Tips zur Verbesserung Ihres Post-Sales-Service. Es geht um viel mehr. Die neuen Marketingprioritäten eröffnen Ihnen plötzlich Absatzchancen, die bisher niemand auch nur ansatzweise wahrgenommen hat: das Geschäft mit den Ex-Kunden. Dieses Buch zeigt Ihnen, daß Ihre Möglichkeiten mit einem exzellenten Kundendienst noch längst nicht ausgeschöpft sind. Noch rentabler ist es, erloschene Beziehungen zu früheren Käufern neu zu beleben.

Sie halten also nicht nur eine Verkaufsfibel in den Händen. Dieses Buch ist weit umfassender: Es zeigt Ihnen Schritt für Schritt, wie Sie Ihren Kunden einen herausragenden Post-Sales-Service bieten *und* Beziehungen zu ehemaligen Käufern erneuern, die zur Konkurrenz abgewandert sind.

Verkaufe alles – nur nicht Deine Kunden rollt Ihre Aufgaben neu auf. An erster Stelle steht nun eine Verkäuferpflicht, an die Sie sonst als letztes denken, Aufgabe Nummer eins: Ex-Kunden zurückgewinnen. Diese stellen nämlich das größte ungenutzte Potential dar, das es überhaupt gibt. Wenn Kunden sich beschweren und verärgert sind, wenn sie ihre Rechnungen nicht pünktlich bezahlen oder stillschweigend zur Konkurrenz gehen, müssen Sie das als die beste Gewinnchance sehen, die Sie sich nur wünschen können ... vorausgesetzt, Sie wissen, wie Sie die verlorenen Kunden zurückerobern. Welche Methoden es zu diesem Zweck gibt, erfahren Sie am Beispiel von Gesellschaften wie US WEST Cellular, Embassy Suites und Ameritech Publishing, und auch der amerikanische Automobilclub AAA hat beeindruckende Strategien entwickelt. Sie alle ernten die Früchte ihrer Bemühungen, eingeschlafene Kundenbeziehungen wiederzubeleben. Ihre neuen Techniken und Vorgehensweisen haben ihnen den Weg zu einer besseren Kundenbeziehung freigemacht. Auch Sie können aus Ex-Kunden Ihre treuesten Abnehmer machen. Alles, was Sie dazu wissen müssen, ergibt sich aus der Umkehrung der Prioritäten, die in den folgenden Kapiteln Schritt für Schritt erklärt wird.

Wenn Sie Aufgabe Nummer eins und damit die gewinnträchtigste

Strategie schon umgesetzt haben, geht es weiter zur zweiten Aufgabe: die Beziehungen mit den derzeitigen Kunden pflegen und festigen. Ihre Kunden werden mit Begeisterung reagieren, wenn sie feststellen, daß sie beachtet und wichtig genommen werden. Auf die richtige Form der Aufmerksamkeit kommt es an! Am Beispiel von CareerTrack Seminars, IBM, Airborne Express, Apple Computer und Lexus wird deutlich, daß beide Seiten profitieren, wenn die Bedürfnisse der Kunden ernst genommen werden. Wieder erfahren Sie Schritt für Schritt, wie auch *Sie* langfristig loyale Kunden gewinnen.

Im dritten Teil des Buches geht es dann um die eigentliche Akquisition. Die Schwerpunkte liegen auf einer verbesserten Analyse potentieller Abnehmerkreise, auf dem raschen Aufbau einer gesunden Basis für die zukünftige Beziehung und auf dem Bemühen, Mißverständnisse von vornherein auszuschalten. Weyerhaeuser, US Bank und MCI wenden diese wirkungsvollen Methoden mit großem Erfolg an. Auch Sie können diese Techniken sofort umsetzen und mit weniger Aufwand mehr erreichen. Sie werden keine Geschäfte mehr »abschließen«, sondern »eröffnen«. Zu der dazu notwendigen Neudefinition der Kundenbeziehungen verhilft Ihnen eine wirkungsvolle, detailliert beschriebene Dreipunktemethode.

Der Vergleich mit dem Förderband

Im folgenden dient das Förderband als Metapher für erfolgreiche Kundenbeziehungen.
Stellen Sie sich ein Förderband vor, das etwa einen Meter breit und unendlich lang ist. Es beginnt direkt vor Ihnen und erstreckt sich dann in die Ferne. Die meisten Anbieter konzentrieren all ihre Kräfte darauf, Interessenten auf das Band zu hieven, also Neukunden zu akquirieren. Sie halten Ausschau nach potentiellen Käufern, umschmeicheln und umgarnen sie und helfen mit mehr oder minder sanftem Druck nach, damit ein Interessent den ersten großen Schritt tut. Mit dem Erstauftrag haben sie ihn dazu bewegt, aufs Förderband zu steigen. Allerdings sind damit auch erhebliche

Kosten verbunden: Die »Akquisitionskosten« umfassen sämtliche Aufwendungen, die nötig sind, um potentielle Abnehmer zu identifizieren, ihre Aufmerksamkeit zu wecken und sie schließlich zum Kauf zu bewegen. In der Regel übersteigen diese Kosten die Einnahmen aus dem ersten Abschluß um ein Vielfaches.
Sobald nun aber die so hartnäckig umworbenen Neukunden auf dem Förderband stehen, geschieht etwas Merkwürdiges: Je weiter sie auf dem Band transportiert werden, desto weniger kümmert man sich um sie. Was ist der Grund dafür? Die Antwort liegt auf der Hand: Die Verkäufer sind vollauf damit beschäftigt, *weitere* Neukunden an Land zu ziehen. Neukunden »aufs Band zu hieven« ist fast zum Sport geworden. Es ist ja auch viel spannender, sein ganzes Können in die Waagschale zu werfen, damit der zukünftige Abnehmer nicht im letzten Moment vor der Vertragsunterzeichnung noch einen Rückzieher macht, als Aufträge eines »sicheren« Kunden hereinzuholen. Dabei – und dies ist von entscheidender Bedeutung – sind routinemäßige Nachbestellungen schon alleine deshalb viel profitabler als Erstaufträge, weil keine Akquisitionskosten mehr anfallen. Aufträge von Altkunden sind immer einträglicher, weil die Einnahmen nicht von den hohen Anfangsverkaufskosten wieder aufgezehrt werden.
Früher oder später verlassen die Kunden das Förderband jedoch wieder. Genau hier liegt der Ansatzpunkt für Ihre gewinnträchtigsten Geschäftsbeziehungen – Sie müssen Ihre Chancen nur nutzen. Die wenigsten Unternehmen schenken ihrer Kundenfluktuation – oder der Quote der Kunden, die »vom Band fallen« – Aufmerksamkeit. Tatenlos sehen sie zu, wie Kundenbeziehungen einschlafen. Kaum ein Verkaufs- und Marketingprofi verschwendet noch einen Gedanken an Ex-Kunden, nachdem sie aufgehört haben zu bestellen. Kunden, die es mit der Zahlungsmoral nicht so genau nehmen, zornige Beschwerdebriefe schreiben oder einfach nur weniger Bestellungen aufgeben als bisher, sind entweder schon vom Band gefallen oder auf dem besten Weg dazu. *Bei diesen Kunden liegt Ihr größtes Absatz- und Gewinnpotential.* Entweder hat man ihnen bisher »nur« zuwenig Beachtung geschenkt, oder – das ist der schlimmere Fall – die Kunden haben wirklich schlechte Erfahrungen gemacht. Statt ihre fehlende oder schwin-

dende Loyalität in eine Chance zur Steigerung der Gewinne zu verwandeln, werden sie in dieser Phase der Beziehung kurzerhand in die Schublade der »Nullumsätze«, »Nörgler« oder »Problemkunden« gesteckt, mit denen sich ohnehin niemand gerne abgibt. Sehen Sie es doch einmal so: Die größten Gewinne im Geschäftsleben winken dann, wenn Sie Ihre Kunden dazu bewegen können, »auf dem Förderband zu bleiben«. So sichern Sie sich kontinuierliche, langfristige Einnahmen. Macht es denn Sinn, hektisch immer wieder neuen Kunden nachzujagen? Ist es nicht lohnender, sich kritisch zu fragen, warum Kunden mit einer ehemals starken Kaufbindung abgesprungen sind und wie man sie langfristig zurückgewinnen kann?

Die drei Schlüsselziele jedes Unternehmens

Vereinfacht ausgedrückt, verfolgt jedes Unternehmen drei Schlüsselziele:

① Kunden auf das Förderband bringen
Diese Aufgabe ist kräftezehrend, verursacht hohe Kosten und ist selten rentabel, weil ein Großteil der Anstrengungen ohnehin ins Leere verpufft. Trotzdem gilt sie in den meisten Vertriebsabteilungen als die wichtigste überhaupt. Der Verkaufsrepräsentant, der den angeblich so lukrativen neuen Kunden gewinnt und ihn mit einer Vertragsunterzeichnung auf das Band hievt, wird gelobt, erhält ein Ticket nach Mexiko und einen dicken Prämienscheck dazu.

② Kunden auf dem Band halten
Dieses Ziel ist viel einfacher zu erreichen, aber dafür weniger spannend. Kundendienstmitarbeiter oder Innendienstspezialisten, die langfristige Käuferbeziehungen sorgfältig pflegen, können weder auf Freiflüge noch auf Prämien hoffen. Dies ist paradox, weil sie mit ihrer Arbeit weit mehr Gewinne erwirtschaften als die Verkaufskanonen, die Tag für Tag neuen Abschlüssen nachjagen.

③ Kunden auf das Band zurückbringen
Die Aufgabe, sich mit unzufriedenen Kunden zu befassen, die ihre Bestellaktivitäten zurückgeschraubt oder schon ganz eingestellt haben, wird selten als Unternehmensziel formuliert. Dies ist um so merkwürdiger, als es die gewinnversprechendste Tätigkeit ist, der sich eine Vertriebsabteilung überhaupt widmen kann. Es gibt keine bessere Möglichkeit, Aufträge langfristig zu sichern oder sich über Mängel an den eigenen Produkten oder Dienstleistungen zu informieren und damit negative Publicity von vornherein zu vermeiden, als Ex-Kunden zu kontaktieren, ihnen Aufmerksamkeit zu widmen und zuzuhören. Aber wer tut das schon? In der Regel niemand.

Eine Frage des gesunden Menschenverstandes

Es klingt sicher einleuchtend, daß Sie herausfinden sollten, was in der Beziehung zu Ihren Kunden nicht stimmt, damit Sie rechtzeitig Gegenmaßnahmen ergreifen können. Ebenso einleuchtend ist es, daß Unternehmen sich auf ihre profitabelsten Kunden konzentrieren sollten, und das sind nun einmal diejenigen, die schon auf dem Band stehen. *Verkaufe alles – nur nicht Deine Kunden* handelt davon, sich auf den guten alten Menschenverstand zu besinnen und schon bestehende Kundenbeziehungen optimal zu gestalten. So widersinnig es ist, aber in der Regel konzentriert man sich – bisher – ausschließlich auf die weniger profitable Aufgabe der Akquisition. Das können Sie ändern. Sie haben die Chance, zum Pionier zu werden, indem Sie diese einfachen Ideen übernehmen und umsetzen.

Wieder eine neue Theorie?

Wieder eine neue Theorie, werden Sie stöhnen. Und gibt es überhaupt schon Firmen, die auf diese Weise erfolgreich arbeiten? Allerdings, und noch keine hat es bereut. Manche Unternehmen haben in jüngster Zeit ihren Kundendienst als Profit Center organisiert und sehen ihn nicht mehr wie früher als reine Kostenstelle.

Manche haben sogar eine zusammenhängende Verkaufsphilosophie und ein Bestell- und Liefersystem entwickelt, das die neuen Marketingprioritäten sichtbar macht.

Normalerweise sind es die kleineren, flexibleren Firmen, die dem gesunden Menschenverstand trauen und die Umkehrung der Prioritäten praktizieren. Bei den monolithisch strukturierten, schwerfälligen Großkonzernen dauert es länger, bevor sie Änderungen umsetzen. Während IBM noch experimentiert, gehen die Unternehmer schon aufs Ganze.

Die New Pig Corporation ist ein Beispiel dafür, wie sich Innovationsbereitschaft lohnen kann. Das Unternehmen vertreibt Aufsaugsperren, die wie lange Nylonstrümpfe aussehen und mit Katzenstreu gefüllt sind. Vergießt ein Fabrikarbeiter an seinem Arbeitsplatz versehentlich Öl oder eine giftige Chemikalie, umgibt er den Fleck sofort mit einem solchen Strumpf, auch »pig« genannt. Nach der Einwirkzeit braucht er diesen nur noch in geeigneter Weise zu entsorgen, statt wie früher Sägemehl zu streuen und dann den Reinigungsdienst zu rufen.

Ein Wartungstechniker, der aus irgendeinem Grund vom Förderband abspringt und aufhört, »pigs« von der New Pig Company zu beziehen, erhält eine Reihe von Rückmeldungen. Sobald auf seinem Konto keine Umsätze mehr verbucht werden, geht ein Brief bei ihm ein, in dem er unverblümt gefragt wird: »Haben wir etwas versaut?« (Das Firmenlogo hat natürlich die Form eines Ringelschwänzchens.) Der bisher treue Kunde wird darum gebeten, umgehend eine Telefonnummer, die Schweinchen-Hotline, zu wählen und zu erläutern, warum er nichts mehr bestellt.

Der Wartungstechniker erhält außerdem den New-Pig-Katalog mit einer Karte, auf der er aufgefordert wird, frank und frei zu sagen, wie er den Service, die Preise, die Produktqualität und andere Kriterien beurteilt. Dies ist die sogenannte »Re-pork Card«. Die New Pig Company gibt sich große Mühe um herauszufinden, warum der Kunde abgesprungen ist.

Natürlich erhält er außerdem noch einen persönlichen Anruf von seinem Verkaufsrepräsentanten. Zweimal im Jahr startet New Pig die »P-Day«-Kampagne, in der Telefonverkäufer und Kundenbetreuer ihre Kräfte bündeln. Die Wände werden mit Flaggen geschmückt, von denen das unternehmensweite Motto prangt: *Holen Sie verlorene Kunden zurück – jeden einzelnen!* Im Gespräch mit dem Ex-Kunden wählen die Vertreter dann einen aufrichtig gemeinten persönlichen Ansatz: »Wir sind untröstlich, daß wir Sie als Kunden verloren haben. Was können wir tun, um Sie zurückzugewinnen?«

Für Nino Vella, Präsident und CEO von New Pig, ist nichts so wichtig und profitabel für das Unternehmen wie die Kundenbetreuung. Selbst wenn es nicht gelingt, einen Kunden zurückzugewinnen, bietet der persönliche Kontakt zumindest die Chance, neue Markttrends aufzuspüren. In einer der letzten »P-Day«-Kampagnen stand das Produktmanagementteam vor dem Problem, daß die Kunden die »Preisgestaltung« als wichtigsten Grund für ihren Wechsel zur Konkurrenz nannten. Also reduzierte New Pig die Preise über die gesamte Palette, um wettbewerbsfähig zu bleiben. Das Management war entschlossen, das Feedback der Kunden ernst zu nehmen und nicht zuzulassen, daß einhundertvierzig neue Wettbewerber ihnen Marktanteile abjagten, weil sie ähnliche Produkte preiswerter verkauften.

Auf jeden Fall werden sämtliche Ex-Kunden von New Pig regelmäßig in die Adressenliste der potentiellen Neukunden zurückgeschleust. Genauso regelmäßig reagieren sie mit einer höheren Bestellquote als sämtliche Adressaten aus Test- und Interessentenlisten, die für teures Geld gekauft wurden. Die Ex-Kunden von New Pig sind immer die besten potentiellen Neukunden.

Ich will nun aber keineswegs pauschal behaupten, daß Großunternehmen nicht in der Lage seien, ihre Prioritäten neu zu ordnen. Tatsächlich basiert dieses Buch auf den positiven Erfahrungen sehr unterschiedlicher Firmen.

Selbst IBM schielt schon auf die Vorzüge des »Förderband-Marketing«. Der Computerriese gründete auf Testbasis eine »After Market Group«. Für das Pilotprogramm wurde ein Telemarketingteam gebildet, dessen Aufgabe es war, Kunden zu kontaktieren, die in den vergangenen zehn Jahren bei IBM gekauft, dann aber den Kontakt zu den Kundenbetreuern verloren hatten. In vielen Fällen waren Umstrukturierungen bei IBM der Grund für die Abwendung gewesen. Die Kunden hatten sich in dem vorübergehenden Wirrwarr vergessen und verloren gefühlt. Der Zweck des neuen Programms war es nun, auf sie zuzugehen und herauszufinden, wie IBM ihre Loyalität zurückgewinnen und eine langfristige Bindung aufbauen konnte.

Schon nach einer kurzen Testphase mit dreihundert Kunden war offensichtlich, daß das Programm ein Knüller war. Die Ergebnisse waren so positiv, daß IBM das Programm zuerst auf nationale und dann auf internationale Ebene ausdehnte. Viele der kontaktierten Kunden waren sofort bereit, mit IBM wieder ins Geschäft zu kommen. Umfrageergebnisse bewiesen, daß der Grad ihrer Zufriedenheit jährlich um zehn Prozent stieg. Sie werteten es sehr positiv, daß man sie bei IBM für wichtig genug hielt, um persönlichen Kontakt aufzunehmen. Insbesondere begrüßten sie es, daß sie nun kontinuierlich von einer Kontaktperson betreut wurden, auch wenn es sich um einen Telefonvertreter handelte, den sie wahrscheinlich nie zu Gesicht bekommen würden.

Im Ausland operierende amerikanische Firmen sind in dieser Beziehung häufig schon weiter als nur im Inland tätige Gesellschaften. American Express etwa ruft sämtliche europäischen Karteninhaber, die ihre American-Express-Karte zurückgeben, an, um den Grund dafür herauszufinden. In einer Telefonzentrale in Deutschland werden täglich zweihundert solcher Gespräche geführt. American Express erhält so nicht nur wertvolle Informationen über Vertragspartner und Wettbewerber, sondern gewinnt auf diesem Weg sogar noch sechzehn Prozent der Kunden zurück! Bei einer durchschnittlichen Kartenführungszeit von acht Jahren sind das beachtliche Einnahmen. Auch bei American Express sind die Ex-Kunden die besten potentiellen Neukunden.

US WEST Cellular ist ein weiteres Unternehmen, das sich von den neuen Marketingprioritäten überzeugen ließ und ausgezeichnete Erfahrungen damit macht. Es gehört zu den vielen jungen Unternehmen, die in den Mobiltelefonmarkt eingestiegen sind und bietet seine Dienstleistungen in vierzehn Bundesstaaten im Westen der USA an. Die Führungskräfte von US WEST waren sich darüber einig, daß ihre wichtigste Aufgabe darin bestünde zu verhindern, daß Kunden vom Förderband herunterfielen (oder abspringen). Also untersuchten sie die Frage, warum, wie und wann einzelne Kunden ihre Verträge kündigten. Die Antworten auf die folgenden Fragen bildeten die Grundlage für ihre neue Strategie: Warum kündigten sie? Sie fanden die Gebühren zu teuer. Wie kündigten sie? Sie riefen die Kundendienstabteilung an und teilten mit, daß sie den Vertrag kündigen wollten. Und wann kündigten sie? Oft unmittelbar nach dem Eingang der allerersten Telefonrechnung.

Statt sich also ausschließlich der Akquisition von Neukunden zu widmen, verbesserten die Manager von US WEST Cellular den gesamten Marketingprozeß so, daß die neuen Kunden ihnen auch die Treue hielten. Beispielsweise wird der erste Anruf eines Neukunden automatisch zu einem Mitarbeiter von US WEST geleitet, der sich mit den Worten meldet:»Willkommen, wir freuen uns, Sie als neuen Kunden begrüßen zu dürfen. Welche Fragen kann ich Ihnen beantworten?« Sobald die erste Monatsabrechnung eingeht, ruft ein weiterer Mitarbeiter an und erläutert die Rechnungsposten und die Anfangsgebühren, um den »Preisschock« aufzufangen, der viele Kunden zur sofortigen Kündigung veranlaßt. Die erste Rechnung ist immer relativ hoch, und der Vertreter erklärt dem Kunden in aller Ruhe, daß die späteren Rechnungen niedriger sein werden. Dreimal jährlich ruft ein Mitglied des »Proactive Team« alle Kunden an, um ihnen hilfreiche Tips zu geben, eventuelle Fragen zu beantworten und darauf hinzuweisen, daß US WEST Cellular die Geschäftsverbindung zu ihnen für sehr wichtig hält. Im Falle einer Kündigung schließlich tritt ein Mitglied des »Treue-Teams« auf den Plan und versucht, Wege zu finden, um den Kunden doch noch zu behalten.

Die grundlegende Veränderung in der Strategie bei US WEST Cellular bestand darin, daß die Marketingprioritäten auf den Kopf gestellt wurden. Statt unter hohem Kostenaufwand immer mehr Neukunden zu gewinnen, nur um dann tatenlos zuzusehen, wie sie wieder kündigten, wandte sich US WEST dem aktuellen Kundenbestand zu. Die Telefonkunden sollten mit dem Service rundum zufrieden sein, und wenn ihre Loyalität doch einmal zu schwinden drohte, wurden mögliche Probleme gezielt angegangen.

Das Ergebnis? US WEST Cellular ist heute landesweit führend unter den Mobilfunkanbietern. Nach der Umkehrung der Marketingstrategien konnte die Kundenverlustrate um die Hälfte reduziert werden, und die Gewinne stiegen erheblich. Jeder Beschäftigte kann stets die aktuelle Verlustrate nennen, denn ihre Verringerung ist bei US WEST Cellular das wichtigste Erfolgskriterium. Das Unternehmensziel, das alle Mitarbeiter verinnerlicht haben, unterscheidet sich grundlegend von dem vieler anderer Firmen. Sie fragen nicht: »Wie viele neue Kunden haben wir heute gewonnen?«, sondern ihr Anliegen heißt: »Wie viele Kunden haben wir heute zurückgewonnen und zufriedengestellt?«

Wer sollte dieses Buch lesen?

Wenn Ihre Organisation langfristig gedeihen und effektiv arbeiten soll, dann sollten genau Sie dieses Buch lesen. Ich sage bewußt »Organisation«, weil die neuen Marketingprioritäten nicht nur auf die traditionellen Beziehungen zwischen »Unternehmen« und »Kunden« zutreffen. Sie gelten ebenso für den Aufbau von langfristigen Beziehungen zu Mitgliedern von Verbänden oder Wohlfahrtseinrichtungen.

Wenn Sie Marketingleiter oder Vertriebsleiter sind, dann werden Ihnen die Fallstudien zahlreiche Denkanstöße geben, die Sie im eigenen Umfeld weiterentwickeln und verwerten können. Schon nach kurzer Zeit werden Sie feststellen, daß Ihre Gewinne steigen.

Wenn Sie als Verkäufer für die Kundenbetreuung zuständig sind, finden Sie in diesem Buch zahlreiche Vorschläge, die Ihnen helfen, mit weniger Aufwand höhere Umsätze zu erzielen. Tatsächlich liegt hier eines der bemerkenswertesten Merkmale des neuen Marketingmodells: Es vereinfacht die Arbeit und macht sie gleichzeitig viel befriedigender, als es mit den traditionellen Verkaufsmethoden der Fall war.

Wenn Sie für die Kundendienstleistungen im Post-Sales-Bereich zuständig sind, haben Sie sicherlich schon festgestellt, daß Sie mit Ihrem Verhalten gegenüber den Kunden die langfristige Gewinnsituation weit mehr beeinflussen als der Verkäufer, der den ersten Auftrag an Land gezogen hat. Deshalb sollte Ihr erster Schritt der sein, Ihr Verkaufsteam zum Lesen dieses Buches zu bewegen. Wenn ein Verkäufer ein »Geschäft abschließt«, sieht er seine Aufgabe in der Regel als beendet an. Wenn er statt dessen aber »eine Beziehung eröffnet« und erkennt, daß die übergreifende Aufgabe, Gewinne zu erwirtschaften, gerade erst begonnen hat, dann hat er den richtigen Weg eingeschlagen, und Sie haben die besten Voraussetzungen dafür, ein gutes Team zu bekommen.

Wenn Sie in der Finanzabteilung oder in der Debitorenbuchhaltung arbeiten, dann ist Ihnen meine Hochachtung von vornherein sicher. Die wenigsten Finanzprofis würden ein Buch in die Hand nehmen, in dessen Titel das Wort »Verkauf« erscheint. Dabei verkaufen auch Sie jedesmal, wenn sie Kundenkontakt haben. Und viele Kunden, mit denen Sie reden, befinden sich gerade in einem höchst empfindlichen und entscheidenden Stadium der Geschäftsverbindung. Wenn sie in Zahlungsverzug geraten, dann balancieren sie schon gefährlich nahe am Rand des Förderbands und könnten jeden Augenblick hinunterfallen. Alles hängt nun davon ab, wie Sie reagieren: Vergraulen Sie diese Kunden und nehmen dafür Verluste in Kauf, oder widmen Sie ihnen ganz besondere Aufmerksamkeit und stellen die gefährdete Beziehung mit den Ihnen zur Verfügung stehenden Mitteln wieder auf eine langfristig stabile und rentable Basis?

In den achtziger Jahren erschien in der Wirtschaftsliteratur oft der Begriff »Synergie«. Vereinfacht gesagt bedeutet Synergie, daß Kräfte gebündelt und einem gemeinsamen Nutzen zugeführt werden. Von Synergie spricht man dann, wenn »das Ganze größer als die Summe seiner Teile« ist. Die Umkehrung der Marketingprioritäten hat dann die größte Wirkung, wenn eine Organisation sich gleichzeitig auch Synergievorteile verschafft. Was kann einer Firma besseres passieren, als eine Verkaufstruppe zu haben, die ihre Kräfte darauf konzentriert, die Kunden zufriedenzustellen; Mitarbeiter im Post-Sales-Bereich, die alles daran setzen, um unzufriedene Kunden vom Absprung zurückzuhalten; und ein Team in der Debitorenbuchhaltung, das sich bemüht, gefährdete Kunden zu »retten« und sie auf dem Förderband zu halten?

Den maximalen Nutzen – und einen echten Synergieeffekt – erzielt jede Organisation jedoch erst dann, wenn *alle* Mitglieder der

Teams, die Kundenkontakte haben – einschließlich Vertrieb, Kundendienst und Debitorenbuchhaltung –, ihre Kräfte auf das gemeinsame Ziel ausrichten, so viele Kunden wie möglich so lange wie möglich auf dem Band zu halten.

Einige Hinweise zum Aufbau dieses Buches

Wir fangen da an, wo die Kunden vom Band fallen. Wenn Sie befriedigende Geschäftsbeziehungen aufbauen wollen, damit Ihr Unternehmen floriert, dann sollten Sie sich als erstes auf diejenigen Kunden konzentrieren, mit denen Sie Probleme haben. Hier setzen die neuen Marketingprioritäten an. Die besten Geschäfte locken dort, wo Beziehungen in die Sackgasse geraten sind, weil die Kunden verärgert und unzufrieden sind, nicht mehr pünktlich bezahlen oder gar nicht mehr bestellen.

Beispiele aus der Praxis.
In diesem Buch werden Sie Unternehmen kennenlernen, die schon heute anfangen, ihre Prioritäten neu zu ordnen. Die Beispiele, die ich anführe, können Ihnen als »Fallstudien« dienen, die illustrieren, welche Möglichkeiten Ihnen die neuen Techniken eröffnen. In einigen wenigen Fällen wurde ich darum gebeten, die Anonymität der betreffenden Unternehmen zu wahren. Trotzdem ist jedes Beispiel der Realität entnommen. In der Regel nenne ich aber Firmennamen, Zahlen und Statistiken. Jedes Beispiel endet mit einer kurzen Zusammenfassung, die auch die Frage »Was können Sie daraus lernen?« beantwortet.

Das Ziel heißt handeln.
Jedes Kapitel endet mit dem Absatz »Was Sie SOFORT tun können«. Er enthält eine Liste mit Maßnahmen, die sich auf das Kapitel beziehen, das Sie gerade gelesen haben. Auch hier versuche ich, die Lektionen des Buches so klar wie möglich herauszukristallisieren, damit Sie sie umsetzen können. Wer Ergebnisse sehen will, muß etwas dafür tun.

Wie Sie dieses Buch optimal nutzen

Fangen Sie mit dem Kapitel an, das Sie am meisten interessiert. Sie brauchen nicht unbedingt mit Kapitel 1 anzufangen. Beginnen Sie, wo immer Sie wollen. Schlagen Sie das Kapitel auf, das Sie am meisten interessiert. Weil die Maßnahmen zur Umkehrung Ihrer Marketingstrategien in der Reihenfolge ihrer Rentabilität und damit ihrer Wichtigkeit behandelt werden, nimmt der Umfang der Kapitel von 1 bis 9 kontinuierlich ab. Potentiell das beste Ergebnis versprechen Kunden, die völlig verärgert sind und nicht mehr kaufen. Deshalb ist Kapitel 1 »Vom Trauerspiel zum Happy-End« das längste. Das letzte Kapitel ist das kürzeste. Es behandelt den konventionellen und – im Vergleich mit den anderen Methoden – weniger profitablen Bereich der Neukundenakquisition.

Verwenden Sie die Zusammenfassungen zur Kontrolle.
Wenn Sie ein Kapitel gelesen haben, handeln Sie sofort. Lesen Sie das nächste Kapitel erst dann, wenn Sie etwas unternommen haben. Jede Kapitelzusammenfassung ist in kleine Schritte unterteilt, die Sie sofort umsetzen können.

Einen Sie Ihr Team.
Wenn Sie *Verkaufe alles – nur nicht Deine Kunden* lesen, sollten Sie daran denken, daß Sie mit anderen Menschen, die oft auch noch aus anderen Abteilungen stammen, zusammenarbeiten müssen, um maximale Gewinne zu realisieren. Alleine schaffen Sie es nicht, auch wenn Sie wichtige Maßnahmen anstoßen können, die schon viel bewirken.
Am besten Sie fangen nun an. Suchen Sie sich ein Kapitel und verwirklichen Sie irgendeinen der vorgeschlagenen Schritte, egal welchen. Verlieren Sie nie Ihr wichtiges Ziel aus den Augen: Ihre Ex-Kunden in Ihre besten Kunden zu verwandeln.

Kunden auf das
Förderband zurückbringen

Wenn Sie Ihre Kunden enger an sich binden und die Beziehung zu ihnen optimal gestalten wollen, dann fangen Sie mit denen an, die das Förderband gerade verlassen oder es schon verlassen haben. Eine günstigere Gelegenheit zur Verbesserung und Sicherung Ihrer Erträge gibt es nicht! Sie müssen auf Ihre ehemaligen Kunden zugehen. Dabei spielt es keine Rolle, ob die Geschäftsbeziehung mit einem Eklat endete, ob sie allmählich nach einer Reihe kleinerer Scharmützel einschlief oder – was wahrscheinlicher ist – ob sie ohne Angabe von Gründen und ohne jede offene Auseinandersetzung schrittweise eingestellt wurde.

Ihre einzige Chance herauszufinden, was Ihre Ex-Kunden in die Arme der Konkurrenz getrieben hat, besteht darin, den Kontakt zu ihnen zu suchen. Sind Sie den Gründen dann auf die Spur gekommen, steht Ihnen nichts mehr im Weg, Ihren Service oder Ihre Produkte zu verbessern. Ein angenehmer Nebeneffekt ist natürlich der, daß Sie damit gleichzeitig Ihre Dauerkunden enger an sich binden, weil dieselben Probleme auch Ihre derzeitigen Beziehungen gefährden.

Der Kontakt mit den Ex-Kunden bietet Ihnen eine weitere wertvolle Chance: Sie sind in der Lage, einer negativen Mundpropaganda in den entsprechenden Abnehmerkreisen entgegenzuwirken. Sie können unangenehme Vorfälle zwar nicht mehr ungeschehen machen, aber nichts hindert Sie daran, zumindest Ihre Glaubwürdigkeit zu demonstrieren, indem Sie sich aufrichtig bemühen, die alten Bindungen wieder zu kitten.

In den drei Kapiteln im ersten Teil dieses Buches geht es um Kunden, die gerade vom Förderband herunterfallen – oder gar herunterspringen. Möglicherweise rufen sie an, um ihrem Ärger über eine falsche Lieferung Luft zu machen, sie schicken böse Briefe an Ihren Chef, sie halten Zahlungen zurück, oder – der wahrscheinlichste Fall – sie bestellen einfach nicht mehr. Für all diese Situationen werden Ihnen spezifische Strategien an die Hand gegeben. Zur Illustration finden Sie zahlreiche Beispiele von Unternehmen, denen es schon gelungen ist, Kunden auf das Förderband zurückzubringen.

Auch Sie werden feststellen, daß Ihre Ex-Kunden die besten Kunden werden.

1. Vom Trauerspiel zum Happy-End

Niemand reißt sich darum, Beschwerdebriefe zu beantworten und zornige Anrufer zu beschwichtigen. Die hartgesottenste Führungskraft zuckt zusammen, wenn die Sekretärin fragt: »Ich habe einen Kunden auf Leitung zwei, mit dem ist gerade nicht gut Kirschen essen. Soll ich ihn durchstellen, oder möchten Sie, daß das jemand anders übernimmt?« Die meisten Kundendienstmitarbeiter verfallen in reflexartige Starre, sobald sie wittern, daß dicke Luft herrscht. Dabei kommen alle einschlägigen Untersuchungen zu demselben Ergebnis: Unzufriedene Kunden können Ihre treuesten Abnehmer werden – *wenn* Sie ihre Rückmeldungen bereitwillig aufnehmen, *wenn* Sie mit den geeigneten Maßnahmen reagieren und *wenn* Sie die Chance ergreifen, ihr Feedback als wertvolle Informationsgrundlage zu nutzen.

Die überraschende Wahrheit über die ungeliebten Nörgler

Wollen Sie es hören? Der erzürnteste Kunde *kann* Ihr wertvollster Partner werden, vorausgesetzt, Sie gehen mit seiner Beschwerde richtig um. Alles hängt davon ab, ob Sie und Ihr Team in der Lage sind, eine Beschwerde als Chance zu sehen und diese Chance beim Schopf zu packen. Aufgebrachte Kunden sind kein Grund, in ein Stimmungstief zu fallen, sondern Ansporn dazu, Ihre Gewinne in neue Höhen zu treiben.

Im Weißen Haus fing alles an

Im Jahr 1979 gab das Weiße Haus eine Untersuchung in Auftrag, die unter Leitung des US-Bundesamtes für Verbraucherangelegenheiten durchgeführt wurde. Das unabhängige Forschungsinstitut Technical Assistance Research Programs (TARP) untersuchte das Verhalten von Verbrauchern, die sich unfair behandelt fühlten. Auf den Punkt gebracht, stellte das Institut folgendes fest. Es gibt im wesentlichen zwei Kategorien von Menschen: Die einen regen sich auf, die anderen rechnen ab. Die ersteren schlagen Krach, schreiben böse Briefe oder rufen die Firma umgehend an, von der sie sich schlecht behandelt fühlten – sie machen ihrem Ärger also Luft. Zu dieser Kategorie gehören etwa fünf Prozent aller Verbraucher.

Die überwiegende Mehrheit der unzufriedenen Kunden, die restlichen 95 Prozent, hüllt sich in Schweigen und beklagt sich mit keinem Wort bei den Verantwortlichen, die Abhilfe schaffen könnten. Bevor Sie nun verständnislos den Kopf schütteln, denken Sie daran, wie Sie beispielsweise bei einem enttäuschenden Restaurantbesuch reagieren. Mit Ihrem Begleiter oder Ihrer Begleiterin reden Sie vermutlich Klartext:

»Der Fisch war ziemlich trocken, von den welken Salatblättern ganz zu schweigen. Ich hatte mit einer besseren Küche gerechnet. Die Bedienung war auch nicht besonders aufmerksam. Ich würde sagen, für die stolzen Preise hier könnte man mehr Leistung erwarten.«

In diesem Augenblick tritt der Ober an Ihren Tisch und erkundigt sich: »Hat es Ihnen geschmeckt?« Die meisten Menschen nicken nun artig und sagen: »Ja, es war sehr gut.« In den seltensten Fällen sagen sie offen und ehrlich ihre Meinung. Vielleicht wollen sie keinen Ärger verursachen oder sie haben Angst, den Eindruck zu erwecken, sie wollten sich um die Rechnung drücken. Zugegeben, es ist nicht ganz einfach, dem Ober zu sagen, wie man das Essen *wirklich* fand.
Vielleicht wenden Sie an dieser Stelle ein: »Moment mal. Ich würde mich aber beschweren!« Schön für Sie. Es ist das beste, was Sie tun können, das Problem ist nur: die wenigsten Menschen tun es. Ohne die Rückmeldung der Gäste kann die Restaurantleitung weder den Service noch die Qualität der Speisen verbessern. Der wahrschein-

lichste Fall ist aber der, daß ein Gast seine Meinung für sich behält und einfach nicht mehr wiederkommt.

Ein anderes Beispiel: In meiner Nachbarschaft hat ein neues Blumengeschäft mit dem Namen »Blumenfee« eröffnet. Allzu feenhaft wirkt das Geschäft auf den Kunden jedoch nicht, weil ihn kein betörender Blütenduft empfängt, sondern stinkende Nikotinschwaden. Ob nun der Inhaber oder die Angestellten im Geschäft rauchen, weiß ich nicht, jedenfalls riecht es dort genauso, wie ich es nicht erwarte, wenn ich Blumen einkaufen möchte.

Ich schaffe es aber nicht, dies dem Ladeninhaber zu sagen. Daß er raucht, sollte nicht meine Sorge sein. Ich will ihm keine Predigt über die Schädlichkeit des Rauchens halten, und es geht mich auch nichts an, wie er seinen Laden führt. Ich kaufe meine Blumen also woanders. Es gibt genügend Blumengeschäfte, in denen es nach Blütenduft riecht, statt nach Zigarettenkippen. Ich gehe zur Konkurrenz. Folge meines Verhaltens ist jedoch, daß dem Ladeninhaber wichtige Informationen fehlen, die seine Geschäftsergebnisse verbessern könnten. Das ausbleibende Kundenfeedback ist sicherlich ein Grund dafür, daß er sein Umsatzpotential nicht ausschöpft, weil Nichtraucher wie ich wegbleiben und ihm niemals sagen, warum.

Warum sollten Sie sich über Beschwerden freuen?

Ganz einfach: weil es sich lohnt. Jetzt, in diesem Moment, haben Sie ganz bestimmt Kunden, die mit Ihrem Produkt und/oder Ihrem Service nicht zufrieden sind. Das ist eine Tatsache. Ihre unzufriedenen Kunden verfügen über wertvolle Informationen, die Ihrem Unternehmen überaus nützlich sein könnten..., wenn Sie nur davon erfahren würden!

Und wenn Ihre Kunden sich nicht beschweren?

Wenn nur eine kleine Minderheit ihre Unzufriedenheit zum Ausdruck bringt, was ist dann mit der schweigenden Mehrheit? 95 Prozent aller Menschen richten ihre Beschwerde nicht an diejenigen, die Abhilfe schaffen könnten, sondern sie »rechnen selbst ab«. Das heißt nichts anderes, als daß sie weitererzählen, welch üble Erfahrungen sie mit Ihnen und Ihrer Firma gemacht haben. Weitergehende Untersuchungen von TARP haben ergeben, daß ein enttäuschter Kunde durchschnittlich zehn bis zwölf Menschen sein Leid klagt. Eine beachtliche Minderheit, nämlich etwa 13 Prozent, läßt es sich nicht nehmen, sogar 20 oder mehr Menschen von ihren schlechten Erfahrungen zu erzählen.

Es liegt auf der Hand, daß diese negative Mund-zu-Mund-Propaganda Sie teuer zu stehen kommt. Marktforscher haben übereinstimmend festgestellt, daß von allen Werbemethoden der persönliche Erfahrungsbericht die überzeugendste Wirkung hat. Nehmen wir an, Sie interessieren sich für ein bestimmtes Automodell. Es spielt überhaupt keine Rolle, wie viele pfiffige Werbespots Sie gesehen und wie viele schöne Broschüren Sie gelesen haben, wenn Ihr Nachbar, der den Wagen fährt, über seine Unzuverlässigkeit schimpft. Sie werden das Modell kaum kaufen.

Denken Sie immer daran, daß negative Publicity sich leicht verselbständigt – und daß Unzufriedenheit einen Kunden leicht ungerecht werden läßt. Die meisten Menschen übertreiben gerne ein bißchen, wenn sie ihren Freunden erzählen, welch grauenhafte Dinge sie mit Ihrer Firma erlebt haben. Die Litanei der Leiden, deren Urheber Sie sind – ob das nun stimmt oder nicht –, wird mit jeder Wiederholung länger und gräßlicher. Außerdem müssen Sie berücksichtigen, daß auf diese Weise ein Produkt an sich in Verruf kommen kann.

»Sie wollen ein neues Objektiv kaufen? Da hat mir neulich meine Nachbarin eine Geschichte erzählt, die ein Riesenpech mit ihrem neuen Objektiv hatte. Wenn ich Ihnen das erzähle...«

Was tun, wenn Ihre Kunden sich tatsächlich beschweren?

Glücklicherweise werden sich einige Kunden direkt an Sie wenden, wenn ihnen etwas nicht gepaßt hat, statt andere mit ihren Schauergeschichten zu unterhalten. In diesem Fall können Sie sich glücklich schätzen, daß Sie eine so hervorragende Chance zur Gewinnverbesserung geboten bekommen.

Sigrid, die Seminarleiterin für meine Seminare in Deutschland, erzählte mir, wie sie einmal fast zur Ex-Kundin von VW wurde. Vor drei Jahren hatte sie ein Golf-Cabrio gekauft, das von Anfang an undicht war. Jedesmal wenn sie durch die Waschstraße fuhr, war das Auto hinterher innen klitschnaß.

Als sie den Wagen deshalb in eine Werkstatt brachte, teilte man ihr daraufhin nur mit, daß Cabriolets eben undicht wären und sie sich einfach damit abfinden müßte. Sie solle eben nicht durch die Waschstraße fahren, sagte man ihr.

Nach einiger Zeit verschlimmerte sich die Situation noch. Bei Regen tropfte das Wasser ins Auto. Sigrid fuhr diesmal zu einer anderen Werkstatt, wo man aber nur ein paar Schrauben anzog und ihr wiederum mitteilte, daß man da bei Cabriolets leider gar nichts machen könnte.

Sie können sich bestimmt vorstellen, wie entnervt Sigrid mittlerweile war. Sie griff zum letzten Mittel und schrieb einen Brief an VW, in dem sie den Fall schilderte und erklärte, warum sie als langjährige VW-Kundin mit Sicherheit nie wieder einen Wagen dieser Firma kaufen würde.

Daraufhin bekam sie einen freundlichen Brief vom Kundendienst in Wolfsburg. Der Kundendienst hatte die Beschwerde an einen VW-Vertragshändler in Sigrids Heimatort weitergeleitet. Dort sollte Sigrid den Wagen vorbeibringen, damit man den Fall überprüfen könne. Wolfsburg schickte extra einen Experten. Und dieser stellte fest, daß die Fenster falsch eingebaut waren und die Dichtungen schon längst ihren Geist aufgegeben hatten.

Sigrid erhielt auf Kosten des Hauses einen Leihwagen, während ihr Cabrio ein neues Dach und neue Dichtungen erhielt und der Teppichboden gereinigt und nach Beseitigung der Wasserflecken neu verklebt wurde. Mit ihrem fast neuen VW wurde aus Sigrid wieder eine überzeugte VW-Fahrerin, die auch ihr nächstes Auto von der Firma aus Wolfsburg kaufen wird. Außerdem ist sie inzwischen Stammkundin bei dem VW-Vertragshändler, wo man sie so freundlich und zuvorkommend behandelt hatte.

In der schon erwähnten TARP-Studie sowie in späteren branchenbezogenen Studien wurde auch untersucht, wie sich das Kaufverhalten und die Kundentreue von Kunden entwickelten, die sich beschwert hatten. Die Ergebnisse waren überraschend. In vielen Problemsituationen sind Kunden, die sich beschweren, *treuer* – und wenn Sie sie richtig behandeln, können sie noch viel treuer werden – als diejenigen, die enttäuscht wurden, Ihnen das aber nicht sagen. Alleine die Tatsache, daß ein Kunde sich beschwert, *verdoppelt* die Wahrscheinlichkeit, daß er wiederkommt. Wenn Sie sich nicht nur aufs Zuhören beschränken, sondern konkrete Abhilfe schaffen, erhöht sich die Wahrscheinlichkeit eines erneuten Kaufs oder Abschlusses *um das Sechsfache*. Wenn Sie ein Problem schnell und professionell lösen und die Beschwerde des Kunden souverän und einfühlsam behandeln, wird er mit einer *neunmal höheren Wahrscheinlichkeit* wieder bei Ihnen kaufen.

Sämtliche Ergebnisse lassen nur eine Argumentationskette zu: Sie haben unzufriedene Kunden. Die meisten sagen Ihnen das aber nicht, sondern gehen statt dessen schnurstracks zur Konkurrenz. Auf dem Weg dorthin erzählen sie Freunden, Nachbarn und Bekannten, welch schlechte Erfahrungen sie mit Ihnen gemacht haben. Was das für Ihr Unternehmen bedeutet, können Sie sich ausmalen. Wenn unzufriedene Kunden sich direkt an Sie wenden, haben Sie eine gute Startposition, um eine derartige Negativwerbung zu verhindern. Und wenn Sie mit der Beschwerde noch richtig umgehen, haben Sie eine traumhaft gute Startposition.

(Pssst. Erzählen Sie es nicht weiter, aber es gibt eine Ausnahme von dieser Regel, so merkwürdig sie klingen mag: Wenn Sie ganz sicher sind, daß in Ihrem Unternehmen enttäuschte Kunden so behandelt werden, daß sie schnell wieder vollkommen zufrieden sind, dann könnte es durchaus angebracht sein, *bewußt* zu Beschwerden Anlaß zu geben. Nehmen wir einen Kurierdienst, der stets absolut zuverlässig arbeitet. Der Manager sollte von Zeit zu Zeit für eine kleine Panne sorgen, damit er sich dann um so mehr ins Zeug legen kann, um die Sache wieder ins Lot zu bringen. Wenn eine Sendung um zehn Uhr vormittags ausgeliefert werden muß, könnte er den Fahrer und den Empfänger um neun Uhr anrufen und ihnen mittei-

len, daß die Lieferung erst gegen zehn Uhr fünfzehn fertig sei, sich dann wortreich entschuldigen und anbieten, diesen Auftrag nicht in Rechnung zu stellen. Der Kunde wird beeindruckt sein – in weit höherem Maß, als es der Fall gewesen wäre, wenn er die Sendung auf die Sekunde pünktlich in Empfang genommen hätte. Doch Vorsicht: Sehr wahrscheinlich haben Sie schon den einen oder anderen enttäuschten Kunden. Stellen Sie sicher, daß Sie alles für ihn getan haben, bevor Sie darangehen, absichtlich neue Mängel zu erzeugen!)
Wie sollten Sie nun im einzelnen auf Beschwerden reagieren?

- Gehen Sie davon aus, daß viele enttäuschte Kunden sich nicht beschweren. Wenn Sie die Ergebnisse der TARP-Studie auf Ihr Unternehmen übertragen, können Sie die fünf Prozent der Kunden, die sich beschweren, hochrechnen und ermessen, wie viele Klagen nie zu Ihnen durchdringen.
- Betrachten Sie die wenigen, die ihrem Ärger Luft machen, als Vertreter all der anderen, die es nicht tun. Die lautstarken fünf Prozent, also jeder zwanzigste, vertreten die anderen neunzehn, die es vorziehen, in diesem Augenblick schlimme Geschichten über Sie zu verbreiten. Statt zu denken: »Wieder so ein Idiot, der mir nur Ärger macht«, sollten Sie sich sagen: »Endlich ist jemand bereit, seine Meinung stellvertretend für die neunzehn anderen zu sagen, die ebenso unzufrieden über einen Mangel sind. Wenn ich zuhöre und für Abhilfe sorge, kann ich verhindern, daß ich weitere Abnehmer verliere. Außerdem habe ich die Chance, diesen speziellen Kunden enger an die Firma zu binden.«
- Geben Sie Ihre neue Einstellung weiter. Bringen Sie dieses Buch in Umlauf. Besprechen Sie die Maßnahmen, für die Sie sich entscheiden, in einem größeren Kreis. Schreiben Sie Artikel für die Firmenzeitschrift.
- Lesen Sie weiter. Das wichtigste Ziel dieses Buches ist, Ihnen zu zeigen, wie Sie reagieren sollen, wenn Beschwerden auftreten, damit Sie die Unzufriedenheit Ihrer Kunden konstruktiv nutzen können.

Vorsicht: Schneiden Sie sich nicht ins eigene Fleisch

John Goodman, der Gründer von TARP, wies mich auf eine große Gefahr hin: Hüten Sie sich davor, lautstark nach mehr Kritik zu verlangen, wenn Sie Beschwerdebriefe dann trotzdem nur mit spitzen Fingern anfassen! Kunden, die sich beschwert haben und zufriedengestellt wurden, sind außergewöhnlich treu, aber Kunden, die nach einer Reklamation links liegengelassen werden, sind auf ewig vergrault. Es gibt durchaus Unternehmen, die ihre Kunden ermuntert haben, ihre Unzufriedenheit zu äußern. In der Regel sind die Kunden bereitwillig darauf eingegangen.

Eine Voraussetzung ist dafür jedoch unabdingbar: Sie benötigen ein garantiert reibungslos funktionierendes, wasserdichtes System zur Bearbeitung von Reklamationen, das in allen Teilen des Unternehmens fest verankert ist. Die meisten Unternehmen haben gute Chancen, Kundenbeziehungen alleine dadurch zu zerstören, daß sie bei der Bearbeitung der Beschwerden pfuschen. Schneiden Sie sich nicht ins eigene Fleisch, indem Sie voller Elan und Begeisterung zu mehr Beschwerden auffordern, wenn Sie nicht hundertprozentig sicher sind, daß Ihr Team auch damit umzugehen versteht.

**Die drei zentralen Ziele
bei der Bearbeitung von Beschwerden**

Eine Beschwerde kann zu drei außerordentlich positiven Ergebnissen führen. Jedes einzelne ist schon Grund genug, um Kritik zu fördern und ein exzellentes Bearbeitungssystem zu entwickeln. Wenn Sie diese drei positiven Resultate erreicht haben, wissen Sie, daß es im Geschäftsleben nicht Besseres als eine Beschwerde geben kann.

① Erobern Sie den Kunden zurück.
Die folgenden Beispiele zeigen, daß es gar nicht so schwierig ist, enttäuschte Kunden zurückzuerobern. Wenn Sie die immensen Kosten einer Neukundenakquisition berücksichtigen, dürften Sie eigentlich keine Mühe mehr scheuen, um Ex-Kunden wiederzugewinnen.

Die Strategien und die Techniken, die in diesem Kapitel beschrieben werden, zeigen Ihnen, wie Sie dabei effektiv vorgehen können.

Die meisten Unternehmen, die genau ausgerechnet haben, welche Kosten die Bearbeitung von Reklamationen verursacht, waren erstaunt, daß sie nur einen Bruchteil der Kosten einer Neuakquisition betragen. Die meisten Schätzungen bewegen sich zwischen einem Viertel bis einem Zehntel. Dabei ist noch nicht einmal der Schaden eingerechnet, der durch die negative Mundpropaganda von Kunden verursacht wird, auf deren Beschwerden niemand einging. Wenn es vier- bis zehnmal mehr kostet, einen neuen Kunden zu gewinnen, als einen schon gewonnenen zufriedenzustellen, dann wählen Sie doch den profitableren Weg!

② Finden Sie heraus, warum der Kunde ging.

Selbst wenn es Ihnen nicht gelingen sollte, den Kunden wieder an sich zu binden, können Sie wenigstens herausfinden, warum er Ihnen den Rücken kehrte, um ähnliche Fälle in Zukunft zu vermeiden. Natürlich gibt es immer wieder unbegründete Beschwerden, und einige wenige Kunden beschweren sich nur deshalb, weil sie auf einen Preisnachlaß spekulieren. Aber das sind wirklich die wenigsten. Die meisten unzufriedenen Kunden haben einen guten Grund für ihre Beschwerde. Sie wurden auf Ihrem Förderband unsanft durchgerüttelt. Nur sie können Ihnen Auskunft darüber geben, wo die holprigen Stellen waren und warum der Transport so unangenehm wurde.

Um dies zu tun, müssen Ihre Kunden wissen, daß Sie an ihrer Meinung aufrichtig interessiert sind. Wenn Sie die richtigen Fragen im richtigen Ton stellen, erfahren Sie auch, wo es klemmt, selbst wenn Ihre Kunden – zumindest vorerst – keine neuen Bestellungen mehr aufgeben. Immerhin haben Sie nun die Chance, aktiv zu werden und geeignete Maßnahmen zu ergreifen, damit andere Kunden, die Sie mit so viel Mühe und Aufwand auf das Förderband gebracht haben, nicht ebenfalls so unsanft durchgerüttelt werden.

③ Vermeiden Sie negative Mundpropaganda.

Selbst wenn es Ihnen nicht gelingt, einen enttäuschten Kunden zurückzugewinnen, und wenn Sie den Grund für seine Unzufriedenheit nicht herausfinden, profitieren Sie von einer professionellen Bearbeitung eingehender Reklamationen. Sorgen Sie dafür, daß Ihre Kunden Sie problemlos erreichen und Ihnen ihre Anliegen schildern können, daß sie eine sofortige und ehrliche Entschuldigung bekommen und spüren, daß Sie wirklich um Verbesserungen bemüht sind. So gewährleisten Sie zumindest, daß keine Feindseligkeit entsteht. Ihr Ex-Kunde könnte sich nach einer solchen Behandlung etwa so ausdrücken:

»Wir waren Stammkunden dieser Firma, bis wir einmal eine sehr schlechte Erfahrung gemacht haben. Der Ehrlichkeit halber muß ich aber sagen, daß die Kundendienstleute sich sehr um uns bemühten. Sie wollten wissen, warum wir unzufrieden waren und versprachen, alles zu tun, damit so etwas nicht wieder passiert. Ich glaube nicht, daß wir noch mal bei ihnen bestellen, aber eigentlich kann man gegen die Firma nichts einwenden.«

Aller Wahrscheinlichkeit nach wird dieser Kunde irgendwann doch wiederkommen, vor allem, wenn Sie die Strategien zur Kontaktpflege anwenden, die in Teil II »Kunden auf dem Förderband halten« beschrieben werden.
Nach einem meiner Seminare in Oxnard, Kalifornien, fragte mich ein Teilnehmer, Phillip Thackoorie, um meinen Rat. Er war Chef des Unternehmens »Auto Locator« und hielt auf Autoversteigerungen und bei Großhändlern ständig Ausschau nach Fahrzeugen für anspruchsvolle Kunden. Hauptsächlich ging es um Marken wie BMW, Jaguar, Lexus, Mercedes und Porsche. Er erzählte mir, daß er vor wenigen Tagen einen BMW verkauft habe, dessen Batterie bei einer der ersten Fahrten kaputtgegangen sei. Natürlich konnte Phillip nichts dafür, aber der Kunde war doch verärgert, daß ihm gleich eine Reparatur für 300 Dollar entstand. Ich riet ihm:

»Phillip, viele Ihrer Kunden kennen sich sicherlich untereinander und tauschen auch ihre Erfahrungen aus. Ich denke, es wäre sehr klug, wenn Sie die 300-Dollar-Rechnung übernehmen, auch wenn Sie keine Schuld trifft.«

Einen Monat später rief ich Phillip an, um zu erfahren, was er unternommen hatte. Er erzählte:

»Ich habe Ihren Rat befolgt, George. Als ich meinem Kunden den Scheck überreichte, war er zuerst völlig verblüfft, dann strahlte er mich an, und dann erzählte er jedem, den er kannte, daß ich Probleme schnell und unkonventionell erledige. Er hat mir mittlerweile schon mehrere zahlungskräftige Kunden vermittelt, die 300 Dollar habe ich also schon längst wieder reingeholt. Gleich nachdem ich ihm den Scheck gab, bat er mich sogar darum, ein Fahrzeug für ihn zu verkaufen, für das er selbst keinen Käufer gefunden hatte, und ich habe 2000 Dollar daran verdient. Jetzt laufen vier weitere Verkäufe, die ich direkt diesem einen Kunden mit der kaputten Batterie zu verdanken habe. Wenn Sie bedenken, daß die Autos, die ich verkaufe, durchschnittlich 30 000 bis 40 000 Dollar kosten, dann waren die 300 Dollar gut angelegt!«

Beschwerden liefern Informationen

Wenn Sie sich nun entschlossen haben, Beschwerden nicht mehr als lästiges Übel zu betrachten, dann behandeln Sie Ihre unzufriedenen Kunden wie Marktforscher. Tun Sie so, als hätten Sie ihnen eigens aufgetragen herauszufinden, wo Ihre Leistung noch verbessert werden muß. Gewiß, sie werden mit ihren Erkenntnissen nicht immer richtig liegen, und der eine oder andere wird für die Aufgabe nicht qualifiziert genug sein. Machen Sie sich darauf gefaßt, daß die wenigsten Kunden Ihre Sicht der Dinge teilen. Aber sie werden die Dinge so sehen, wie die anderen Kunden sie sehen, und dies ist schließlich die Perspektive, auf die es ankommt.

Wenn Sie ein anerkanntes Marktforschungsinstitut mit der Beurteilung zukünftiger Marktentwicklungen beauftragen und viel Geld dafür bezahlen würden, um zu erfahren, welche Anpassungen Sie vornehmen müssen, um mit den neuen Entwicklungen Schritt zu halten, dann nähmen Sie seine Empfehlungen sicher sehr ernst. Sie kämen kaum auf die Idee, die Vorschläge vom Tisch zu fegen und als Produkt eines Nörglers zu bezeichnen.

Tun Sie aber nicht genau dies, wenn ein unzufriedener Käufer seinem Ärger Luft macht? Wer könnte bessere Voraussetzungen als er mitbringen, um Ihnen die Kundensicht nahezubringen? Keine Marktforschungsfirma wird sich so perfekt in Ihre Kunden hineinversetzen und Ihnen so zutreffende Analysen auf den Tisch legen können.

Fall 1 Westin und ein beinahe verpatzter Urlaub

Matthew Hart, Operations-Manager für Westins Vorzeigeanlage in Kaanapali Beach auf der Insel Maui, erinnert sich an einen Vorfall, der zunächst auf eine Katastrophe deutete, dann aber sehr positive Folgen hatte. Eine Top-Managerin aus einem Fortune-100-Unternehmen, die mit ihrem Mann einen Urlaub in der Ferienanlage auf Hawaii gebucht hatte, begann vom Tag ihrer Ankunft an, über sämtliche Servicemängel akribisch Buch zu führen.

Als sie bei der Rezeption anrief, um ihre Beschwerden vorzubringen, wurde sie sofort mit dem Operations-Manager verbunden. In der Hotelbranche handelt es sich dabei nicht um irgendeine mittlere Führungskraft, der die Nörgler zugeschoben werden, sondern um den verantwortlichen Leiter der Anlage. Statt mit gespielter Geduld zuzuhören oder sich aus der Affäre zu ziehen, indem er sie an einen seiner Untergebenen verwies, bot Mr. Hart ihr sofort einen Termin für ein persönliches Gespräch an, um ihre Beschwerden prüfen zu können. Das Ehepaar präsentierte ihm daraufhin eine beachtliche, mit genauen Angaben versehene Liste. Die meisten Beschwerden waren berechtigt. Da Hart rasch einsah, daß es mit einer Maßnahme alleine nicht getan sei, versprach er, sich um alles zu kümmern und schloß mit den Worten: »Ihre Meinung ist uns sehr wichtig, und es ist mir ein persönliches Bedürfnis, daß Sie ihren Aufenthalt hier genießen. Wenn es erforderlich sein sollte, daß wir uns jeden Nachmittag zusammensetzen, dann werde ich genau das tun.«

Er hielt Wort. Jeden Nachmittag um siebzehn Uhr informierten ihn seine beiden Gäste über ihre Erfahrungen mit dem Service. Matthew Hart bekam auf diese Weise wertvolle Verbesserungsanstöße, und viele der Veränderungen, die er daraufhin einführte, haben sich bis heute bewährt. Was noch wichtiger ist, das Paar spürte, daß der Operations-Manager von Westin auf sie einging und ihre Meinung ernst nahm. Die beiden sind seitdem Jahr für Jahr in dieselbe Westin-Anlage zurückgekehrt. Sie haben sie ihren Freunden als die beste Ferienanlage der Welt gepriesen, die außerdem noch vom besten Team der ganzen Branche geführt würde. Außerdem sorgte die Frau dafür, daß zahlreiche Konferenzen und Incentive-Reisen in der anfangs so hart kritisierten Anlage gebucht wurden.

Was können Sie daraus lernen?

Der erste Kontakt mit dem Gästepaar war entscheidend für den weiteren Verlauf der Beziehung und letztlich für die langfristige Bindung, die daraus entstand. Sie haben es selbst in der Hand, ob die Zusammenkunft mit einem aufgebrachten Kunden Ihnen wertvolle Informationen einbringt oder sich in eine unangenehme Auseinandersetzung auswächst. Statt sich in der Verteidigung zu verschanzen, machte Matthew Hart deutlich, daß er den Grund für die Unzufriedenheit seiner Gäste erfahren wollte. So legte er den Grundstein für ihre langfristige Loyalität. Gleichzeitig erfuhr er auch, wie er den Service von Westin verbessern konnte. Sie können dasselbe erreichen, wenn Sie bei sich selbst und Ihrem Team einen grundlegenden Einstellungswandel einleiten. Betrachten Sie jeden verärgerten Kunden als Marktforschungsspezialisten, der einen exklusiven Zugang zu Informationen hat und Ihnen Mängel im Service aufzeigen kann, die Sie korrigieren müssen.

Einfache Strategien, um Unzufriedenheit in Loyalität zu verwandeln

Mit gutem Beispiel voranzugehen, ist immer noch die beste Lehrmethode. Achten Sie einmal in den folgenden Fällen darauf, wie Geschäftsleute ihren Instinkt und gesunden Menschenverstand walten ließen und einige prekäre Situationen noch zum Guten wenden konnten. Im weiteren Verlauf dieses Kapitels werden Sie sehen, wie Sie noch einen Schritt weitergehen können, damit Sie nicht mehr ausschließlich auf Ihren Instinkt angewiesen sind. Lernen Sie Schritt für Schritt, die richtigen Strategien anzuwenden, und setzen Sie diese dann gemeinsam mit Ihren Kollegen und Mitarbeitern um.

Fall 2 MedSurg lernt, die Suppe auszulöffeln..., und zwar schnell

Es kann vorkommen, daß man einen Kunden, mit dem man jährlich Geschäfte über 100 000 Dollar abwickelt, wegen eines halben Cents verliert. Anita Haddad von MedSurg Industries wird Ihnen das bestätigen. Weil ein kleiner Tupfer im Wert von weniger als 0,005 Dollar in einer Lieferung an ein Krankenhaus vergessen wurde, hätte sie beinahe einen ihrer wichtigsten Kunden verloren. Die Geschichte hat aber ein Happy-End und enthält darüber hinaus einige wertvolle Lektionen, die Sie ohne großen Aufwand umsetzen können.

Was kann so wichtig an einem Tupfer sein, der nicht einmal einen Cent kostet? Wenn Sie im Krankenhaus auf dem OP-Tisch liegen und gerade am Blinddarm operiert wurden, wenn der Chirurg den letzten Stich an der Naht beendet hat und die verantwortliche OP-Schwester die bei der Operation verwendeten Tupfer zählt und einer fehlt, dann werden sich die Anwesenden um nichts anderes mehr kümmern. Wo könnte er sein? Richtig, in Ihrem Bauch natürlich. Das Operationsteam muß sich wohl oder übel nochmals an die Arbeit machen, weil eine Infektion lebensbedrohlich sein kann, von dem Millionenprozeß wegen eines Kunstfehlers einmal ganz abgesehen. Jedes Operationsteam bekommt einen kollektiven Adrenalinstoß, wenn die Anzahl der Tupfer nicht exakt stimmt.

MedSurg Industries verkauft fertig zusammengestellte Operationssets, die den Ablauf im Krankenhaus-OP vereinfachen sollen. Wenn Sie für besagte Blinddarmoperation in den Operationssaal gefahren werden, greift die Oberschwester zum »Blinddarmset«, das sämtliche für den Eingriff notwendigen Utensilien enthält. Jedes einzelne Teil wurde schon sterilisiert, in der Reihenfolge des Gebrauchs angeordnet und versiegelt. Wenn das Set zehn Tupfer enthalten soll, aber nur neun vorhanden sind, bedeutet das Ärger für MedSurg. Dies kommt zwar dank der ausgeklügelten Qualitätskontrolle bei MedSurg extrem selten vor, aber andererseits kann eine kleine Unachtsamkeit nie ganz ausgeschlossen werden.

In der Gesundheitsbranche erwarten die Kunden hundertprozentige Perfektion. MedSurg verfehlte dieses Ziel bei einem der wichtigsten Kunden, weil eines von den vielen tausend Sets, die an das Krankenhaus geliefert wurden, nur neun statt zehn Tupfer enthielt. Der Fehler war zwar letztlich auf ein Versehen beim Tupferhersteller zurückzuführen, doch die Verantwortung trug MedSurg. Dem Patienten blieb Schlimmeres erspart, weil die Krankenschwestern genau aufgepaßt hatten. Aber sie waren doch sehr beunruhigt über die Angelegenheit und ließen dies Anita wissen.

Wie alle Verkaufsprofis verabscheute auch Anita nichts mehr als zu hören, daß ein Kunde verärgert war. Sie versuchte es zunächst mit der alten Vogel-Strauß-Politik und hoffte, das Problem werde sich von selbst erledigen. Schließlich hatte sie genug andere Sorgen. Ihr Haus in Südflorida beispielsweise war vor wenigen Wochen vom Hurrikan Andrew völlig zerstört worden, und die damit verbundenen Unannehmlichkeiten begannen auch ihr Berufsleben in Mitleidenschaft zu ziehen. Anita hatte genügend Gründe, um einen lächerlichen Tupfer aus ihrem Bewußtsein zu verdrängen.

Aber das Problem erledigte sich nicht von alleine. Anitas Kunde fühlte sich links liegengelassen, und das machte alles noch schlimmer.

In der Regel eskalieren ungelöste Konflikte und verselbständigen sich. Vermutlich haben Sie das im Privatleben schon oft genug erfahren. Was geschieht, wenn es zwischen Ihnen und Ihrem Partner oder Ihrer Partnerin zu einer Meinungsverschiedenheit kommt? Vielleicht scheuen Sie beide davor zurück, die Sache anzusprechen und hoffen, der jeweils andere werde sie vergessen. Leider erfüllt sich diese Hoffnung garantiert nie. Das ursprünglich kleine Problem nistet sich ein und wird immer bohrender.

37

Genauso erging es auch den OP-Schwestern im Krankenhaus. Weil sie den Eindruck hatten, daß Anita ihre Besorgnis nicht ernstgenommen und »die Suppe nicht ausgelöffelt« habe, erhielt der Präsident von MedSurg, Michael Sahady, einen Telefonanruf. Er erfuhr, daß das Krankenhaus seinen Vertrag für vier verschiedene Operationssets, die es bisher in großen Mengen gekauft hatte, kündigte. Dieser Schritt nun wurde ernstgenommen.

Und auch Anita Haddad hörte auf, den Kopf in den Sand zu stekken. Als Sahady sie anrief, um in Erfahrung zu bringen, was vorgefallen war, traf sie eine schnelle und wichtige Entscheidung. Sie beschloß, die Suppe auszulöffeln, die sie sich eingebrockt hatte. Obwohl sie viele stichhaltige Entschuldigungen hatte, »packte sie aus« und gab die Wahrheit zu: Sie hatte das Problem mit dem Krankenhaus ignoriert und gehofft, es würde sich von alleine erledigen.

Schließlich rettete Anita durch ihr offenes, ehrliches Geständnis den Kunden samt ihrer eigenen Stelle – und ermöglichte sogar noch ein Happy-End.

Der Präsident von MedSurg stieg ins Flugzeug, um das Krankenhaus in Miami zu besuchen, und führte gemeinsam mit Anita ein Gespräch mit dem OP-Team. Der schwelende Ärger entlud sich in einem Zornesausbruch, und die Oberschwester brüllte Michael und Anita an. Sie war empört darüber, wie man sie behandelt hatte und schloß daraus, daß das Krankenhaus für MedSurg kein besonders wichtiger Abnehmer sein konnte.

Gemeinsam gaben der Präsident und die Verkaufsrepräsentantin ihre Fehler zu und entschuldigten sich, was ihnen erneute lautstarke Vorwürfe einbrachte. Es folgten ein weiteres Eingeständnis und eine Entschuldigung. (Je länger Ihr Zorn geschwelt hat, desto schwerer löst er sich auf.) Schließlich legte Michael Sahady noch einmal eindringlich dar, wie MedSurg die Angelegenheit betrachtete:

»Ich will nicht um den heißen Brei herumreden: Wir haben einen Fehler gemacht, und wir entschuldigen uns dafür. Anita hätte sich sofort um die Sache kümmern müssen, und ich nicht weniger. Wir haben das versäumt, aber ich verspreche Ihnen, daß so etwas nicht wieder vorkommt. Sie werden von nun an die Betreuung bekommen, die Sie verdienen. Ich habe mich ins Flugzeug gesetzt, um die Angelegenheit zu klären und mich im Namen des Unternehmens zu entschuldigen. Bitte sagen Sie mir ganz genau, was wir tun können, um unsere Geschäftsverbindung wieder auf eine solide, vertrauensvolle Grundlage zu stellen.«

Ganz so einfach war es jedoch nicht, denn das Krankenhaus hatte schon eine Ausschreibung gestartet, an der sich fünf Wettbewerber von MedSurg beteiligten. Nachdem Michael und Anita das OP-Team besänftigt hatten, fanden sie heraus, daß die Ärzte und Schwestern bisher mit der Betreuung durch MedSurg sowie mit der Qualität der Produkte uneingeschränkt zufrieden gewesen waren. Das einzige Problem waren dieser eine fehlende Tupfer und die darauffolgende Vogel-Strauß-Politik gewesen.

Das OP-Team stellte durchaus keine übertriebenen Anforderungen: Sie wollten nur ehrlich behandelt werden und das Gefühl haben, daß MedSurg sie ernst nahm. In dieser Erwartung waren sie gründlich enttäuscht worden, woraus sie schlossen, daß ihre Aufträge für MedSurg nicht besonders wichtig seien.

Also instruierte Michael Sahady sofort seine Verpackungsabteilung, die Produkte persönlicher zu gestalten, indem in Zukunft der Krankenhausname auf die Hülle der Operationssets gedruckt wurde. Anita Haddad nahm sich vor, das Krankenhaus einmal wöchentlich zu besuchen oder zumindest anzurufen. Auch der Vice President von MedSurg flog persönlich zu einem Besuch ein, um sich nochmals zu entschuldigen.

Und wie kam es zum Happy-End? MedSurg hat wieder ein gutes Verhältnis zu diesem Kunden gewonnen. Die Beziehung ist sogar besser als zuvor. Es gelang der Firma nicht nur, die Verträge für die bisher schon gelieferten vier OP-Sets zu verlängern, sondern sie bekam sogar die Chance, ein Angebot für sieben weitere Sets einzureichen, was eine mögliche Verdoppelung des Umsatzes mit diesem Kunden bedeutet.

Was können Sie daraus lernen?

① Geben Sie Fehler sofort und ohne Beschönigung zu.
Wenn Anita sofort zum OP-Team gegangen wäre, hätte die Angelegenheit nicht solche Ausmaße angenommen. Ihre Vorgesetzten hätten dem Kunden wahrscheinlich keine persönlichen Besuche abstatten müssen, um ihn zu besänftigen.

② Es ist selten zu spät, um einen Fehler zuzugeben.
Je schneller, desto besser. Wenn Sie aber wissen, daß Ihr Kunde schon seit einiger Zeit wütend ist, rufen Sie *sofort* an, bevor sein Zorn völlig außer Kontrolle gerät.

③ Ehrlichkeit wird in der Regel respektiert (auch von Kunden und Vorgesetzten).
Die nackte Wahrheit, wie schlimm sie auch sein mag, verschafft Ihnen weit mehr Respekt als ein Schwall von Ausreden, die niemand hören will.

Erst nachdem Anita die Wahrheit gesagt hatte, bemerkte sie, wie sehr ihr Vorgesetzter ihre Arbeit sonst schätzte. Und wenn sie im Gespräch mit dem OP-Team nicht offen und ehrlich gewesen wäre, wäre ihr das Krankenhaus als Kunde sicherlich verlorengegangen. Je schneller Sie die Suppe auslöffeln, desto besser.

Fall 3 — **Bei AmeritechPublishing schreibt jemand Briefe auf die »altmodische« Art**

Wenn Sie einen Firmeneintrag in den Gelben Seiten in Auftrag geben und dann feststellen, daß der Herausgeber die falsche Telefonnummer gedruckt hat, wären Sie sicherlich aufgebracht. Jacob DeVries, Präsident von F&F Tire Service in Janesville, Wisconsin, war jedenfalls außer sich, als er den Fehler bemerkte. Als Jacob später eine Reifenfiliale schloß, für die er in einer anderen Ausgabe der Gelben Seiten geworben hatte, bat er Wisconsin Bell um einen Preisnachlaß, da er den Eintrag im Glauben bezahlt hatte, daß beide Geschäfte weiterbestehen würden.

Der Herausgeber der Gelben Seiten reagierte, indem er Mr. DeVries eine Kopie des Vertrages schickte, wobei der Absatz »Verkaufs- und Lieferbedingungen« eigens markiert war, zum Nachweis dessen, daß die Firma nicht verpflichtet war, Preisnachlässe einzuräumen. Nun hatte Mr. DeVries ein gutes Verhältnis zu seinem örtlichen Verkaufsrepräsentanten, und in einem Brief empörte er sich über die Antwort des Innendienstes. Er schrieb:

»Nun gut, der Vertrag ist eindeutig, der Herausgeber ist also im Recht und sitzt am längeren Hebel. Ich bin aber fest entschlossen, in Zukunft keinen einzigen Vertrag mit Wisconsin Bell zu erneuern. Ich gebe jährlich über 60 000 Dollar für meine Werbung in den Gelben Seiten aus. Ich habe um einen Nachlaß von 7000 Dollar gebeten. Jetzt werde ich die 60 000 Dollar eben jemandem bezahlen, der auch unter besonderen Bedingungen mit mir zusammenarbeitet. Ich weiß, daß Sie nur der Verkaufsrepräsentant sind und keine Schuld an der ganzen Sache haben, aber ich bin so verärgert über Wisconsin Bell, daß ich wünschte, die Firma bekäme eine Menge Konkurrenz. Dann würde sie meine Geschäftsbeziehung vielleicht für wichtiger halten, als es derzeit der Fall ist.«

Jacob DeVries hielt Wort. Jahr für Jahr warf er sämtliche Post von Wisconsin Bell in den Papierkorb, er reagierte weder auf Telefonanrufe noch auf alle anderen Versuche, ihn als Kunden wiederzugewinnen. Nach fünf Jahren »Schweigefolter« war Wisconsin Bell schon ein Umsatzvolumen von mindestens 300 000 Dollar entgangen. Inzwischen war aus »Wisconsin Bell« das Unternehmen »Ameritech Publishing« geworden, und die Konkurrenz war mittlerweile ebenfalls auf den Plan getreten. Auch hatte das Unternehmen in der Zwischenzeit erkannt, wie wichtig es war, seine Kunden zufriedenzustellen. Außerdem hatte Ameritech Greg Kraemer eingestellt, der als Kundenbetreuer für das Gebiet zuständig war, zu dem auch die Firma F&F Tire Service gehörte.
Als Greg sich darauf vorbereitete, Kunden in seinem neuen Gebiet

zu akquirieren, stieß er auf Jacob DeVries' Geschichte und fand, daß der fehlende Eintrag in den Gelben Seiten seinem Reifenhandel schaden mußte. DeVries hatte zwar Wort gehalten und den Herausgeber für sein mangelndes Feingefühl vor fünf Jahren »bestraft«, doch in der Zwischenzeit hatte auch *sein* Geschäft darunter gelitten. Greg nahm sich vor, Mittel und Wege zu finden, um diese Situation zu ändern. Er rief in der Firma von Mr. DeVries an und hinterließ eine Nachricht, die jedoch nicht beantwortet wurde. Also rief er nochmals an, und dann schickte er einen sorgfältig formulierten Brief. Er rief wieder an und dann nochmals. Schließlich sah er ein, daß die konventionellen Methoden nicht griffen. (Greg konnte nicht wissen, daß Jacob DeVries seine Briefe nicht einmal geöffnet hatte. Er hegte noch immer einen solchen Groll, daß jeder Umschlag mit dem Absender Ameritech sofort in den Papierkorb wanderte, gemeinsam mit den Notizen über die Telefonanrufe.)

Greg nahm also einen Stift und ein Blatt Papier und fing an zu schreiben. Am nächsten Tag erhielt Jacob DeVries einen Umschlag, in dem Gregs handschriftlich verfaßtes Schreiben steckte – und dieses Mal las er es. In dem Brief stellte Greg sich vor und erwähnte auch den Namen des vorherigen Betreuers, mit dem Mr. DeVries sich gut verstanden hatte. Greg schrieb, daß er über den unglücklichen Verlauf der Geschäftsverbindung zwischen F&F Tire und Wisconsin Bell informiert sei. Greg hatte seine Hausaufgaben gemacht. Er fügte Statistiken der Michelin Tire Company über die Resonanz der Einträge anderer Händler bei, einen Vorschlag für die Gestaltung eines eventuellen Eintrags und schließlich noch einen Entwurf dafür, wie F&F eine effektive Werbestrategie in den Gelben Seiten verfolgen könnte.

Auf diesen persönlichen Brief folgte ein Telefonanruf. Zum ersten Mal seit fünf Jahren war Mr. DeVries bereit, mit einem Mitarbeiter von Ameritech zu sprechen, obwohl der Ärger über die Behandlung von vor fünf Jahren immer noch nicht verflogen war. Greg gab ihm zunächst einmal Gelegenheit, »Dampf abzulassen« und hörte geduldig zu. Er wußte, daß er keine Chance hatte, die Dinge in positivere Bahnen zu lenken, bevor der Kunde seinen aufgestauten Groll nicht losgeworden war. Greg erinnert sich:

»Er hat wirklich ausgeteilt. Der vorherige Betreuer hatte mir schon gesagt, daß ich mich auf einiges gefaßt machen sollte, ich war also gewappnet. Ich *wollte*, daß er seinen Zorn loswurde. Als wir dann die Vergangenheit abgehakt hatten, konnte ich in die Offensive gehen und ihm zeigen, daß sich bei Ameritech vieles geändert hat.«

Es funktionierte. Am Ende des Gespräches erteilte der Inhaber von F&F Tire einen Auftrag in Höhe von 13 402,80 Dollar und war bereit, Greg eine Chance zu geben. Der Weg zur Fortsetzung des einstmals umfassenden Werbeprogramms in vielen Verzeichnissen war geebnet.

Glauben Sie nicht, daß nur Greg Kraemer und Ameritech davon profitierten. Möglicherweise war Jacob DeVries der größte Nutznießer. Weil Ameritech ihm vor fünf Jahren die kalte Schulter gezeigt hatte, als er einen verständlichen Wunsch äußerte, hatte er sich geschworen, es ihnen »heimzuzahlen«. Gleichzeitig waren F&F Tire Service dadurch aber möglicherweise Umsätze in sechsstelliger Höhe entgangen, weil die Einträge in den Gelben Seiten fehlten.

Was können Sie daraus lernen?

Sie können sehr viel aus der Art und Weise lernen, wie Greg Kraemer mit dem aufgebrachten Reifenhändler umging. Zunächst einmal konzentrierte Greg sich darauf, wie er dem Kunden langfristig helfen konnte. Er war über den unglückseligen Vorfall informiert, aber er biß sich nicht daran fest. Da er erkannte, daß Jacob immer noch zornig war, ermunterte er ihn sogar, seinem Ärger Luft zu machen, damit die Angelegenheit ein für alle Male erledigt war und sie in die Zukunft blicken konnten.

Die meisten Verkaufsrepräsentanten, die einen »Problemkunden« haben, sind versucht, jeden unangenehmen Kontakt zu meiden. Warum sollten sie sich anbrüllen lassen, nur weil ein anderer vor Jahren einmal einen Fehler beging? Greg jedoch beschloß, sich dem zu stellen, auch wenn ihn keine Schuld traf.

Wichtig ist die Art und Weise, wie er den Kunden kontaktierte. Er stellte fest, daß seine Bemühungen ergebnislos waren, aber statt aufzugeben, änderte er seine Taktik. Greg ist überzeugt, daß sein handgeschriebener Brief ihm letztlich ermöglichte, einen Fuß in die Tür zu bekommen, die zugeknallt worden war und fünf Jahre lang geschlossen blieb. Er beschloß, persönlich im besten Sinn zu werden, und vermittelte so zwischen den Zeilen die Botschaft: »Dies ist kein Brief, den ein Computer ausgespuckt und irgendein Bürokrat verschickt hat. Ich bin persönlich daran interessiert, daß Sie ihn lesen. Ich habe mir die Zeit genommen, ihn mit der Hand zu schreiben. Ich möchte persönlichen Kontakt mit Ihnen aufnehmen.«

Denken Sie daran: Wenn ein Kunde verärgert ist – und es spielt keine Rolle, wer die »Schuld« daran trägt –, schadet er sich auch selbst, weil er die Vorzüge Ihres Produktes oder Ihrer Dienstleistung nicht mehr genießt. Ein Verkaufsrepräsentant, der seine Aufgabe ernst nimmt und engagiert arbeitet, wird alles nur Erdenkliche tun, um Kontakt zu diesem Kunden aufzunehmen und dafür zu sorgen, daß der Zorn über die Vergangenheit ihm nicht den Blick für die Zukunft verbaut. Wenn er sich dazu hinsetzen und einen handgeschriebenen Brief verfassen muß, dann sollte er das auch tun. Denken Sie daran, daß der aufgestaute Ärger zunächst einmal ein Ventil braucht, aber dann sollten Sie zu den weiteren Schritten übergehen. Konzentrieren Sie sich darauf, wie Sie Ihrem Kunden in der Zukunft Vorteile bieten können.

Fall 4 Results, Ltd. hat die langfristigen Ziele im Auge

Tom Hopkins gehört zu den bekanntesten Verkaufstrainern der Welt, und seine Seminare zählen zu den besten ihrer Art... Das können alle bestätigen, die es schaffen, einen Platz zu ergattern. Wenn seine Verkaufsrepräsentanten sagen: »Das Seminar wird schnell belegt sein«, dann ist das keine Taktik, um Druck auf potentielle Teilnehmer auszuüben. Das haben sie gar nicht nötig, weil die Veranstaltungen von Tom Hopkins ohnehin fast immer ausverkauft sind. Das wichtigste Kriterium für den Tagungsort ist immer die

Kapazität des Konferenzsaals, weil Tausende von Menschen seine Botschaft hören möchten. Wenn Verkaufsprofis etwas an Toms Seminaren auszusetzen haben, dann höchstens, daß es ihnen nicht gelungen ist teilzunehmen.

Einmal sprach ich mit Rob Salisbury, Inside Sales Team Manager bei Results in Sales and Marketing, Ltd. in Scottsdale, Arizona. Results, Ltd. ist eine der beiden Firmen, die berechtigt sind, Verkaufsförderung für Tom-Hopkins-Seminare in den Vereinigten Staaten zu betreiben. Rob ist für den Westen der USA und die westlichen Provinzen in Kanada zuständig und schon seit 1984 ausschließlich mit Tom-Hopkins-Veranstaltungen befaßt, also fast ein Veteran. Ich fragte ihn: »Tom Hopkins gilt in der gesamten Verkäuferszene als meisterhafter Vermittler außerordentlich effektiver Verkaufstechniken. Aber gibt es nicht auch Kunden, die mit seinen Seminaren unzufrieden sind?«

Ohne zu zögern, erinnerte sich Rob an eine Situation, die er als »schlichtweg grauenhaft« beschrieb. Im Oktober 1989 plante Tom Hopkins zwei Ganztagsseminare in Los Angeles, das erste im Airport Hilton und das zweite eine Woche später im Universal City Hilton. Rob und seine Mitarbeiter bei Results, Ltd. nahmen die Anmeldungen für beide Veranstaltungen entgegen, und die Teilnehmer waren berechtigt, eines der beiden Seminare nach Wahl zu besuchen. Als das Seminar im Airport Hilton stattfand, erschienen 1350 wißbegierige Verkaufsprofis.

Es gab nur 1100 Sitzplätze.

Der ahnungslose Rob, der an jenem Tag im Büro in Scottsdale die Stellung hielt, erhielt gegen elf Uhr einen Anruf von Jan Thurmon, der regionalen Vertriebsleiterin von Sears Mortgage in Los Angeles. Mit 72 Büros im ganzen Land war Sears Mortgage ein wichtiger neuer Kunde für Rob, und Jan hatte 18 Plätze für die Finanz- und Kreditspezialisten des Unternehmens reserviert. Als diese etwas verspätet ankamen, wurden sie am Eingang mit der Auskunft abgewiesen, der Saal sei schon bis auf den letzten Platz besetzt.

Rob ließ sich Jan durchstellen und begrüßte sie mit seinem charakteristischen überschwenglichen Enthusiasmus. »Hallo, Jan, wie schön, daß Sie anrufen. Ihr Team sitzt jetzt in diesem Moment sicher in Toms Seminar!«

Deutlich verärgert antwortete sie:

»Nein, mein gesamtes Team wurde nach Hause geschickt. Sie haben zu viele Anmeldungen entgegengenommen, und eine Menge Leute wurden nicht hineingelassen. Sie wurden einfach wieder weggeschickt. Es war unglaublich. Meine Top-Leute haben sich einen Tag freigehalten, sie waren ganz wild darauf, Tom Hopkins live zu erleben, und jetzt sind sie nicht nur enttäuscht, sondern haben auch noch den ganzen Vormittag sinnlos vergeudet.«

Als er sich an dieses Gespräch erinnerte, meinte Rob: »Sagen wir mal so: Ihre Stimme war so kühl, daß meine Ohrläppchen beinahe einfroren.«
Jedenfalls bekam er einen gehörigen Schrecken, als er von dem Fiasko erfuhr. Doch er wäre kein guter Verkaufsprofi gewesen, hätte er sich nicht schnell wieder erholt und gesagt:

»Sie haben recht, Jan. Es ist unser Fehler, und ich möchte mich dafür entschuldigen. Ich kann Ihnen aber anbieten, daß Ihr Team an der Veranstaltung in der kommenden Woche im Universal City Hilton umsonst teilnimmt. Es tut mir wirklich sehr leid, daß so etwas geschehen konnte.«

»Nein, Rob, ich will keine Gratisanmeldungen. Ich möchte mein Geld zurückhaben, bis auf den letzten Dollar. Und ich werde Sie ganz gewiß niemandem weiterempfehlen, nachdem ich weiß, daß Sie Ihre Seminare überbelegen, ohne Rücksicht auf Ihre Kunden.«

Sie war sehr aufgebracht, und Rob konnte nicht viel tun, um sie zu beruhigen. Ohne zu zögern, war er sofort einverstanden, die 2250 Dollar in voller Höhe zu ersetzen, die sie bezahlt hatte. Am nächsten Tag schon erhielt sie über Federal Express den Scheck sowie ein Entschuldigungsschreiben. Außerdem erhielt sie achtzehn neue Anmeldebestätigungen für das Tom-Hopkins-Programm im Universal City, obwohl sie von dem Angebot nichts hatte wissen wollen.

Am Tag darauf rief Rob wieder an, um sich nochmals zu entschuldigen und zu fragen, ob der Scheck und die Reservierungen eingegangen seien, aber mittlerweile hatte sich ihr Zorn noch gesteigert. Sie hatte mit den Kredit- und Finanzspezialisten gesprochen, und jeder einzelne hatte sich beschwert, daß er einen wertvollen Tag verloren habe. Sie hatten Termine verlegt, dann den weiten Weg auf sich genommen und mühsam einen Parkplatz gesucht, nur um dann wieder nach Hause geschickt zu werden. Jan wiederholte, daß sie nicht viel von Tom Hopkins oder von Results, Ltd. halte und die achtzehn Karten für das Seminar im Universal City nicht zu verwenden gedenke. Rob bemühte sich nach Kräften, den Anruf einvernehmlich zu beenden, aber Jan ließ sich nicht beschwichtigen.

Nach dem Seminar wurden die Anmeldebestätigungen routinemäßig überprüft, und es stellte sich heraus, daß zwei der achtzehn Plätze für Sears Mortgage belegt worden waren. Rob rief diese beiden Teilnehmer an und erfuhr, daß es zwei der Kredit- und Finanzspezialisten gewesen waren, die in der Nähe wohnten. Sie waren begeistert von dem Seminar. Tom hatte sich ganz besonders viel Mühe gegeben und sich bei all denen entschuldigt, die eine Woche vorher solche Unannehmlichkeiten gehabt hatten. (Die Mitarbeiter von Sears Mortgage waren nicht die einzigen, die man wieder nach Hause geschickt hatte.) Hatte ihr enthusiastischer Bericht eine positive Wirkung auf Jan? Kein bißchen, wie Rob feststellte, als er sie nach der Veranstaltung anrief.

Robert rief dann nochmals Anfang Januar an, um Jan mitzuteilen, daß Tom Hopkins ein weiteres Seminar plane, und zwar in Anaheim in der Nähe von Los Angeles. Sie meinte kühl, daß sie selbst und ihr Team keinen Bedarf sähen. Aber (das war die Chance, die Robert brauchte) sie habe in diesem Bezirk einen neuen Manager und wolle sich erkundigen, ob dieser Interesse an einer Teilnahme habe. Schließlich nahmen sechs Mitarbeiter an der Veranstaltung teil und fällten ein hervorragendes Urteil.

Wenige Monate später wurde ein weiteres Tom-Hopkins-Seminar in Los Angeles veranstaltet. Rob hatte den Vorfall mit Jan und den Kreditspezialisten von Sears Mortgage noch nicht vergessen. Er ließ Jan weitere achtzehn Gratisanmeldungen zusenden und rief sie an, um seinen Brief anzukündigen. Sie war überrascht, daß er sich meldete und klang schließlich, ein ganzes Jahr nach dem Eklat, ein klein wenig freundlicher. Es schien fast, als sei sie von der Aufrichtigkeit, mit der Rob sich bemühte, den Schaden wiedergutzumachen, ein klein wenig beeindruckt. Er fragte, ob sie neue Mitarbeiter eingestellt habe, und als sie antwortete, daß sie sechs neue Kreditspezialisten im Team habe, bekamen auch sie freie Anmeldungen für das Seminar in Los Angeles.

Schoß Rob nun nicht über das Ziel hinaus? Ganz gewiß nicht, er investierte nur in eine langfristige Beziehung. Im Geschäftsleben – und im Privatleben – ist nichts wichtiger als ein makelloser Ruf. Wie kompromißlos man sich auch um absolute Perfektion bemüht, irgend etwas läuft doch einmal schief.

Dann gibt es nur eins: alle Hebel in Bewegung zu setzen, um den Schaden wiedergutzumachen, so wie Rob es tat. Er hatte die ersten 2250 Dollar zurückerstattet, achtzehn freie Anmeldungen verschickt, und nun weitere vierundzwanzig Plätze verschenkt, dieses Mal für die vorderen Reihen. War das nicht zuviel des Guten? Nein. Sein Ruf und Toms Ruf standen auf dem Spiel. Rob war nur fair, denn Jans Mitarbeiter hatten immerhin sehr große Unannehmlichkeiten gehabt. Aber auch aus einem weiteren Grund war sein Vorgehen mehr als gerechtfertigt: Jan war ohne Zweifel in der Lage, den Ruf der Tom-Hopkins-Seminare in den 72 Niederlassungen von Sears Mortgage zu ruinieren.

Rob Salisburys Geschichte hatte ein »Happy-End«: Nachdem er alles nur Erdenkliche getan hatte, um Jan zufriedenzustellen, wurde Sears Mortgage ein hervorragender Kunde. Die Manager kauften Videos, schickten ihre Mitarbeiter zu Seminaren im ganzen Land und stellten sogar einen begeisterten Referenzbrief zur Verfügung, der anderen Unternehmen die Entscheidung erleichtern soll, die außergewöhnlichen Seminare von Tom Hopkins zu belegen.

Dem Unternehmen Results, Ltd. haben die zweiundvierzig freien Anmeldungen und die 2250 Dollar inzwischen schon 60 000 Dollar Umsatz eingebracht ... bisher.

Was können Sie daraus lernen?

Die Moral ist einfach: Wenn Sie einem Kunden Unannehmlichkeiten verursachen, müssen Sie jede Chance nutzen, um die Angelegenheit zu bereinigen, auch wenn Sie das Geschehene nicht mehr rückgängig machen können. Ob Sie sich ausdrücklich und wiederholt entschuldigen, schon beglichene Kosten zurückerstatten, Gratisanmeldungen verschicken oder alles zusammen – betrachten Sie den »Aufwand« immer als Investition in Ihre Beziehung und in Ihren Ruf. Da ein dauerhaft guter Ruf von unschätzbarem Wert ist, sind die Investitionen zu dessen Erhaltung nur minimal, verglichen mit den Umsätzen, die Ihnen entgehen, wenn Sie einen Kunden im Regen stehen lassen.

Ingram setzt die »drei P's« in die Praxis um   **Fall 5**

Beth Alvin, Vertriebsrepräsentantin bei Ingram, der größten nordamerikanischen Buchvertriebsgesellschaft, erzählte mir, daß sie in den vergangenen acht Monaten keinen einzigen Neukunden gewonnen habe. Sie konzentriert sich nämlich ausschließlich darauf, die Beziehungen zu treuen Abnehmern weiter zu festigen und zu den weniger treuen Kunden wiederzubeleben.
Als Beispiel dafür, wie sie perfektes Standvermögen, persönliches Engagement und Professionalität einsetzt, um Kunden zurückzugewinnen, führte Beth eine kleine Buchhandlung in Idaho an. Der Inhaber hatte ein nahegelegenes Vertriebszentrum von Ingram als hauptsächlichen Versandort gewählt, weil er so in den Genuß ermäßigter Frachtkosten kam. Ab einem bestimmten Bestellumfang fielen in manchen Fällen sogar überhaupt keine Versandkosten an.
Bald darauf wurde der Kunde jedoch aufgrund einer Vorgabe im Computerprogramm einem anderen Vertriebszentrum zugeordnet. Leider hatte er wohl keine Zeit gehabt, den »Formbrief« zu lesen, in dem diese Maßnahme angekündigt und erklärt wurde. So war die Überraschung groß, als der Wechsel vollzogen wurde. Er hatte auf elektronischem Weg 100 Bücher bestellt, um in den

Genuß der Frachtkostenbefreiung zu kommen, und stellte nun fest, daß seine Bestellung nicht von dem von ihm gewünschten Lager, sondern von Denver aus bearbeitet wurde. Er erhielt eine Rechnung, obwohl er absichtlich genausoviel geordert hatte, daß der Versand gebührenfrei sein sollte.

Er war sehr verärgert über die Rechnung und hatte das Gefühl, von Ingram nur als Spielball der Vertriebspolitik mißbraucht worden zu sein. Es kam zu einer hitzigen Debatte mit einem Kundendienstmitarbeiter und auch mit Beth, der Vertriebsrepräsentantin. Das Gespräch mit ihr endete damit, daß er wütend auflegte, nachdem er gedroht hatte, seine Geschäftsbeziehungen zu Ingram abzubrechen. Schließlich gebe es genug andere Vertriebsgesellschaften, etwa Book People, Baker & Taylor und Pacific Pipeline, die seine Bedürfnisse berücksichtigen würden. Er habe es jedenfalls nicht nötig, Ingram weitere Aufträge zu erteilen.

Beth ließ sich davon nicht abschrecken, sondern machte sich fest entschlossen daran, ihn zurückzugewinnen. Ihr erster Schritt bestand darin, ihm schnellstens eine handschriftliche Entschuldigung zukommen zu lassen. Sie verzichtete darauf, ihn auf den Brief, in dem die Umstellung auf das andere Absatzzentrum erläutert wurde, hinzuweisen. Schließlich hatte sie nicht vor, ihm nachzuweisen, daß er an der ganzen Sache selbst schuld sei. Statt dessen wollte sie die Verantwortung für die Situation übernehmen, und das tat sie auf eine persönliche Art und Weise. Sie sagte nicht einfach: »Wir von Ingram übernehmen die Verantwortung.« Beth bot ihm darüber hinaus an, alles zu tun, um eine zufriedenstellende Einigung herbeizuführen.

Beth glaubt, daß ihr handschriftlicher Brief dabei eine wichtige Rolle spielte. Unter all den unpersönlichen Computerschreiben, die täglich in der Post sind, sticht ein handgeschriebener Brief mit Sicherheit heraus. Nachdem der Brief eingegangen war, rief Beth den Kunden pünktlich zum darin angegebenen Termin an. Sie ist überzeugt davon, daß auch ihre auf Professionalität deutende Pünktlichkeit eine wichtig Rolle dabei spielte, das Vertrauen ihres Kunden zurückzugewinnen.

Schließlich wurde dieser »Ex-Kunde« ein wichtiger Verbündeter für Ingram. Er kaufte sogar das komplette Verzeichnis der lieferbaren Titel von Ingram – »Ingram Books in Print Plus« – auf CD-ROM. Das heißt, daß er wöchentlich eine aktualisierte Diskette mit sämtlichen lieferbaren Titeln sowie mit den Titeln erhält, die Ingram vorrätig hat. Statt seine Aufträge unter mehreren Vertreibern aufzusplittern, hat er die Geschäftsverbindung mit Ingram als dem Hauptlieferanten gefestigt. In dem Jahr, als Beth sein Vertrauen zurückgewonnen hatte, stieg sein Auftragsvolumen um 28 Prozent.

Was können Sie daraus lernen?

Beth Alvin von Ingram hat ihren schon fast verlorenen Kunden mit Hilfe der »drei Ps« zurückgewonnen:

① Perfektes Standvermögen
Lassen Sie sich von einem Kunden, der mitten im Gespräch den Hörer auflegt, nicht abschrecken. Machen Sie es sich zur persönlichen Aufgabe, ihn zurückzugewinnen.

② Professionalität
Vertrauen kann nicht von heute auf morgen aufgebaut werden. Ihr Kunde achtet genau auf die kleinen Anzeichen Ihrer Vertrauenswürdigkeit. Wenn Sie ankündigen, daß Sie um halb elf Uhr anrufen wollen, dann tun Sie das auch.

③ Persönliches Engagement
Die meisten Kunden möchten das Gefühl haben, daß man sich persönlich um sie kümmert. Eine unpersönliche, kalte Bürokratie stößt sie garantiert ab. Vermitteln Sie deshalb Ihrem Kunden, daß Sie die Verantwortung für eine bemängelte Situation übernehmen und persönlich dafür sorgen werden, daß alles wieder ins Lot kommt. Manchmal erreichen Sie schon viel, wenn Sie einen handschriftlichen Brief statt der üblichen Computermitteilung verschicken.

Fall 6: Bei Embassy Suites können Sie Dampf ablassen

Ich hatte gerade mein sauberes, geräumiges Hotelzimmer im Embassy Suites in Piscataway, New Jersey, bezogen, wo ich am nächsten Tag für die Beschäftigten von Johnson & Johnson Hospital Services ein Seminar halten wollte. Meine Erfahrungen mit dem Zimmerservice, die ich an jenem Abend machte, sollten sich als eine der besten Lektionen erweisen, die ich je lernte. Außerdem erfuhr ich, welch ein exzellentes Unternehmen Embassy Suites ist.

Ich wollte zuerst meine Sachen auspacken, dann zum Joggen gehen und anschließend essen. Um 18 Uhr, also früh genug, bestellte ich mein Essen für 19.30 Uhr, rechtzeitig zu einem Film im Fernsehen. Steven nahm meine Bestellung – ein Sandwich mit Hühnchen, Fischsuppe und Diät-Pepsi – entgegen. Nach dem Joggen kehrte ich in mein Zimmer zurück und rief um 19.25 Uhr den Zimmerservice an. Ich wollte Steven sagen, daß ich wieder zurück sei und das Essen erwarte. Er schien alles im Griff zu haben und bedankte sich für meinen Anruf.

Um 19.35 Uhr hatte der Film begonnen, und obwohl Steven sich mit dem Essen erst fünf Minuten verspätet hatte, begann mein Magen schon zu knurren, und ich wurde ärgerlich. Fünf Minuten waren natürlich nicht viel, aber immerhin hatte ich meine Bestellung extra eineinhalb Stunden früher aufgegeben und Steven sogar noch einmal daran erinnert. Hätte er nicht besser planen können? Ein gewisser Groll begann sich aufzustauen.

Um 19.45 Uhr rief Steven an. »Was hatten Sie zum Trinken bestellt?« erkundigte er sich. Ich erwiderte kurz angebunden: »Diät-Pepsi«, aber eigentlich war mir ganz danach herauszuplatzen:

»Sie Idiot! Vor fast zwei Stunden habe ich meine Bestellung aufgegeben. Wenn Sie nicht mehr wußten, was ich trinken wollte, hätten Sie mich doch fragen können, als ich das zweite Mal anrief! Soll das etwa heißen, daß Sie mit meinem Essen noch nicht einmal angefangen haben?«

Um 19.55 Uhr klopfte der unschuldige Kellner, und als er mit dem Tablett in der Hand eintrat, hatte ich nicht gerade meine einladendste Miene aufgesetzt. Obwohl er an der Verspätung keine Schuld trug, behandelte ich ihn sehr kühl, als wäre er persönlich für die schlechte Planung in der Küche verantwortlich. Mittlerweile war ich ärgerlich *und* hungrig – und meine Wahrnehmung entsprechend verändert. Ich suchte nun nach negativen Details, um meine schlechte Meinung über den Zimmerservice des Hotels bestätigt zu finden. Natürlich fand ich genügend Anhaltspunkte. Ich sah, daß der Kellner ein Hemd mit abgescheuerten und schmutzigen Manschetten trug, und seine Hosen waren schlecht gebügelt und fleckig. Er stellte keinen Augenkontakt her und entschuldigte sich nicht für die Verspätung.

Als er sich wieder aus dem Zimmer schlich, sah ich mir mein Hühnchensandwich an: Neben dem aufgeweichten Brötchen lagen ein paar welke, warme Salatblätter. Mein schlechter Eindruck bestätigte sich also erneut. Zu allem Überfluß fehlte auch noch der Suppenlöffel auf dem Tablett. Ein weiterer Beweis! Ich probierte die geschmacklose Fischsuppe mit dem Teelöffel und schimpfte innerlich schon wieder. Mittlerweile hatte mein Urteil schon umfassendere Dimensionen angenommen. Jetzt hielt ich nicht nur das Essen für schlecht, sondern meine negative Einstellung erstreckte sich auf das ganze Hotel und die Embassy-Suites-Kette im allgemeinen.

Nachdem ich eine halbe Stunde in mich hineingeschimpft hatte, beschloß ich, den diensthabenden Manager anzurufen. In der Zentrale wurde ich schnell durchgestellt, und »Jack« stellte sich mit der Frage vor: »Was kann ich für Sie tun?«

Ich hatte keineswegs die Absicht, ein freies Essen zu ergattern, und selbst mein Zorn war schon einigermaßen verraucht. Ich wollte einfach nur meiner Unzufriedenheit Ausdruck verleihen. Da ich aber nicht als unangenehmer Griesgram erscheinen wollte, dem man ohnehin nie etwas recht machen konnte, fing ich an, in aller Ruhe zu erklären: »Jack, verstehen Sie meinen Anruf bitte nicht falsch. Ich koche nicht vor Zorn, und ich will auch kein Gratisessen herausschinden. Ich möchte Ihnen nur sagen, daß Sie an Ihrem Zimmerservice einiges verbessern sollten, zumindest aufgrund meiner Erfahrungen heute abend.« Anhand meiner Notizen, die ich mir auf einem Block gemacht hatte, zählte ich ihm Punkt für

Punkt auf, was geschehen war. Insgeheim erwartete ich, daß er mir nun eine lahme Entschuldigung anbieten würde, um mich zu beschwichtigen.

Statt dessen waren Jacks erste Worte diese: »Ich kann Ihnen da nur zustimmen, Mr. Walther. Sie haben recht.« Das nahm mir den Wind aus den Segeln. Dann fuhr er fort: »Ich kann verstehen, daß Sie enttäuscht sind. Sie verdienen einen besseren Service, und ich möchte mich dafür entschuldigen, daß Sie ihn nicht bekommen haben. So etwas darf nicht passieren, wenn Sie den Zimmerservice bei Embassy Suites in Anspruch nehmen.«

Wie bitte? Keine lahmen Entschuldigungen? Es kam noch besser: Als nächstes erläuterte Jack mir, welche Maßnahmen er zu ergreifen gedachte. »Gleich morgen früh werde ich mich mit dem zuständigen Manager zusammensetzen und klären, wer für die Verspätung und das miserable Essen zuständig war. Dann werde ich alles Nötige veranlassen, damit so etwas nicht wieder vorkommt.«

Und nun folgte der krönende Abschluß: »Natürlich weiß ich, daß Sie mich nicht angerufen haben, um ein Gratisessen herauszuschinden, aber es wird trotzdem nicht auf Ihrer Rechnung erscheinen. Außerdem möchte ich Sie morgen abend – auf Rechnung des Hauses natürlich – zu einem Essen mit Zimmerservice einladen, damit Sie sehen, daß es auch anders geht.« Nun fiel es mir schon sehr schwer, noch verärgert zu sein. Ich bedankte mich für Jacks Angebot, und er schloß das Gespräch mit den Worten: »Ich möchte mich nochmals entschuldigen, und vielen Dank, daß Sie mich über die Sache informiert haben.«

Dies war ein Bilderbuchbeispiel dafür, wie man mit Beschwerden richtig umgeht. Zuerst hatte der Manager mir aufmerksam zugehört. Dann hatte er sich in meine Lage versetzt und volles Verständnis für meine Kritik geäußert, wodurch sämtliche feindseligen Gefühle, die ich hegte, aufgelöst wurden. Er entschuldigte sich persönlich für den Vorfall und erklärte mir, was er dagegen zu unternehmen gedenke. Und dann, sozusagen als »I-Tüpfelchen«, machte er mir ein Angebot zur Wiedergutmachung, das ich weder verlangt noch erwartet hatte. Schließlich ließ er es sich nicht nehmen, mir für meine Beschwerde auch noch zu danken.

Ich war so beeindruckt, daß ich Jack ein Treffen im Foyer vorschlug, um ihn für *Verkaufe alles – nur nicht Deine Kunden zu* interviewen. Während unseres Gesprächs erfuhr ich, daß Jacks Verhalten nicht nur ein Produkt seines Instinkts und seiner persönlichen Wertmaßstäbe gewesen war. Er hatte an einem obligatorischen Trainingsprogramm von Embassy Suites teilgenommen, das »The Embassy Suites Way« hieß. Er zeigte mir das Begleitmaterial für einige Videofilme und wies mich besonders auf einen Abschnitt mit der Überschrift »Außergewöhnliche Chancen im Service« hin. Bezeichnenderweise hieß das Training nicht »Wie beruhige ich aufgebrachte Gäste?« oder »Leitfaden für den Umgang mit schwierigen Gästen«. Schon im Titel klingt an, daß das Personal von Embassy Suites (an diesem Schulungsprogramm nehmen alle Beschäftigten teil, vom Zimmermädchen bis hin zu den »General Managers«) es gewohnt ist, Beschwerden als »außergewöhnliche Chancen für den Dienst am Gast« zu sehen. (Steven, der junge Mann, der meine Bestellung so miserabel erledigt hatte, hätte einen Auffrischungskurs nötig gehabt!)
Jack erklärte: »Ein sauberes Hotelzimmer können Sie schließlich überall haben. Wir verfolgen mit ›The Embassy Suites Way‹ das Ziel, unsere Gäste hundertprozentig zufriedenzustellen. Und das erreichen wir nur, wenn wir jeder einzelnen Beschwerde nachgehen und damit loyale Gäste gewinnen, die wiederkommen.« Jack Deschene ist kein Neuling im Hotelgewerbe. Vor sieben Jahren hatte er als Nachtportier angefangen – jener unverzichtbare Geist im Hotelbetrieb, der bis in den Morgen hinein die Stellung hält, den Papierkram des Tages noch einmal durchgeht, Rechnungen für Gäste vorbereitet, die frühmorgens abreisen, und all die bizarren Situationen regelt, zu denen es in diesen langen Nächten kommt.
Er erzählte mir von einigen dieser Situationen – den »außergewöhnlichen Chancen im Service«. Da war der aufgeregte Gast, der spätabends ankam und sehr gereizt schien. Jack fragte ihn, ob er etwas für ihn tun könne. Der Gast antwortete, daß er seine Krawatte vergessen habe, und dabei müsse er ausgerechnet früh am nächsten Morgen zu einer sehr wichtigen Besprechung, so daß er keine Zeit habe, noch eine zu kaufen. Jack nahm seine eigene Krawatte

55

ab, gab sie dem Gast und hatte eine außergewöhnliche Chance optimal genutzt.

Ein anderes Mal bezog eine sehr korpulente Frau ihr Zimmer und rief Jack eine halbe Stunde später an, um sich empört darüber zu beschweren, daß die Toilettenhalterung kaputt sei. Obwohl Jack das Zimmer am gleichen Tag selbst inspiziert hatte und vermutete, daß die Frau den Schaden wohl selbst verursacht hatte, entschuldigte er sich und brachte die Frau persönlich in ein anderes Zimmer. So sorgte er dafür, daß sie dem Hotel auch weiterhin treu blieb.

Jack lieh mir das Schulungshandbuch von Embassy Suites. Als ich es am Abend in meinem Zimmer durchblätterte, erkannte ich bald, daß Jack und die anderen Beschäftigten von Embassy Suites sich bewußt darum bemühten, Beschwerden positiv zu behandeln. Das ausgezeichnete Handbuch enthält ein Raster, das die Gäste in vier Kategorien einteilt: Die »stillen Stammkunden« sind zufriedene Gäste, die wiederkommen, ohne viele Worte darüber zu verlieren. Die »lobenden Kunden« sind ebenfalls zufrieden, aber sie lassen das andere wissen. »Abgänger« sind unzufriedene Gäste, die bei der nächsten Gelegenheit ein anderes Hotel wählen, sich aber nie beschweren würden. Die »Kritiker« schließlich bieten dem Hotel die besten Chancen, den Service zu verbessern. Wenn sie unzufrieden sind, dann erzählen sie das dem diensthabenden Personal, ihren Freunden, den Passagieren, die auf dem Heimflug neben ihnen sitzen, der Reiseabteilung in ihrem Unternehmen, den Kollegen und allen, die es sonst noch hören wollen.

Wenn Sie einem »Kritiker« begegnen, so empfiehlt das Handbuch, dann sorgen Sie dafür, daß er seine Kritik vorbringen kann. Das erreichen Sie am besten in vier Phasen.

Phase 1: Ausreden lassen.
Hören Sie dem Gast zu, damit er erst einmal »Dampf ablassen« kann.

Phase 2: Einfühlen.
Bestätigen Sie dem Gast, daß seine Kritik berechtigt ist. »Kritiker« sind unzufriedene Gäste, die in der Regel guten Grund haben, sich

schlecht behandelt zu fühlen, so wie ich, als ich die Mängel am Service notiert hatte. Sie sollten nicht nur zuhören, sondern auch deutlich machen, daß Sie Verständnis haben, indem Sie ein einfühlsames Feedback liefern. (»Ich verstehe, daß Sie aufgebracht sind. Sie haben völlig recht, wenn Sie sagen, daß es so nicht geht.«)

Phase 3: Handeln.
Hier hapert es oft. Embassy Suites hat den Beschäftigten, die direkten Kontakt zu den Gästen haben, die notwendigen Befugnisse erteilt, um problematische Situationen selbständig und schnell zu lösen. Jack konnte mich spontan zu einem weiteren Essen einladen, ohne sich diesen Schritt vorher von höherer Stelle genehmigen zu lassen. Er handelte nach eigenem Ermessen und das sofort.

Phase 4: Verantwortung übernehmen.
Obwohl es nicht Jacks Fehler gewesen war, daß mein Essen miserabel war und spät serviert wurde, verhielt er sich so, als habe er die Mängel zu verantworten, und er entschuldigte sich dafür. Er hätte ja auch ohne weiteres sagen können: »Ich arbeite nicht in der Küche, aber ich sehe gleich nach, wer dort Dienst hatte. Sie werden dann von ihm hören.« Jack übernahm die persönliche Verantwortung, als läge der Ruf von Embassy Suites in seinen Händen. (Das traf ja auch zu.)

Übrigens war mein Essen am folgenden Abend ausgezeichnet: Es wurde pünktlich serviert, sah sehr ansprechend aus und schmeckte köstlich. Jack hatte Steven und seine Kollegen vom Zimmerservice informiert, warum ich am vorangegangenen Abend unzufrieden gewesen war, und sie instruiert, daß dies kein zweites Mal geschehen dürfe.

Vielleicht denken Sie, daß mein Erlebnis im Embassy Suites ein unbedeutender Einzelfall war. In Wahrheit war der Vorfall sehr wichtig, denn die Hotelkette erhielt so eine Gelegenheit zu beweisen, daß die schönen Worte aus dem Schulungshandbuch kein Lippenbekenntnis waren. Auch ich selbst lernte viel daraus. (Und ich wurde vom »Kritiker« zum »lobenden Kunden«.)

Was können Sie daraus lernen?

Sie können jede alltägliche Erfahrung als Kunde dazu verwenden, sich selbst auf den Zahn zu fühlen. Achten Sie einmal darauf, wie Sie sich als Kunde fühlen, wenn Sie nicht so behandelt werden, wie Sie es erwarten. Übertragen Sie diese persönlichen Erfahrungen auf das Unternehmen, in dem Sie arbeiten, und entwickeln Sie eine Strategie, um darauf zu reagieren.

Dazu müssen Sie sich fragen, welche Verhaltensweisen bei Ihnen »ankommen«, wenn Sie einmal enttäuscht wurden. Dann können Sie die gleichen Mittel anwenden, um eigene Kunden zu versöhnen, wenn Sie einmal mit dem Service Ihres Unternehmens unzufrieden sind.

Betrachten Sie Ihren Alltag als Kunde, als Übungsfeld. Horchen Sie in sich hinein, welche Gefühle sich einstellen, wenn ein Verkäufer sich nicht um Sie kümmert, und beobachten Sie, wie er auf Ihre Beschwerde eingeht. Ob Sie den Zimmerservice bemängeln, sich über einen unfreundlichen Verkäufer im Geschäft ärgern oder einem überheblichen Angestellten im Reisebüro begegnen, Sie werden folgendes erkennen:

- Wenn Sie erst einmal Grund zur Kritik haben, dann passiert es leicht, daß Sie auf weitere negative Eindrücke geradezu lauern. Wenn der Kellner sich mit dem Essen verspätet, haben Sie von vornherein einen viel schärferen Blick dafür, daß er etwas ungepflegt wirkt. Das Essen könnte auch etwas heißer sein, und das Foyer vorhin war ziemlich schmutzig und so weiter.
- Bevor Sie den Mund aufmachen, haben Sie sich vermutlich noch einmal vergewissert, daß Ihre schlechte Meinung wirklich begründet ist. Sie möchten im Recht sein und deshalb mit hieb- und stichfesten Argumenten aufwarten können. Im Laufe dieser Vorbereitungsarbeit verfestigt sich naturgemäß Ihre Enttäuschung, so daß es für Ihr Gegenüber immer schwieriger wird, Sie noch vom Gegenteil zu überzeugen.
- Vermutlich sind Sie durchaus bereit, einen Fehler zu verzeihen, vorausgesetzt, die Person, die Ihre Beschwerde bearbeitet, bleibt gelassen und ermöglicht es Ihnen, Dampf abzulassen.

Wie sollten Sie sich nun verhalten, wenn ein Kunde sich bei Ihnen beschwert? Die Vierphasenformel von Embassy Suites läßt sich kaum noch verbessern:
1. Ausreden lassen. 2. Einfühlen. 3. Handeln. 4. Verantwortung übernehmen.

Der Umgang mit Beschwerden – am besten mit System

Obwohl die Personen, die in den vorangegangenen Beispielen auf Beschwerden reagiert haben, ihrem Instinkt gefolgt sind und nur getan haben, was sie im gegebenen Moment für richtig hielten, kommt man ohne eindeutige Vorgaben nicht aus. Sie und Ihre Kollegen und Mitarbeiter brauchen ein sicheres Fundament.

Vorbereitung ist alles: Kopf, Herz und Mund

Wie alle wichtigen Vorhaben erfordert auch die Behandlung von Beschwerden zunächst einmal die richtige mentale Einstellung. Die Erkenntnis, daß Beschwerden *gut sind, allen Beteiligten nützen und langfristig zur Gewinnsteigerung führen,* wird Ihnen helfen, Ihre Vorbereitungen in die richtige Richtung zu lenken. Da der Weg vom Denken zum Handeln aber bekanntermaßen einige Hindernisse bereithält, ist es wichtig, den Umgang mit unzufriedenen Kunden in Rollenspielen und internen Trainingssitzungen einzuüben.

An dieser Stelle will ich die wesentlichen Inhalte der Transaktionsanalyse, die in *Phone Power* und vielen anderen Büchern eingehend beschrieben wurden, kurz zusammenfassen. Der aufgebrachte Kunde, der sich mit einem bösen Brief beschwert oder zum Telefon greift, handelt in der Regel in einer von zwei Rollen: Elternteil oder Kind.

In der Elternrolle tendieren die Menschen dazu, andere nach sehr rigiden Maßstäben zu beurteilen. »Ihr Idioten, ihr baut wohl nur Mist hier. Meine letzte Bestellung habt ihr auch schon vermasselt. Was ist los bei euch?«

In der Rolle als Kind lassen sie ihren Gefühlen freien Lauf, ohne an die Konsequenzen ihres Ausbruchs zu denken. (»Jetzt habe ich endgültig die Nase voll! Ihr . . . treibt mich zum Wahnsinn! Ich habe genug von diesem . . .! Nehmt euer Schulungshandbuch und . . .!«) Sowohl in der Eltern- wie in der Kindrolle kann es schnell dazu kommen, daß das Zentrum der Aufmerksamkeit von der Sachebene auf die Gefühlsebene verlagert wird. In beiden Rollen ist man von einer Lösung weit entfernt.

Deshalb ist es von entscheidender Bedeutung, daß Sie in der Erwachsenenrolle bleiben, wenn der Kunde in die Eltern- oder Kindrolle schlüpft und seinem Ärger lautstark Luft macht.

Erstaunlicherweise ist Ihre Körpersprache ein entscheidendes Hilfsmittel, um die Fassung zu wahren. Auch wenn der Kunde Ihnen nicht gegenübersitzt, übermitteln Sie Ihre nonverbalen Botschaften mit der Stimme. Ihre Einstellung äußert sich immer auch in der Wortwahl und im Tonfall.

Ihre Körperhaltung sollte Aufmerksamkeit und Offenheit ausdrükken. Wenn der Kunde Ihnen persönlich gegenübersitzt, dann sinken Sie nicht in sich zusammen oder sehen gelangweilt durch ihn hindurch. Andererseits sollten Sie sich auch nicht betont nach vorne neigen und damit eine Konfrontation andeuten. Tun Sie das auch am Telefon nicht! Selbst wenn Sie gerade einen Antwortbrief formulieren, kann Ihre Körperhaltung Ihr Denken beeinflussen. Geradesitzen, die Beine nicht übereinanderschlagen, die Arme nicht verschränken, interessiert aussehen – das sind die wichtigsten Regeln in puncto Körperhaltung. Selbst wenn der Kunde Sie nicht sieht, empfängt er die Signale Ihrer Körpersprache.

Auch die Wortwahl übt natürlich einen entscheidenden Einfluß auf den Kommunikationsprozeß aus. Lesen Sie auf alle Fälle das Buch *Sag, was du meinst, und du bekommst, was du willst,* und vermeiden Sie konfliktträchtige Worte. Ersetzen Sie sie durch Ausdrücke, die Gemeinsamkeiten betonen und das gegenseitige Verständnis fördern.

Statt einzuwenden: »Da bin ich anderer Meinung als Sie«, was Ihr Gegenüber als: »Sie sind im Unrecht« interpretiert, sagen Sie lieber: »Ich verstehe Sie.« Versuchen Sie aufrichtig, sich in den anderen hineinzuversetzen.

Erläutern Sie nicht ausführlich, was Sie *nicht tun können,* sondern gehen Sie auf das ein, was Sie *tun können.* Sagen Sie nicht:»Tut mir leid, aber vor Ende kommender Woche kann ich die Ersatzlieferung auf keinen Fall rausschicken«, sondern versichern Sie:»Ich werde mich darum kümmern, daß Sie die Lieferung bis Ende nächster Woche erhalten.«

Konzentrieren Sie sich darauf, was Sie *erreichen* wollen, und reden Sie nicht über das, was Sie *vermeiden* wollen. Sie schaffen eine positive Atmosphäre der Zusammenarbeit, wenn Sie sagen:»Ich werde dazu beitragen, die Angelegenheit in Ordnung zu bringen. Schließlich möchten wir Ihnen weiterhin Bürogeräte liefern und den zuverlässigen Reparaturdienst bieten, den Sie erwarten und verdienen.« Wenn Sie den entgegengesetzten Ansatz wählen, vergraulen Sie den unzufriedenen Kunden:»Ich fände es nicht schön, wenn Sie den Wartungsvertrag mit uns kündigen würden; wir möchten die Geschäftsverbindung mit Ihnen nicht aufgeben.«

Ein weiterer wichtiger Punkt: Bringen Sie mit Ihrer Sprache zum Ausdruck, daß die Beschwerde für Sie eine positive Herausforderung und keine lästige Bürde ist.»Ich werde mir Ihre Akte heraussuchen, damit ich alle notwendigen Informationen habe, und dann rufe ich Sie gerne heute nachmittag zurück« – das klingt weit positiver als:»Ich müßte mir mal Ihre Akte heraussuchen, und wenn nichts dazwischenkommt, rufe ich Sie heute nachmittag mal zurück.«

Wenn der geeignete Zeitpunkt gekommen ist, sollte Ihre Sprache beruhigend und kooperativ sein. Aber jetzt wird noch nicht geredet. Der nächste Schritt heißt zuhören.

Hören Sie zu... aktiv

Zuhören ist alles andere als ein passiver Prozeß. Die meisten Menschen glauben, daß sie zuhören, wenn sie gerade nicht reden. Das ist falsch! Zuhören ist ein aktiver Prozeß, der Ihre volle Aufmerksamkeit und Konzentration erfordert. Sie haben eine Körperhaltung eingenommen, die Ihre »offene« innere Haltung spiegelt. Jetzt bleiben Sie am Ball und verfolgen Ihre Linie konsequent weiter.

Effektives Zuhören erfordert, daß Sie alle Störfaktoren ausschalten. Wenn ein unzufriedener Kunde vor Ihnen sitzt, legen Sie einen Block zurecht, damit Sie Notizen machen können. Sorgen Sie dafür, daß Sie von niemandem gestört werden, auch nicht telefonisch. Lassen Sie Ihre Arbeit liegen, und schließen Sie die Bürotür. Konzentrieren Sie sich voll und ganz auf Ihr Gegenüber. Denken Sie daran, daß dies die gewinnträchtigste Aufgabe ist, die sich Ihnen nur bieten kann. Machen Sie das Beste daraus.

Zu der aktiven Seite des Zuhörens gehört es auch, den Kunden zu ermuntern, Ihnen mehr zu erzählen. Nehmen wir an, Sie rufen ihn zurück, um auf eine schriftliche Reklamation zu reagieren. Statt mit einer Rechtfertigung zu beginnen oder gleich Ihre Lösung vorzuschlagen, bitten Sie den Kunden darum, Ihnen mehr über den Vorfall zu erzählen:

»Ich habe Ihren Brief sorgfältig gelesen und weiß nun ungefähr, was geschehen ist. Sie haben sehr stichhaltige Gründe für Ihre Beschwerde genannt, und das gibt mir Grund zur Sorge. Ich möchte gerne mehr über den Vorfall erfahren, damit ich ihn in allen Punkten verstehe und damit wir dann die beste Lösung finden können. Erzählen Sie mir also, was geschehen ist.«

Ob Sie mit einem Kunden am Telefon oder unter vier Augen reden, es gilt immer dasselbe Prinzip: Der Kunde soll seinen ganzen Ärger loswerden. Durch Ihre Aufforderung, Ihnen mehr über den Vorfall zu erzählen, setzen Sie eine Art Katharsis in Gang. Wenn Sie das versäumen, werden seine aufgestauten Gefühle, die Enttäuschung oder die Wut unter der Oberfläche weiterschwelen. Sorgen Sie dafür, daß alles auf den Tisch kommt; lösen Sie die Spannung auf.

Legen Sie das Fundament für eine bessere Beziehung

Es liegt in der Natur der Sache, daß der unzufriedene Kunde in Ihnen oder der Firma »den Feind« oder »den Gegner« sieht. Um sein Urteil zu rechtfertigen und zu bestätigen, hat er die Beteiligten fein säuberlich in »Ich« und »die anderen« eingeteilt.

»Ich« trägt eine weiße Weste und bekommt für sein sauer verdien-

tes Geld keine angemessene Gegenleistung.»Ich« ist der »arme Kunde« und fühlt sich im Extremfall als Spielball dieser großen, seelenlosen und geldgierigen Unternehmen. Kein Wunder, wenn der Kunde findet, daß die Lieferanten ständig seine Aufträge vermasseln, nicht schnell genug sind oder das Falsche liefern und ihm insgesamt eben das Leben schwermachen.
Sie und das Unternehmen, das Sie repräsentieren, werden häufig als Gegner betrachtet, darüber müssen Sie sich im klaren sein. Sobald der Kunde sich einmal seinen Ärger von der Seele gesprochen hat, heißt der nächste wichtige Schritt, das Feindbild abzubauen, das der Kunde verinnerlicht hat.

Einfühlungsvermögen

In *Webster's Encyclopedic Unabridged Dictionary* wird Empathie als »die verstandesmäßige Identifikation mit Gefühlen, Gedanken oder Einstellungen eines anderen oder deren stellvertretende Erfahrung« definiert. Das bedeutet nun nicht, daß Sie dem Kunden unbedingt recht geben. Sie brauchen nicht einmal zu sagen: »Das tut mir sehr leid für Sie.« Einfühlungsvermögen zu demonstrieren heißt nur, daß Sie sich die Zeit nehmen, um den Kunden zu verstehen und sich in ihn hineinzuversetzen. Die wichtigste Rolle spielen dabei die Gefühle. Der Kunde glaubt wahrscheinlich, daß er übervorteilt oder zu grob behandelt wurde, daß man ihm Unannehmlichkeiten bereitet oder zuwenig Aufmerksamkeit geschenkt hat. Wie auch immer, Sie müssen herausfinden, was er glaubt, bevor Sie den nächsten Schritt tun und zur Sache selbst kommen.
Viele Kundendienstmitarbeiter tendieren dazu, Vorwürfe abzuweisen, statt Verständnis dafür aufzubringen. Aber wenn sie das Problem nicht verstanden haben, können sie auch keine effektive Lösung finden.
Meine Frau und ich nahmen einmal an einem hervorragenden Eheseminar teil, das Harville Hendrix, Autor von *Soviel Liebe, wie du brauchst*, entwickelte. Eine der wichtigsten Kommunikationsübungen heißt »Paar-Dialog«. Man könnte die Übung auch »Kunden-Dialog« nennen und als Teil eines Kundendienstseminars prä-

sentieren. Der Übung liegt der Gedanke zugrunde, daß es unglaublich schwierig ist, aufrichtig und eindeutig zu kommunizieren. Dies gilt nicht nur für Beziehungen zwischen Ehepartnern, sondern auch zwischen Geschäftspartnern oder Ihnen und einem unzufriedenen Kunden. Meist werden Gespräche kompliziert, weil wir in der Zeit, in der der andere redet, unsere Antwort vorbereiten, statt konzentriert zuzuhören.

Die Übung läuft folgendermaßen ab: Der eine Partner – in diesem Fall der unzufriedene Kunde – redet. Der andere unterbricht ihn nicht und antwortet auch nicht. Er hört nur zu, aber aktiv. Das hört sich leicht an, ist aber der schwierigste Teil der Übung.
Der nächste Schritt ist der, wiederzugeben, was der andere gesagt hat. Der Zuhörer antwortet nun: »Ich verstehe, daß Sie sich... fühlen« und wiederholt die Botschaft des »Senders« – beziehungsweise die, die bei ihm angekommen ist. Er schließt mit der Frage: »Habe ich das richtig verstanden, was Sie gesagt und empfunden haben?«

Mir ist klar, daß sich all dies banal anhört. Aber versuchen Sie es einmal. Ich erinnere mich, wie ich mich in dem besagten Seminar immer wieder im Kreis drehte. Meine Frau Julie sagte:

»Ich mag es nicht, wie du die Sache mit dem Müll erledigst. Ich habe das Gefühl, als wärst du gar nicht bei der Sache. Manche Mülleimer leerst du gar nicht, und am meisten ärgert mich, daß der Eimer in der Küche jedesmal noch voll ist, wenn die Müllabfuhr kommt.«

Meine spontane Reaktion war die, sie zu unterbrechen: »Ja, und wo ist das Problem? Immerhin kümmere ich mich doch darum, oder etwa nicht?« Der Seminarleiter wies mich prompt darauf hin, daß ich nur zuhören dürfe, und wir versuchten es noch einmal. Ich biß mir auf die Zunge und hörte zu, um die Aussage meiner Frau dann so zu wiederholen, wie ich sie verstanden hatte. »Habe ich das richtig verstanden, was du gesagt und empfunden hast?« Leider nicht ganz. Also wiederholten wir die Szene, immer wieder. Ich zog aus dieser Übung die Schlußfolgerung, daß es ein Wunder ist, wenn meine Frau und ich überhaupt zur Kommunikation fähig

sind. Ich bin überzeugt davon, daß es allen Menschen, die ihr Leben teilen, sehr schwerfällt, eindeutig zu kommunizieren und die Gefühle des anderen zu verstehen. Was bedeutet das nun für das Gespräch mit Fremden? Es ist äußerst unwahrscheinlich, daß Sie einen unzufriedenen Kunden genau verstehen, wenn Sie nur beiläufig zuhören. Hören Sie aktiv zu, und vergewissern Sie sich, daß Sie ihn richtig verstanden haben. Nicht nur Ehepartner müssen ihre Beziehung pflegen, sondern auch Geschäftsleute. Wenn es zu Konflikten und Mißverständnissen mit Kunden kommt und Beschwerden geäußert werden, ist es von entscheidender Bedeutung, daß wir verstehen, wie der Kunde das Problem erlebt hat.
Sie hören also aktiv zu, und nach einer gewissen Zeit geht dem Kunden »die Luft aus«. Widerstehen Sie nun dem verständlichen Drang, Schlußfolgerungen zu ziehen, seine Vorwürfe zu entkräften und die weitere Vorgehensweise festzulegen, um die Sache vom Tisch zu bekommen. Hören Sie aktiv zu, und fühlen Sie sich ein.
Die Terminologie, die im »Paar-Dialog« so gut funktioniert, bewährt sich auch im Gespräch mit dem Kunden. Wiederholen Sie also seine Aussage, und vergewissern Sie sich: »Habe ich das richtig verstanden, was Sie gesagt und empfunden haben?«
An diesem Punkt des Lösungsprozesses sollten Sie ausschließlich bestrebt sein, zu verstehen und sich einzufühlen. Ihr Ziel ist es, zuzuhören: »Ja, das habe ich gesagt und so fühle ich mich.«

Brücken bauen

Sie haben nun geduldig und aktiv zugehört und können sich in die Lage des Kunden hineinversetzen. Nun folgt der nächste Schritt, um das Feindbild, das aller Wahrscheinlichkeit nach besteht, abzubauen. Sie müssen eine Brücke zum Kunden schlagen. Er glaubt, daß Sie andere Ziele verfolgen, während Sie in Wahrheit am gleichen Strang ziehen. Der Kunde will, daß das Problem oder Mißverständnis geklärt wird, weil er dann die Beziehung mit einem guten Gefühl fortsetzen kann. Sie wollen einen zufriedenen Kunden, der wieder bei Ihnen bestellt, der Ihnen hilft, ihm selbst und anderen

Kunden bessere Dienstleistungen und Produkte anzubieten, und der eine *positive* Mundpropaganda betreibt. Ihre Ziele könnten gar nicht identischer sein.
Sagen Sie also:

»Mr. Scoggin, Sie verlangen völlig zu Recht einen hervorragenden Kundendienst. Ich verstehe, wie Sie sich fühlen, und es tut mir sehr leid, daß wir Sie enttäuscht haben. Aber im Grunde will ich dasselbe wie Sie. Sie möchten einen Service, der so gut ist, daß Sie auch weiterhin Kunde bei uns bleiben. Und wir möchten Sie als zufriedenen Kunden behalten. Da wir also beide an einem Strang ziehen, sollten wir zusammenarbeiten und eine Lösung finden, die uns beide zufriedenstellt.«

Die Entschuldigung ist sehr wichtig. Ich erlebe es als Kunde selten, daß man sich bei mir entschuldigt. Oft würde es mir nach einer Beschwerde völlig ausreichen, wenn jemand einfach »Es tut mir leid« sagte. Vermutlich bemerken die Adressaten einer Beschwerde gar nicht, daß der unzufriedene Kunde eine Entschuldigung erwartet, oder sie befürchten, daß der Satz »Es tut mir leid« schon ein Schuldgeständnis mit möglichen juristischen Folgen sei. Denken Sie daran, daß Sie eine Brücke schlagen wollen, um die Beziehung wieder zu reparieren. Wenn der Kunde eine Entschuldigung für angebracht hält, warum sollten Sie sie dann nicht aussprechen? Auf diese Weise kommen Sie am einfachsten und direktesten voran, und das wollen Sie schließlich, wenn Sie Beschwerden bearbeiten.

Erarbeiten Sie die Lösung gemeinsam

Die richtige Einstellung gewinnen, zuhören und Brücken schlagen – das sind die notwendigen Schritte, die Sie zum Ziel führen: zu einer gerechten Lösung, die Ihren Kunden zufriedenstellt und ihn auf Ihr Förderband zurückbringt.
Wenn Sie nun dieselben Ziele wie Ihr Kunde anstreben, warum handeln Sie nicht danach? Denken Sie daran, daß Sie im gleichen

Boot sitzen. Der Kunde hat das Problem wahrscheinlich von allen Seiten beleuchtet und kann vielleicht schon einen Einigungsvorschlag machen. Versuchen Sie also nicht, im Alleingang eine tragbare Lösung zu finden, sondern fragen Sie Ihren Partner nach seinen Vorstellungen.

»Mr. Scoggin, mein Ziel ist es, Sie zufriedenzustellen. Vielleicht haben Sie sich schon eine Lösung überlegt. Sagen Sie mir, was ich tun soll. Wie kann ich erreichen, daß Sie wieder zufrieden sind?«

Nun höre ich den Aufschrei schon:

»Wie bitte? Ich soll den Kunden fragen, was er will? George, jetzt reicht es aber! Er wird natürlich sein Geld wiederhaben wollen, selbst wenn uns an dem Schlamassel gar keine Schuld trifft. Meinen Sie im Ernst, daß man die unzufriedenen Kunden nach ihren Wünschen fragen und diese dann obendrein noch erfüllen soll?«

Richtig, genau das meine ich. Drei Dinge sollten Sie nämlich immer im Hinterkopf haben:

1. Die langfristige Beziehung zählt. Eine Rückzahlung aufgrund einer Reklamation ist kein verlorenes Geld, sondern eine Investition in die Zukunft der Beziehung. Wenn der Kunde Ihnen nach einer solchen Regelung weiterhin Aufträge erteilt, dann haben Sie gegenüber einer Neukundenakquisition immer noch viel Geld gespart.
2. Kompetente Mitarbeiter treffen in der Regel hervorragende Entscheidungen, wenn man sie nur läßt. Zu den wichtigsten Erkenntnissen der Managementforschung in den achtziger Jahren gehörte die, daß eine hohe Zahl von Führungsebenen in einer Organisation den Entscheidungsprozeß nicht fördert, sondern hemmt. Außerdem leidet die Qualität der Entscheidungen. Wenn man hingegen den Mitarbeitern Handlungsbefugnisse überträgt, können sie ohne Zeitverlust die notwendigen

Maßnahmen einleiten. Diejenigen, die täglich den Kontakt zu den Kunden haben, können am besten beurteilen, mit welchen Entscheidungen sie die Kundenbeziehung verbessern. Viele meiner Klienten, die ihren Beschäftigten mehr Befugnisse übertragen haben, litten anfangs unter dem Alptraum, daß sie Geld zum Fenster hinauswerfen würden, weil es ja ohnehin nicht das eigene sei. Doch weit gefehlt. Gerade die Mitarbeiter, denen man das nötige Vertrauen und die Autonomie einräumt, um Beschwerden eigenständig zu regeln, finden sehr gerechte und meist sogar hervorragende Lösungen. Einen Hinweis wert ist hier das »Mitarbeiterhandbuch« von Nordstrom. Mit wenigen Worten wird alles gesagt, etwa der wichtige Satz: »Worauf kommt es an bei Nordstrom? Regel Nr. 1: Nutzen Sie Ihr Urteilsvermögen in allen Situationen. Weitere Regeln gibt es nicht.«
3. Es ist sehr teuer, sich den Wünschen der Kunden zu verweigern. Ohne ausufernde Berechnungen anzustellen, will ich nur folgendes Beispiel anführen: Nehmen wir an, ein Kunde meldet einen Defekt an einem Artikel für 100 Dollar, den Sie geliefert haben. Er möchte nichts weiter als Ersatz dafür haben, dann ist er völlig zufrieden. Nun können Sie zwei Dinge tun: Entweder schicken Sie ihm umgehend den Ersatzartikel, gemeinsam mit einem Entschuldigungsschreiben, oder Sie fangen an nachzuforschen. Es könnte ja sein, daß der Kunde Sie übers Ohr hauen will. Gehen wir aber davon aus, daß mindestens 80 Prozent der Beschwerden Ihrer Kunden gerechtfertigt sind. Obwohl 20 Prozent sehr hochgegriffen sind, nehmen wir trotzdem an, daß jeder fünfte Kunde versucht, Sie zu betrügen. Welche Kosten entstehen Ihnen, wenn Sie die Reklamationen überprüfen? Der zuständige Mitarbeiter muß in anderen Abteilungen nachforschen, einige Telefonate führen, ein bis zwei Briefe schreiben, mehrere Formulare ausfüllen, während er seine reguläre Arbeit liegenläßt (und natürlich auch die Mitarbeiter in den anderen Abteilungen von ihrer Arbeit abhält). Es entstehen also auf jeden Fall hohe Verwaltungskosten. Vorsichtig geschätzt, liegen sie bei mindestens 35 Dollar, in vielen Fällen aber sicherlich zwischen 50 und 100 Dollar.

Nun können Sie eine einfache Rechnung aufmachen: Bei zehn Reklamationen entstehen Ihnen Kosten von mindestens 350 Dollar (wahrscheinlich eher 1000 Dollar). Möglicherweise gelingt es Ihnen dabei, die zwei (20 Prozent) Kunden zu »erwischen«, deren Reklamation unberechtigt war. Ergebnis: Sie sparen 200 Dollar, geben aber 350 aus! Aber damit noch nicht genug. Die acht Kunden mit den berechtigten Ansprüchen mußten sich gedulden, bis Sie alle Fakten überprüft hatten. Sie wären sicherlich viel zufriedener, wenn sie den Ersatzartikel umgehend erhalten und damit auch einen Vertrauensbeweis erfahren hätten. Langfristig wird die daraus resultierende Verärgerung weit höhere Kosten verursachen, als die ursprüngliche Kontrolle es wert war.

Fest steht also folgendes: Es ist viel zu teuer, höchstwahrscheinlich gerechtfertigte Reklamationen zu überprüfen. Betriebswirtschaftlich vernünftig ist es, Ihren Kunden zu vertrauen, Ihren Mitarbeitern Entscheidungsbefugnisse zu übertragen und in die Kundenbeziehung zu investieren. Wenn die Umstände nicht gerade verdächtig merkwürdig sind, sollten Sie die Wünsche Ihrer Kunden sofort und großzügig erfüllen.

Zu meinen Klienten gehört auch eine weltweit operierende Computergesellschaft, die im Direktmarketing über Kataloge und Telefonverkauf sehr erfolgreich Computerzubehör vertreibt. Die Gesellschaft möchte nicht genannt werden, doch eine faszinierende Erkenntnis aus ihrer Vertriebsabteilung möchte ich Ihnen nicht vorenthalten. In der Gesellschaft wurde eine Finanzanalyse erstellt, die der obigen ähnelte. Das überraschende Resultat: Wenn ein Kunde eine defekte Lieferung reklamiert, ist es am besten, keine weiteren Nachforschungen anzustellen, sondern sofort Ersatz zu schicken – und den Kunden zu bitten, den defekten Artikel nicht zurückzusenden. Die Kosten für das Öffnen des Paketes im Posteingang, die Fehlersuche, die Reparatur und das erneute Verpacken und Einsortieren in den Bestand waren fast so hoch wie die einer genauen Kontrolle der Beschwerde. Wenn Sie von dieser Firma eine Laserdruckerpatrone für 100 Dollar kaufen, das Paket öffnen und feststellen, daß der Toner ausgelaufen ist, die Gebrauchsanweisung fehlt oder die falsche Patrone eingepackt wurde, dann erhalten Sie unverzüglich und kostenfrei eine neue Patrone mit der Bitte, die andere nicht zurückzusenden.

Natürlich steht im Begleitschreiben nicht:

»Nach unseren Berechnungen entstehen uns bei einer Rücksendung so hohe Kosten, daß wir lieber darauf verzichten. Werfen Sie den Artikel also in den Mülleimer oder verschenken Sie ihn. Aber ersparen Sie uns bitte die Mühe, ihn zurückzunehmen.«

Statt dessen erfährt der Kunde:

»Es tut mir leid, daß die Patrone, die Sie bestellt haben, nicht in Ordnung war. Ich werde sofort eine neue Lieferung veranlassen. Da auch Ihre Zeit sehr wertvoll ist, möchten wir nicht, daß Sie sich die Mühe machen und den Artikel wieder verpacken und zurücksenden. Schließlich vertrauen wir Ihnen, und uns liegt außerordentlich viel daran, die Geschäftsverbindung zu Ihrer Zufriedenheit weiterzuführen.«

Treffen Sie eindeutige Vereinbarungen

Es ist schon schwierig genug, unter optimalen Voraussetzungen erfolgreich zu kommunizieren. Wenn aber die Wellen schon hochschlagen, dann sinkt die Wahrscheinlichkeit einer gelungenen Verständigung mit einem Kunden gegen null. Deshalb sollten Sie dafür sorgen, daß auf beiden Seiten völlige Klarheit darüber herrscht, auf welche Lösung Sie sich geeinigt haben. Nehmen Sie sich die Zeit, noch einmal genau zu wiederholen, was Sie vereinbart haben, und lassen Sie sich vom Kunden bestätigen, daß der Plan ihn zufriedenstellt.

»Mr. Scoggin, ich möchte ganz sicher sein, daß wir uns richtig verstanden haben. Wir sind übereingekommen, daß ich Ihnen eine neue Druckerpatrone schicken werde, Modell XYZ. Sie wird gleich morgen früh mit Federal Express rausgehen. Ihnen entstehen keine Frachtgebühren, und Sie brauchen die defekte

Patrone nicht zurückzuschicken. Wir würden uns freuen, wenn wir Ihnen auch in der Zukunft wieder helfen könnten. Entspricht diese Regelung Ihren Erwartungen?«

Wenn es noch Mißverständnisse gibt, dann ist es jetzt an der Zeit, sie auszuräumen. Denken Sie an John Goodmans Warnung vor voreiligen Versprechen. Aus einer Beschwerde, die Sie halbherzig oder lustlos angehen, kann großer Schaden entstehen. Die langfristige Beziehung zum Kunden steht auf dem Spiel, also sollten Sie keine Mühe scheuen, um sicherzustellen, daß der Kunde angemessen behandelt wird.

Das Tüpfelchen auf dem »i«

Sie haben nun in die Bearbeitung der Beschwerde viel Zeit, Mühe und Geld investiert. Warum sollten Sie da nicht einen weiteren Schritt tun, um die Zufriedenheit beim Kunden zu erhöhen und Ihre Investition lohnender zu machen? Ich meine damit, daß Sie das Ergebnis Ihrer Verhandlungen mit dem Kunden nach all der Mühe auch schön verpacken könnten. Der effektivste und preisgünstigste Weg ist ein Telefonanruf zum Abschluß der Angelegenheit, nachdem Sie die versprochenen Maßnahmen veranlaßt haben. Das ist das Tüpfelchen auf dem »i«, das Ihnen die treuesten Kunden schaffen könnte.

Durch meine Vortragstätigkeit bin ich viel unterwegs, und häufig fliege ich mit United Airlines. Während ich noch am Manuskript für *Verkaufe alles – nur nicht Deine Kunden* arbeitete, erhielt ich einen Anschauungsunterricht, wie dieser zusätzliche Schritt funktionieren könnte. Ich flog von einem Vortrag in Nashville zurück, und beim Umsteigen in Chicago wurde mein Gepäck falsch weitergeleitet. In Seattle angekommen, ging ich schnurstracks zum Gepäckschalter und zeigte dem Angestellten mein Ticket. Er hämmerte Zahlen in seinen Computer, und es stellte sich heraus, daß meine Taschen schon in Chicago aufgetaucht waren. Am nächsten Morgen sollten sie in Seattle eintreffen. Ein Kurier brachte sie mir direkt nach Hause, wie versprochen. So weit, so gut.

Unglücklicherweise war der Bügel meiner Kleidertasche zerbrochen. Damit war die ganze Tasche unbrauchbar. Ich schrieb an die Zentrale von United Airlines in Chicago, wies darauf hin, daß ich ein treuer Kunde sei und legte die Quittung für meine neue Tasche bei. Da ich festgestellt hatte, daß es sich nicht lohnt, am Reisegepäck zu sparen, hatte ich wieder eine »Tumi« gekauft. Sie hatte 427 Dollar gekostet.

Ich erhielt ein freundliches Entschuldigungsschreiben, in dem ich aufgefordert wurde, die kaputte Tasche an den Gepäckschalter in Seattle zu bringen, um dort meine Ansprüche geltend zu machen.

Also stand ich in der folgenden Woche wieder vor dem Gepäckschalter, der Angestellte notierte meine Angaben, nahm die Tasche in Empfang und versprach, daß ich in ein bis zwei Tagen Antwort bekomme. Anschließend flog ich mit meiner neuen Tasche zu einem Vortrag und sprach am nächsten Tag bei meiner Rückkehr wieder am Schalter in Seattle vor. Derselbe Mann wie am Tag zuvor informierte mich, daß der Scheck schon unterwegs sei. Zwei Tage später traf er tatsächlich ein, mit einer kleinen Karte, auf der stand:

»Sehr geehrter Kunde, beiliegend erhalten Sie einen Scheck zur Begleichung der vorgelegten Rechnung. Wir entschuldigen uns für eventuelle Unannehmlichkeiten und hoffen, Sie bald wieder als Gast begrüßen zu dürfen.«

Was hatte United Airlines falsch gemacht? Gar nichts. Die beteiligten Mitarbeiter hatten mir vertraut, sich schnell und unbürokratisch um mein Anliegen gekümmert und weder Zeit noch Mittel verschwendet, um herauszufinden, ob ich sie betrügen wollte.

Und was hätte United Airlines besser machen können? Da gibt es mehrere Dinge. Zunächst einmal hätte der Angestellte am Gepäckschalter Blickkontakt aufnehmen und sich entschuldigen können, statt sich auf die notwendige Routinearbeit zu beschränken und das Formular auszufüllen. Wenn er sich dann nach meinen Wünschen erkundigt hätte, wäre meine Antwort gewesen, daß die Rückerstattung des halben Rechnungsbetrags mich schon völlig zufriedenstelle. Schließlich war die beschädigte Tasche schon zwei

Jahre alt und kaum noch mehr als zwei weitere Jahre brauchbar. Der Angestellte hätte auch auf meinen Vielfliegerstatus als »Executive Premier« eingehen und mir versichern können, daß United Airlines mich als Kunde sehr schätze. Und schließlich hätte United Airlines die Schadensregelung schöner »verpacken« können. Ein Angestellter aus dem Gepäckbüro in Seattle oder der Zentrale in Chicago hätte kurz anrufen können, um mich nach dem Eingang des Schecks zu fragen, sich nochmals für die Unannehmlichkeiten zu entschuldigen und sich zu vergewissern, ob ich nun zufrieden sei. Verstehen Sie mich nicht falsch, ich bin absolut zufrieden, daß United die neue Tasche bezahlt hat. Aber ich wäre noch zufriedener gewesen, wenn ich nur die Hälfte des Geldes, dafür aber mehr Aufmerksamkeit in Form der genannten »Extras« erhalten hätte.

Die Investition, die Sie mit einer positiven Behandlung von Beschwerden tätigen, wird sich also noch viel mehr lohnen, wenn Sie Ihre Linie bis zum Schluß verfolgen und den Kunden mit dem Tüpfelchen auf dem »i« überraschen.

Es ist wirklich nicht sehr schwer, enttäuschte Käufer in überzeugte, loyale Kunden zu verwandeln, die von Ihren exzellenten Produkten und Dienstleistungen begeistert sind. Trotzdem sind Beschwerden in den wenigsten Unternehmen willkommen. In den seltensten Fällen erkennt jemand, welche Chancen in ihnen stecken: wertvolle Informationen zu gewinnen, Enttäuschung in begeistertes Lob zu verwandeln, die Beschäftigten auf allen Ebenen mit der erforderlichen Kompetenz auszustatten, damit sie diese außergewöhnliche Gelegenheit zur Steigerung der Gewinne nutzen. Tun Sie es einfach.

Was Sie SOFORT tun können

Die vorgeschlagenen Strategien werden sich nur rentieren, wenn Sie sofort handeln. In dieser Zusammenfassung erfahren Sie, welche Schritte Sie sofort veranlassen können. Um Ihnen das Nachlesen zu erleichtern, werden die Strategien in der Reihenfolge ihrer Behandlung im vorangegangenen Kapitel aufgeführt.

- Bitten Sie einen Freund oder Kollegen, sich bei Ihrer Firma telefonisch oder schriftlich zu beschweren. Es gibt keine bessere Möglichkeit, um herauszufinden, wie Kunden *wirklich* behandelt werden. Wenn man Ihre Stimme nicht erkennt, tun Sie es selbst. Beklagen Sie sich auch empört über einige ungerechtfertigte Dinge. Legen Sie mitten im Gespräch wutschnaubend den Hörer auf die Gabel, seien Sie barsch und unfreundlich. Achten Sie darauf, wie man Sie behandelt und wie leicht Ihre Mitarbeiter sich aus der Fassung bringen lassen.
- Rufen Sie eine anonyme Beschwerdenkampagne ins Leben, und veröffentlichen Sie die Ergebnisse. Bewegen Sie die Geschäftsleitung dazu, dem Umgang mit unzufriedenen Kunden mehr Aufmerksamkeit zu widmen. Veröffentlichen Sie die Ergebnisse der Kampagne in Ihrem internen Firmenbrief. Belohnen Sie Mitarbeiter, die außergewöhnlich gut abgeschnitten haben, durch Lob und Prämien.
- Zeigen Sie an einem Schaubild, welchen Weg Reklamationen im derzeitigen System gehen. Achten Sie auf Hindernisse, die es unzufriedenen Kunden erschweren könnten, ihre Kritik zu äußern. Beschleunigen Sie den Bearbeitungsprozeß.
- Überschlagen Sie, was es kostet, Ersatz für einen verlorenen Kunden zu finden. Verschiedene Firmen sind übereinstimmend zu dem Ergebnis gekommen, daß die Akquisition eines Neukunden vier- bis zehnmal so teuer ist wie die Betreuung eines kaufenden Kunden. Zu welchen Ergebnissen kommen Sie?
- Finden Sie heraus, was mit eventuellen Verbesserungsvorschlägen Ihrer Kunden geschieht. Ein Abnehmer weist Sie beispielsweise darauf hin, daß die Ware unzulänglich verpackt und deshalb regelmäßig beschädigt werde. Gibt es ein Feedback-System, das gewährleistet, daß diese Informationen an die Verantwortlichen weitergeleitet werden?
- Analysieren Sie präzise, wie die Kontaktaufnahme eines unzufriedenen Kunden mit Ihrer Firma verläuft. Immer wieder wurde festgestellt, daß gerade in dieser Situation der Ton und schließlich das Ergebnis des Beschwerdeprozesses festgelegt werden.
- Tun Sie alles, was in Ihrer Macht steht, um die Bearbeitung von

Beschwerden zu verkürzen. Übertragen Sie den Beschäftigten vor Ort Entscheidungsbefugnisse, damit sie selbständig eine Regelung mit dem Kunden finden. Schaffen Sie Verfahren ab, die letztlich zwar beide Seiten zufriedenstellen, dem Kunden aber einen langen Atem abverlangen.
- Berechnen Sie den langfristigen Wert Ihrer Kundenbeziehungen. Multiplizieren Sie dazu den durchschnittlichen Jahresumsatz pro Kunde mit der durchschnittlichen Dauer der Beziehung in Jahren. Dann lassen Sie Ihre Finanzexperten den Kapitalwert der erwarteteten zukünftigen Umsätze errechnen.
- Bestimmen Sie anhand des Kapitalwerts der langfristigen Beziehung, ob es sich lohnt, alles daran zu setzen, um einen Kunden zu »retten«, der das Förderband gerade verläßt.
- Gestalten Sie das Bearbeitungsverfahren für Beschwerden in Ihrer Firma flexibel und persönlich. Wenn ein Mitarbeiter lieber eine persönliche Mitteilung verfassen will, statt einen Computerbrief zu verschicken, dann unterstützen Sie ihn!
- Versuchen Sie, den Kapitalwert Ihrer Kunden zu erhöhen, indem Sie die durchschnittlichen Jahresumsätze steigern und die »Kundenfluktuationsrate« reduzieren, also die durchschnittliche Dauer einer Kundenbeziehung verlängern.
- Überzeugen Sie die Mitglieder Ihres Teams von der Notwendigkeit der »drei Ps«: perfektes Standvermögen, persönliches Engagement, Professionalität.
- Gewöhnen Sie sich an, sich Notizen über persönliche Erfahrungen mit Firmen, bei denen Sie sich beschweren, zu machen. Achten Sie darauf, welche Techniken und Modalitäten einen guten oder einen schlechten Eindruck bei Ihnen hinterlassen.
- Rufen Sie eine Kolumne in Ihrem Newsletter ins Leben, in der sich Mitarbeiter zu Wort melden, die bei Firmen nach einer Beschwerde eine positive Behandlung erfuhren. Bieten Sie Ihren Beschäftigten Anreize an, damit sie einander ihre Erfahrungen mitteilen und daraus lernen. Vielleicht könnten Sie einen Preis für die »Beschwerde des Monats« ausschreiben. Richten Sie dafür eine elektronische Post oder eine Voice-Mailbox ein.
- Arbeiten Sie ein Programm zur Beschwerdenbearbeitung aus, anhand dessen Ihre Kollegen und Mitarbeiter Schritt für Schritt

lernen, mit unzufriedenen Kunden umzugehen und kritische Situationen zum Guten zu wenden.

- Schätzen Sie, was es Sie kostet, Reklamationen nachzuprüfen, und beurteilen Sie dann, ob es sich tatsächlich lohnt, in jedem Fall die dazu nötigen internen Prozeduren in Gang zu setzen. Vergessen Sie dabei nicht die Verluste, die Ihnen entstehen könnten, wenn gute Kunden über Ihr Mißtrauen verärgert sind.
- Verteilen Sie eine Liste mit »verbotenen Sätzen«, die Ihre Kunden vor den Kopf stoßen. Nehmen Sie ein Exemplar von *Sag, was du meinst, und du bekommst, was du willst,* und schaffen Sie schädliche Phrasen wie »Unternehmenspolitik«, »Ich muß mich dann noch mal bei Ihnen melden«, »Da bin ich anderer Meinung«, »Ich kann nicht . . .« und so weiter ab.
- Fangen Sie an, kleine »Extrabonbons« zu verteilen, etwa in Form eines Telefonanrufs nach der Erledigung einer Reklamation. So können Sie selbst einen maximalen Gewinn aus der Beschwerde ziehen.
- Vor allem anderen sollten Sie das Bewußtsein schaffen und fördern, daß in Ihrem Unternehmen Beschwerden als positive, gewinnversprechende und willkommene Chancen gelten.

2. Die Zahlungsmoral

Finanzabteilungen haben normalerweise auch die Aufgabe, zahlungsunwilligen Kunden auf die Sprünge zu helfen. Häufig wenden sie dabei aber allzu kurzsichtige Taktiken an. Ihr Ziel heißt einzig und allein, Geld einzutreiben – selbst wenn das bedeutet, daß die Firma den säumigen Kunden ein für alle Male verliert und im Anschluß auch noch eine negative Mundpropaganda kassiert. Die derzeit vorherrschende Einstellung könnte man so zusammenfassen: »Zahlen Sie Ihre Rechnung oder verschwinden Sie. Wir werden Ihr Konto sperren, Ihnen unsere Anwälte schicken und Ihren Ruf ruinieren.« Diese Denkweise ist völlig inakzeptabel für jemanden, der an langfristigen Kundenbeziehungen und einer Gewinnmaximierung interessiert ist. Natürlich müssen Außenstände eingetrieben werden – aber das sollte nur das sekundäre Ziel der Debitorenbuchhaltung sein. Das wichtigste Ziel heißt nämlich, langfristige und gewinnversprechende Beziehungen zu unterhalten, in denen die rechtzeitige Zahlung von Rechnungen ohnehin selbstverständlich ist.

Haben Sie es mit »Schnorrern« zu tun?

In einer typischen Debitorenbuchhaltung oder Mahnabteilung sind wenig schmeichelhafte Bezeichnungen für die säumigen Kunden im Umlauf, etwa »Schnorrer«, »Verlierer«, »Diebe«, »Härtefälle«, »Betrüger«. Es gibt natürlich Schuldner, die nie um eine Lüge verlegen sind, wenn sie wieder einmal erklären, warum sie noch nicht bezahlt haben. (Geradezu preisverdächtig ist ein Mann aus Michigan, der behauptete, er könne die Raten für sein Auto nicht bezahlen, weil er tot sei. Entrüstet wies er darauf hin, daß es zwecklos sei, das Telefongespräch fortzusetzen, weil er nicht mehr unter den Lebenden weile. Er hatte sogar einen Brief unterzeichnet, in dem er seinen Tod bestätigte.)

Schubladendenken

Die negativen Etiketten, mit denen Kunden bedacht werden, sind problematisch, weil es sich um Vorurteile handelt. Wie oft stößt ein Sachbearbeiter vor einem Telefonanruf den Seufzer aus: »Ach, ich muß wieder einen von diesen Parasiten anrufen und beschwatzen. Mit wem müssen Sie sich denn heute herumschlagen?« Mit dieser Einstellung wird er dem säumigen Kunden gegenüber garantiert nicht unvoreingenommen auftreten. Dabei steckt dieser vielleicht in ernsten Schwierigkeiten, vielleicht hat er die Rechnung auch nur übersehen, oder er befand sich gerade auf einer Geschäftsreise, als die Mahnung eintraf.

Erste Priorität: Negative Etiketten abschaffen

Jede Firma, die ernsthaft daran interessiert ist, auch mit ihren zahlungsfaulen Kunden langfristige und rentable Beziehungen aufzubauen, muß sofort aufhören, sie in Schubladen zu stecken. Die Voreingenommenheit, die durch solch bequeme Etiketten erzeugt wird, setzt sich bei jedem einzelnen Debitorenbuchhalter fest. Sie sabotiert jeden Versuch, eine bessere Kundenorientierung einzuführen oder die Vorgehensweise in der Buchhaltung flexibler zu gestalten.
Werfen Sie also alle Etiketten über Bord! Schaffen Sie sämtliche Begriffe ab, die Vorurteile spiegeln und das partnerschaftliche Denken blockieren, von der Ebene des Finanzleiters bis zum neuen Sachbearbeiter. Das Ziel eines jeden Unternehmens sollte es sein, eine dauerhafte Partnerschaft mit dem Kunden einzugehen. Gerät der Abnehmer, aus welchen Gründen auch immer, mit seinen Zahlungen in Verzug, dann ist es an der Zeit, der Beziehung wieder etwas zusätzliche Pflege angedeihen zu lassen – statt sie wie bisher grundsätzlich in Frage zu stellen.

Ein erster Schritt könnte beispielsweise sein, daß Sie ein Plakat mit einem roten Kreis und einer Diagonale aufhängen, mit der das Wort »Schnorrer« durchgestrichen wird. Ihre Sachbearbeiter hätten damit Gelegenheit, sich an die neue Sichtweise zu gewöhnen.

Die Holzhammermethode funktioniert nicht

Im allgemeinen sind Kunden auf die Mitarbeiter in der Mahnabteilung und in der Buchhaltung nicht gut zu sprechen. Vielleicht haben sie Fernsehberichte über mehr oder weniger verwerfliche Methoden zur Schuldeneintreibung gesehen, oder sie wurden selbst schon äußerst rüde behandelt, nur weil sie einmal in Verzug gerieten. Nun kann man davon ausgehen, daß ein säumiger Schuldner, dessen Verzug nicht gerade auf ein Versehen zurückzuführen ist, sich in einer allgemeinen Krisensituation befindet. Jeder Anruf eines Gläubigers entnervt ihn nur noch mehr. Je mehr Druck Sie in dieser Situation ausüben, desto abweisender wird sich Ihr Kunde verhalten. Nicht wenige rächen sich, indem sie hinter Ihrem Rücken Schlechtes über die Firma verbreiten.

Nehmen wir einmal an, ein Kunde kauft beim Ford-Händler einen Wagen und wickelt auch die Finanzierung über Ford ab. Vermutlich wird sein Konto von der zuständigen Tochtergesellschaft in Michigan verwaltet. Sobald er mit seinen Raten in Verzug gerät, flattert ihm ein Mahnschreiben nach dem anderen mit der immer dringenderen Bitte um schnelle Begleichung ins Haus. Außerdem erhält er Telefonanrufe, »automatische« wie persönliche. Die Finanzbranche ist sehr erfindungsreich, was den effizienten Einsatz moderner Kommunikationsmittel angeht. Beliebt sind beispielsweise automatische Mitteilungen an säumige Kunden: Diese werden immer wieder angewählt und hören dann eine Nachricht vom Band, damit sie auch ganz bestimmt daran denken, die fällige Zahlung sofort zu leisten.

Schließlich wird sich aber ein Mensch aus Fleisch und Blut mit dem Autokäufer in Verbindung setzen, um der Sache auf den Grund zu gehen. Diesem Mitarbeiter fällt es möglicherweise sehr schwer, offen und unvoreingenommen aufzutreten, wenn er den ganzen Tag von seinen Kollegen hört, daß man gar nicht abgebrüht genug sein könne. Die daraus resultierenden negativen Erwartungen und Einstellungen bleiben dem Kunden natürlich nicht verborgen.

Wie sieht es aber nun aus, wenn er wirklich nicht in der Lage ist, die Raten aufzubringen? Wenn Umstände, die außerhalb seiner Kontrolle liegen, es ihm unmöglich machen, die Raten vereinbarungsgemäß zu zahlen? Im Falle eines Autokredits holt sich der Gläubiger irgendwann den Wagen zurück. Der Kunde will also eines Morgens zur Arbeit fahren, doch der Wagen ist verschwunden. Er wußte zwar, daß die Lage ernst war, und wahrscheinlich hat man ihn auch deutlich genug gewarnt, aber trotzdem ist er jetzt schockiert.

Gerade in diesem Augenblick tritt die Nachbarin aus dem Haus, die ebenfalls zur Arbeit fahren will. Sie ruft: »Guten Morgen, Jake. Wo ist denn Ihr Auto?«

Versetzen Sie sich nun in seine Lage!

»Die netten Leute von Ford haben es sich wiedergeholt, weil ich mich finanziell etwas übernommen habe. Das eine oder andere Mal habe ich sie auch belogen. Sie haben getan, was sie konnten, und es war ja ein schöner Wagen. Ich kann ihnen keinen Vorwurf machen. Ich bin ziemlich ausfallend geworden, deshalb wundere ich mich nicht, daß das Auto jetzt weg ist. Die hatten ziemlich viel Ärger mit mir. Mein Pech!«

Das wird er natürlich nicht sagen! Jake wird sich eher folgendermaßen äußern:

»Oh, ich habe den Leuten von Ford gesagt, sie sollen mir das Auto vom Hals schaffen. Was für ein Schrotthaufen! Nichts als Ärger hatte ich damit, und die Mechaniker beim Händler sind noch schlechter als seine Autos. Ich konnte reklamieren, sooft ich wollte, keiner hat sich mal richtig drum gekümmert. Zum Glück ist der Wagen jetzt weg, und ich werde mir nie wieder einen Ford kaufen. Nicht einmal meinem schlimmsten Feind wünsche ich ein solches Auto. Könnten Sie mich wohl in die Stadt mitnehmen?«

Es liegt mir völlig fern, Ford in Verruf zu bringen – im Gegenteil, Ford fördert in ganz besonderem Maße das Konzept des »Lebenszeitwerts« von Kundenbeziehungen. Ich habe bei Ford schon viele Vorträge gehalten und Mitarbeiterseminare durchgeführt und dabei stets darauf hingewiesen, daß säumige Kunden gut behandelt werden müssen.
Die Holzhammermethode ist schon allein deshalb abzulehnen, weil sie nicht funktioniert. Zum einen bekommen Sie Ihr Geld nicht, zum anderen schaffen Sie sich einen beleidigten, rachsüchtigen Ex-Kunden, der nicht einmal dann wieder bei Ihnen kauft, wenn seine finanzielle Lage sich gebessert hat.

Kunden und ihr »Lebenszeitwert«

Was müssen Sie nun tun, wenn Sie Ihre säumigen Kunden nicht mehr in die Kategorie der Schnorrer stecken wollen, denen nur mit der Holzhammermethode beizukommen ist? Wie finden Sie statt dessen eine funktionierende Strategie zum Beziehungsmanagement? Beginnen Sie mit dem Konzept des »Lebenszeitwerts«. Ein ausgezeichnetes Beispiel für die Arbeit mit diesem Konzept ist Ford Motor Credit. Als die Finanzexperten den Lebenszeitwert eines zufriedenen Kunden berechneten, berücksichtigten sie ein komplexes Gemisch von Faktoren: Ein zufriedener Kunde kauft im Laufe seines Lebens mehrere Autos und entwickelt eine Markentreue, wenn seine Kontakte mit der Firma positiv verlaufen. Für den Hersteller wiederum hat jeder Verkauf eine Gewinnkomponente. Die Autopreise und die Bruttogewinnkomponente werden steigen. Wenn ein zufriedener Kunde Ford treu bleibt, dann wird er im Laufe der Zeit auch die Kaufentscheidungen seiner Freunde, Nachbarn und vielleicht sogar der Manager beeinflussen, die für den Kauf von Firmenwagen verantwortlich sind.
Alle diese Berechnungen sind sehr komplex und führen zu erstaunlichen Ergebnissen. Aus den Gewinnen, die aufgrund der Bestellungen eines zufriedenen Ford-Kunden zu erwarten sind, wird sein Kapitalwert errechnet. Das ist die Geldmenge, die Ford zu den geltenden Zinssätzen auf der Bank anlegen müßte, um dieselben

Gewinne zu erzielen. Dieser Kapitalwert beträgt 178 000 Dollar! Mit anderen Worten: Ein einziger zufriedener Ford-Kunde stellt für das Unternehmen einen Aktivposten von 178 000 Dollar dar... vorausgesetzt, er macht wiederholt so gute Erfahrungen, daß er die Ford-Produkte kauft und weiterempfiehlt.

Im Rahmen ihrer Beschäftigung mit den Kundenbeziehungen fiel den Verantwortlichen bei Ford auch auf, daß die Käufer, die ihren Wagen über Ford Motor Credit finanzierten, in der Regel nur über eine Kontaktschiene mit Ford in Verbindung blieben, nämlich über die monatlichen Ratenzahlungen und eventuell damit verbundene Telefonanrufe. Der typische Käufer knüpfte den Erstkontakt beim Händler, der im Grunde kein Angestellter von Ford war. Nach Abschluß des Kaufvertrages machte sich dieser schnellstens aus dem Staub, um die Jagd nach neuen Käufern fortzusetzen. Der nächste Kontakt fand statt, wenn eine Inspektion fällig war. Die meisten Autokäufer gingen aber nach Ablauf der Garantiezeit nicht mehr zum autorisierten Händler, sondern zogen eine nahegelegene Werkstatt oder eine Werkstattkette vor. Damit riß die Verbindung des Kunden zu Ford ab, *bis auf eine Ausnahme:* die monatlichen Ratenzahlungen. Sie stellten den einzigen weiteren Kontakt dar. Ford Motor Credit ist zwar eine selbständige Tochterfirma, aber das nimmt der Kunde nicht wahr. Der Vertreter, der wegen einer fälligen Rate anruft, ist aus Kundensicht ein Mitarbeiter von Ford.

Wieviel ist Ihr Kunde heute wert?

Ob Sie einen Gemüseladen führen, einen Windelservice betreiben, Zeitungsabonnements verkaufen oder den Hersteller von Industriegütern vertreten, spielt keine Rolle bei der Berechnung. Die Ergebnisse überraschen immer. Jede Kundenbeziehung ist potentiell unglaublich viel Geld wert..., wenn sie richtig gepflegt wird. Scheuen Sie die Mühe nicht, den »Lebenszeitwert« Ihrer Kunden auszurechnen. Wie viele Aufträge erwarten Sie im Laufe eines Jahres von einem zufriedenen Kunden? Wie lange dauert die Beziehung im Durchschnitt, wenn der Kunde zufrieden ist? Denken Sie

auch an den Effekt seiner Mundpropaganda. Ein begeisterter Kunde wird Sie weiterempfehlen und von seinen positiven Erfahrungen berichten. Alleine das ist schon viel wert.
Am Ende Ihrer Berechnung schließlich stellen Sie fest, daß aus der Beziehung verschiedene Einnahmen resultieren. Den Kapitalwert erhalten Sie nun, indem Sie ausrechnen, wieviel Geld Sie heute zur Bank bringen müßten, um denselben Mittelfluß zu erzielen. Der Kapitalwert *Ihrer* Kundenbeziehungen wird aller Wahrscheinlichkeit nach überraschend hoch sein. Lohnt es sich da nicht, diese immateriellen Aktiva so zu behandeln, als wären sie Goldbarren auf Ihrem Förderband?

Ein Ohr für den Kunden **Fall 7**

Wenn Sie sieben Jahre in der Mahnabteilung einer großen Kaufhauskette gearbeitet haben, dann kennen Sie jede nur vorstellbare Ausrede von Kunden, die ihr Kundenkreditkonto nicht ausgleichen. (»Ich denke nicht daran, die Matratze zu bezahlen, weil ich sie im Korridor stehenließ, und dort ist sie einfach verschwunden! Meine Nachbarin hat auf den Transporter gewartet, aber sie mußte noch eine kurze Besorgung machen, und plötzlich war das dumme Ding weg.«)
Trotzdem ist Lindamarie Duarte, Leiterin des Mahnwesens in einer Luxuskaufhauskette mit Sitz in Los Angeles, zu dem Schluß gekommen, daß die wenigsten Kunden Lügner und Betrüger sind. Die meisten sind ehrliche Menschen, denen daran liegt, ihre Rechnungen zu begleichen. Wenn sie es nicht tun, dann deshalb, weil sie in ernste finanzielle Schwierigkeiten geraten sind oder weil sie den Service bemängeln.
Ich fragte Lindamarie, welche Formulierungen ihre Mitarbeiter verwenden, wenn sie herausfinden wollen, warum ein Kunde nun »wirklich« säumig ist. Sie antwortete: »Wichtiger als das, was wir sagen, ist das, was wir *nicht* sagen. Man hat die besten Chancen, die Gründe für einen Zahlungsrückstand herauszufinden, wenn man den Anlaß für seinen Telefonanruf nennt und dann den Mund hält!«

Bei näherem Hinsehen spricht einiges für dieses Vorgehen. Wenn Sie erfahren möchten, was mit Ihren Kunden los ist, dann brauchen Sie diese eine Gelegenheit, um zu Wort zu kommen. Also sagen Lindamaries Mitarbeiter zu Beginn eines Anrufs: »Ich rufe wegen der Kreditkartenabrechnung an, die noch nicht beglichen wurde...« Dann warten sie die erste Reaktion ab. Sie hören sich nicht nur die Fakten an, sondern suchen nach Anhaltspunkten dafür, ob der Betreffende aufrichtig willens ist zu zahlen.

Meine Frage nach ihren ungewöhnlichsten Erfahrungen beantwortete Lindamarie mit folgendem Fall: »Einmal kaufte ein Paar einen Kerzenleuchter für 8000 Dollar bei uns. Sie weigerten sich, ihn zu bezahlen, weil er ihnen nicht mehr gefiel (nach zwei Jahren!). Und dann war da die Frau, die eine Schaffelljacke lavendelfarben einfärben ließ und dann nicht zahlen wollte, weil sie fand, daß die Farbe ihr doch nicht so gut stehe.«

Lindamaries Geschichten haben eines gemeinsam: In allen Fällen hätte die Kundenbeziehung ein schnelles Ende finden können. Doch Lindamarie und ihr Team *hören geduldig* zu. Damit meine ich nicht, daß ihre Kunden ihnen auf der Nase herumtanzen. Die wenigen Kunden, die tatsächlich lügen und ihre Versprechen nicht halten, müssen mit Konsequenzen rechnen. Den meisten anderen jedoch können Lindamarie und ihre Mitarbeiter helfen, ihr Konto wieder auszugleichen und die Kreditkarte weiterhin zu benutzen. Schließlich hat ein Kreditkarteninhaber einen beträchtlichen »Lebenszeitwert«, der auf dem durchschnittlichen Jahresumsatz pro Kunde von knapp 3000 Dollar basiert. Genau diese Zahl hat Lindamarie im Kopf, wenn sie mit einem säumigen Kunden spricht. Wichtig ist nicht die Höhe des geschuldeten Betrags, sondern der Wert der Beziehung.

Einmal reagierte ein Kunde überhaupt nicht auf wiederholte Mahnungen. Als Lindamarie ihn anrief, stellte sie fest, daß sein Geschäftsanschluß gekündigt worden war. Mahnbriefe wurden von der Post mit dem Vermerk »Unbekannt Verzogen« zurückgeschickt. Sie dachte schon an einen Todesfall. Tatsächlich lag der Kunde 45 Tage lang auf der Intensivstation eines Krankenhauses. Es ist Lindamaries Sensibilität und ihrer Fähigkeit zum geduldigen Zuhören zu verdanken, daß dieser Mann immer noch ein treuer Kunde ist.

Ein weiterer Kunde hatte innerhalb kurzer Zeit eine Reihe von persönlichen Rückschlägen erlebt, in deren Verlauf er auch bei der Kaufhauskette in Rückstand geriet. Zuerst kam seine Scheidung, dann die Entlassung, daraufhin eine längere Krankheit und so weiter. Schließlich aber glich er sein Konto wieder aus und schickte der zuständigen Sachbearbeiterin einen Brief, um sich zu bedanken. Er schrieb: »Sie haben mir zugehört und mir das Gefühl gegeben, ich sei ein Mensch und nicht nur ein Problem.« Während er von einer Katastrophe in die nächste gestolpert war, hatten ihn mehrere Gläubiger unter Druck gesetzt. Er erhielt ständig Telefonanrufe, Computermitteilungen, Drohungen von Rechtsanwälten und böse Briefe. Trotzdem bekamen viele dieser Gläubiger kein Geld von ihm. Den Ausschlag dafür, daß er seine Schulden beim Kaufhaus beglich, hatte die Einstellung der Sachbearbeiterin gegeben. Er schrieb sogar noch einen Brief an den Manager, in dem er sie lobte: »Es war mir ungeheuer wichtig, daß sie vor allen anderen ihr Geld bekam. Sie war professionell und gleichzeitig sehr freundlich, und sie hörte mir zu. Ich wollte deshalb auf gar keinen Fall, daß ausgerechnet sie leer ausging.«

Was können Sie daraus lernen?

Wenn Sie es mit einem scheinbar zahlungsunfähigen Kunden zu tun haben, dann vermeiden Sie es, voreilig den Stab über ihm zu brechen. Hören Sie ihm zu, bevor Sie schwere Geschütze auffahren. Achten Sie auf das, was er nicht sagt, und hören Sie heraus, ob er lügt oder ob er gerne zahlen würde, wenn er nur könnte. Rufen Sie sich vor jedem Telefonanruf in Erinnerung, daß Ihr Ziel heißt, ihn zu verstehen und ihm zu helfen. Motivieren Sie den Kunden so, daß er bezahlen *will*. Wenn er bei Ihnen in der Kreide steht, dann wahrscheinlich auch bei anderen Firmen. Denken Sie an seinen Berg unbezahlter Rechnungen. Der Kunde entscheidet, welche Gläubiger er mit dem wenigen Geld, das er noch hat, befriedet und welche nicht. Sie möchten zu den ersteren gehören, und am besten erreichen Sie dies, wenn Sie einen positiven persönlichen Kontakt zu ihm herstellen.

**Auch säumige Kunden
sind Aktivposten**

Die wichtigste Botschaft, die Sie den Mitarbeitern und Mitarbeiterinnen in der Debitorenbuchhaltung vermitteln können, ist die, daß sie es nicht mit besonders böswilligen Zeitgenossen zu tun haben und aufhören sollten, sich nur auf die unbezahlten Rechnungen zu konzentrieren. Sie sind nämlich für äußerst wertvolle materielle Aktiva zuständig. Der Kunde, an den sie schreiben oder mit dem sie telefonieren, ist gleichsam ein Goldbarren, der möglicherweise vom Förderband fällt. Wenn sie die richtige Vorgehensweise wählen, wird er auf dem Band bleiben. Die Holzhammermethode könnte ihnen vielleicht eine Monatsrate einbringen, vielleicht sogar den gesamten geschuldeten Betrag, aber der Goldbarren wird für immer verloren sein.

**Was säumige Kunden
Ihnen wirklich sagen**

Stellen Sie sich einen Kunden vor, der seine Post öffnet. Vor ihm liegen zwei Stapel von Rechnungen: die einen will er sofort bezahlen, die anderen müssen eben warten – bis auf weiteres. Wenn Ihr Kunde sich nun beim Öffnen Ihres Briefes sagt: »Das klingt vernünftig, genau das habe ich erwartet. Ich bekomme einen angemessenen Gegenwert für mein Geld, diese Firma hat mich noch nie enttäuscht«, dann landet Ihre Rechnung auf dem Stapel, der bezahlt wird.
Vielleicht hat der Kunde die Rechnung aber auch einen Augenblick in den Händen gehalten und gedacht: »Das ergibt keinen Sinn; so etwas habe ich nicht erwartet. Die Forderung ist überzogen, ich will mit dieser Firma nichts mehr zu tun haben.« Säumige Kunden senden Ihnen manchmal eine verschlüsselte Botschaft: »Das verstehe ich nicht und/oder ich bin enttäuscht und/oder ich bekomme nicht genug Leistung für mein Geld.« In einem solchen Fall sollten Sie mit Ihrem Kunden noch einmal ganz von vorn anfangen.

AAA verwandelt Kündigungen in neue Mitgliedschaften

Fall 8

Der amerikanische Automobilclub AAA hat 34 Millionen Mitglieder. Die Wahrscheinlichkeit ist groß, daß ein Mitglied irgendwann einmal vergißt, den Jahresbeitrag von 38 Dollar, mit dem die Mitgliedschaft um ein weiteres Jahr verlängert wird, zu überweisen. Wenn das der Fall ist, erhält der oder die Betreffende einen Anruf von Tom Maloney, dem Kundenbetreuer bei AAA Mid-Atlantic, oder einem seiner 2000 Kollegen in den Büros des AAA in den Vereinigten Staaten. Toms Aufgabe – und sein persönliches Ziel – ist es, ihn von den Vorteilen des Autoclubs zu überzeugen, damit er seine Mitgliedschaft verlängert.

Jeden Abend nach seinem »normalen« Arbeitstag im AAA-Büro in Newark, Delaware, nimmt Tom ein Bündel von Unterlagen von Mitgliedern nach Hause, die ihre Mitgliedschaft nicht verlängert haben. Er beginnt genau um achtzehn Uhr zwanzig zu telefonieren.

»Ich habe festgestellt, daß die Leute, wenn ich früher anrufe, gerade beim Abendbrot sitzen oder von der Arbeit nach Hause kommen. Ich erhalte nur alle drei Monate eine Liste mit den ausgetretenen Mitgliedern. Das bedeutet, daß sie in der Zwischenzeit schon mehrere schriftliche Erinnerungen bekommen haben. Die meisten Menschen, die ich anrufe, haben viel zu tun. Manchmal passiert es, daß jemand unsere Briefe tatsächlich nur übersehen hat. Dieser Fall ist mir am liebsten, aber leider kommt er selten vor. Fast alle, die ich anrufe, wollen aus verschiedenen Gründen aus dem AAA austreten.«

Tom ist sich bewußt, daß die meisten ihre Mitgliedschaft deshalb nicht verlängern, weil sie die Angebote des Clubs nicht voll ausnutzen. Sie haben Jahr für Jahr brav ihre Beiträge bezahlt, ohne die möglichen Leistungen in Anspruch zu nehmen. Tom sieht seine Aufgabe darin, das Angebot des Clubs neu zu verkaufen. Er zeigt den Ex-Mitgliedern auf, wie sie die Vorteile, für die sie schon immer bezahlt haben, persönlich nutzen können.

Die meisten Mitglieder glauben nämlich, daß der AAA eine Pannenhilfe und sonst nichts sei. Die Pannenhilfe, die 24 Stunden am Tag und 365 Tage im Jahr zur Verfügung steht, stellt aber nur einen sehr kleinen Ausschnitt aus dem Leistungsangebot des Clubs dar. Die Mitglieder können noch viele andere Leistungen in Anspruch nehmen: jährlich aktualisierte Landkarten, Reiseroutenplaner, die nur beim AAA erhältlich sind, gebührenfreie Reiseschecks, einen Beratungsdienst für den Neuwagenkauf, Werkstattinformationen, Hotelermäßigungen, Reiseführer und die Gewährung von Haftkautionen. Außerdem betreibt der AAA Reisebüros und hat ein umfassendes Versicherungsangebot. Trotzdem denken die meisten Menschen nur an den Abschleppwagen, der sie aus der Dunkelheit vom Straßenrand rettet.

Tom beginnt jeden Telefonanruf so:

»Ich habe meine Computerausdrucke durchgesehen und festgestellt, daß wir Ihren Beitrag noch nicht erhalten haben. Deshalb möchte ich Ihnen dabei behilflich sein, Ihre Mitgliedschaft für das kommende Jahr zu verlängern. Ich kann das gleich telefonisch tun, weil Sie noch in der Nachfrist sind, das hat den Vorteil, daß Sie die zehn Dollar Aufnahmegebühr sparen. Außerdem haben Sie den Vorteil, daß ich Sie vom heutigen Datum an eintrage, obwohl Ihre Mitgliedschaft schon vor drei Monaten geendet hat. Von heute an wären Sie also wieder ein volles Jahr Mitglied.«

Tom schätzt: »Etwa ein Viertel der Leute, die ich anrufe, sagen mir definitiv, daß sie aus dem AAA austreten wollen. Aber bei den anderen drei Vierteln liegt meine Herausforderung. Es ist ein Spiel, und es gefällt mir.« Und er beherrscht die Regeln.

Die Mitglieder sagen oft: »Ich habe gerade ein funkelnagelneues Auto gekauft, also werde ich die Pannenhilfe wohl kaum benötigen.« Perfekt! Tom antwortet darauf:

»Das Abschleppen ist immer nur die letzte Möglichkeit. Wir helfen Ihnen auch, wenn Sie Ihre Schlüssel im Auto vergessen oder kein Benzin mehr im Tank haben, wir geben Ihnen Starthilfe, wenn Sie vergessen haben, die Scheinwerfer auszuschalten. Außerdem möchten Sie doch sicherlich aktuelle und zuverlässige Landkarten in Ihrem neuen Auto haben. All das bekommen Sie, wenn Sie Mitglied im AAA sind...«

Als ich Tom nach seinen schwierigsten Anrufen fragte, sagte er: »Manchmal nimmt eine ältere Frau den Hörer ab. Sie fährt selbst nicht mehr Auto und hat den Wagen verkauft, weil ihr Mann gestorben ist.« Das schien mir ein stichhaltiger Grund zu sein, um auszutreten. Nicht so Tom:

»Viele Leute glauben, daß die Mitgliedschaft an ein Auto gebunden sei, aber das stimmt nicht. Sie ist personengebunden. Das heißt, daß Sie alle Vorteile der Mitgliedschaft genießen, egal, wer Sie fährt und in wessen Auto Sie sitzen. Nehmen wir an, Ihr Sohn oder eine Freundin fährt Sie zum Einkaufen. Sie können Ihre Mitgliedskarte jederzeit benutzen, wenn sein oder ihr Auto eine Panne hat oder die Schlüssel drin eingeschlossen sind. Wie könnten Sie Ihre Dankbarkeit besser beweisen als dadurch, daß Sie den Menschen helfen, die Sie im Auto mitgenommen haben?«

Toms sieht seine wichtigste Aufgabe darin, kreative Wege zu finden, damit die Mitglieder den AAA noch besser nutzen.

»Vor kurzem habe ich mit einer Immobilienmaklerin gesprochen, die austreten wollte. Ich habe ihr vorgeschlagen: ›Sie könnten doch hervorragend für sich werben, indem Sie Ihren Hauskäufern ein Willkommenspaket für ihre neue Heimat überreichen! Nehmen Sie die entsprechenden Straßenkarten, das Tourenbuch der Gegend und vielleicht sogar ein paar Ermäßigungsgutscheine des AAA für die Restaurants.‹ Aber sie wollte nicht begreifen, daß die Mitgliedschaft ihr tatsächlich auch in geschäftlicher Hinsicht helfen könnte.«

Manchmal hat Tom auch Mitglieder am Hörer, die nicht gut auf den AAA zu sprechen sind. Sie haben den Beitrag für das kommende Jahr aus gutem Grund nicht bezahlt, weil sie nämlich einmal eine schlechte Erfahrung gemacht haben:»Wie bitte! Sie wagen es, noch anzurufen, nachdem ich im vergangenen Winter zwei Stunden im Regen stand und auf den Abschleppwagen wartete? Irgendwann habe ich es aufgegeben und einen Freund angerufen, der mich abgeholt hat.« Tom entschuldigt sich in einem solchen Fall sofort und stellt klar, daß der AAA es wissen möchte, wenn seine Mitglieder enttäuscht wurden. Bei knapp 34 Millionen Mitgliedern und 17,9 Millionen Anrufen pro Jahr (49 000 pro Tag!) kann es passieren, daß die Logistik einmal nicht perfekt funktioniert.

Wenn ein Mitglied über eine schlechte Erfahrung erzählt, gibt Tom ihm seine private Telefonnummer und sagt:»Wenn so etwas noch einmal vorkommt, möchte ich, daß Sie mich direkt anrufen, damit ich mich um die Sache kümmern kann. Wenn wir Sie enttäuschen, möchte ich das erfahren, damit ich die Sache bereinigen kann.«

Nach meinem Gespräch mit Tom bemerkte ich, daß er vom AAA völlig überzeugt war. Er sagte etwa:»Ich fände es unverantwortlich, wenn meine Mutter kein Mitglied wäre. Ich möchte, daß *jeder* Mitglied ist. Es spielt auch keine Rolle, ob jemand viel unterwegs ist. Die meisten Pannen ereignen sich im Umkreis von drei Meilen von zu Hause.«

Tom gelingt es, die Kundenbeziehungen zu »retten«, weil er an das glaubt, was er tut. Sein Ziel ist es, jedes Ex-Mitglied erneut von den Vorteilen des Clubs zu überzeugen, und sein Erfolg erklärt sich daraus, daß er selbst überzeugt ist.

Er vermittelt den Eindruck, daß es ihm ein persönliches Bedürfnis ist, eventuelle Probleme zu lösen. Diese Aufrichtigkeit wird von den Kunden geschätzt.

Es ist für ihn selbstverständlich, daß ein Mitglied eine Gegenleistung für seinen Beitrag haben möchte. Ebenso selbstverständlich ist es für ihn aber auch, dazu beizutragen, daß diese Gegenleistungen in Anspruch genommen werden.

Was können Sie daraus lernen?

Möglicherweise bekommen auch Ihre Kunden nicht genug für ihr Geld. Dabei enthalten Sie ihnen keineswegs Leistungen vor, sondern Sie machen nicht ausreichend deutlich, wie sie genutzt werden können. Nutzen Sie deshalb jede Gelegenheit, Ihre Kunden darauf hinzuweisen, damit sie das Gefühl haben, einen angemessenen Gegenwert zurückzuhalten. Einer der günstigsten Zeitpunkte, um Ihre Kunden an Ihr Leistungsangebot zu erinnern, ist gekommen, wenn Sie eine Rechnung verschicken. In vielen Fällen wollen Ihnen säumige Kunden nämlich zu verstehen geben, daß sie von dem, was Sie verkaufen, nicht mehr überzeugt sind.

Vorbeugen durch Überzeugen

Ich bin seit Jahren Kunde von American Express und Inhaber der Platinkarte. Sie ist viel teurer als jede andere Kreditkarte, und alle paar Monate, vor allem wenn der Jahresbeitrag fällig ist, frage ich mich, wozu ich eine Karte für 300 Dollar brauche, wenn es viele andere gute Karten gibt, die gar nichts kosten. Bei AMEX scheint man meine Zweifel immer vorauszuahnen, denn ich erhalte rechtzeitig eine kleine Broschüre, in der alle exklusiven Vorteile aufgelistet sind, die nur Platinkarteninhaber genießen. Mit jeder Rechnung bekomme ich auch einen Nachrichtenbrief, in dem einige begeisterte Stellungnahmen von Karteninhabern abgedruckt sind, die den Service für so exzellent halten, daß sie sich die Zeit nehmen, einen Brief zu schreiben. Sie wurden beispielsweise per Hubschrauber aus einem exklusiven Schweizer Ferienort ausgeflogen, nachdem sie den Notdienst für Platinkarteninhaber angerufen haben. Oder sie wollten eine besondere Halskette, die ihre Frau in einem kleinen Geschäft in Laos gesehen hatte, konnten sich aber an dessen Namen nicht mehr erinnern. Kein Problem für die Platinum Concierge. American Express macht mir regelmäßig deutlich, welche Vorteile ich als Kunde genieße. (Ich werde sie wohl noch ein weiteres Jahr behalten.)

Wenn Sie Zahlungsproblemen vorbeugen wollen, sollten Sie also dafür sorgen, daß Ihre Kunden immer wieder erfahren, wie wertvoll Ihre Produkte und Dienstleistungen sind. Wenn es dann ans Bezahlen geht, landet Ihr Schreiben nicht auf dem Stapel mit den Rechnungen, von denen sie noch nicht wissen, ob es sich lohnt, sie zu bezahlen. Ihre Überzeugungsarbeit hat Früchte getragen. Ihre Kunden wissen, wofür sie ihr Geld ausgeben. Was können Sie tun, um Ihre Kunden vom Wert Ihrer Leistungen zu überzeugen und dafür zu sorgen, daß sie diese auch optimal nutzen? Am besten ergreifen Sie die Initiative, wenn die Rechnung ins Haus flattert – oder kurz davor.

Die Macht der positiven Bestärkung

Warum finden wir immer genug Zeit, uns um Kunden zu kümmern, deren Verhalten inakzeptabel ist, und schenken denen, die genau das tun, was wir von ihnen erwarten, keine Beachtung?
Die meisten Debitorenbuchhalter ziehen alle Register, wenn sie mit säumigen Kunden verhandeln. Sie locken und umschmeicheln sie, oder sie drohen ihnen und setzen sie unter Druck, damit sie eine Monatsrate bezahlen, und dann ist der nächste Problemfall dran. Nach einem Monat steht der erste Kunde dann prompt wieder auf der Telefonliste, weil die Folgerate nicht eingegangen ist.
Versetzen Sie sich einmal in folgende Lage: Sie geraten mit den Monatsbeiträgen für Ihren Fitneßclub erheblich in Verzug. Schließlich ruft ein Mitarbeiter an und handelt mit Ihnen einen Zahlungsplan aus. Sie erklären sich einverstanden, noch in derselben Woche 20 Dollar und in den darauffolgenden drei Wochen jeweils weitere 20 Dollar zu bezahlen, bis Sie wieder auf dem laufenden sind. Wenige Tage nach Begleichung der ersten Rate ruft der Mitarbeiter Sie wieder an. Sie gehen sofort in die Defensive und wollen zu Ihrer Rechtfertigung sagen: »Ich habe den Scheck am Montag abgeschickt; wenn die Post so langsam ist, kann ich nichts dafür. Hören Sie auf, mich zu nerven.« Aber nein, Sie hören folgendes:
»Mrs. Brown, ich rufe an, weil ich mich bei Ihnen bedanken möchte. Sie haben versprochen, vergangenen Montag einen Scheck über 20 Dollar loszuschicken, und er ist bei uns eingegangen. Ich finde es sehr schön, daß Sie Ihr Versprechen gehalten haben. Ich weiß ja selbst, wie schwierig es ist, wenn man unter finanziellem Druck steht. Um so mehr wissen wir es zu schätzen, daß wir uns auf Sie verlassen können. Vielen Dank!«

Wenn Sie einen solchen Anruf bekämen, würden Sie dann nicht auch die nächste Rate pünktlich bezahlen?

Vorsorge treffen

Sorgen Sie dafür, daß Ihnen die Zeit und die Mittel zur Verfügung stehen, die Sie benötigen, um den Kontakt zu Kunden zu pflegen, die ihren Verpflichtungen stets pünktlich nachkommen. Und wenn ein Kunde vorübergehende Zahlungsprobleme hat und sein Konto bei Ihnen wieder glattstellt, dann soll er wissen, daß Sie das zur Kenntnis genommen haben. So wirken Sie der Versuchung entgegen, erneut Zahlungstermine verstreichen zu lassen. Sie durchbrechen den Kreislauf von Zahlungsrückständen, Mahnungen, Vereinbarungen und erneutem Verzug, der Ihre ständige Aufmerksamkeit erfordert.

Die effektivste Einzelstrategie für den Umgang mit wiederholt säumigen Kunden heißt, sie zu belohnen, wenn sie sich an die Zahlungsziele halten. Es lohnt sich in jeder Hinsicht, Kontakt zu Kunden zu pflegen, die ihre Verpflichtungen erfüllen. Das ist nicht nur fair, sondern auch effizient. Wenn Sie heute einen Kunden anrufen, um sich für die Einhaltung eines Versprechens zu bedanken, brauchen Sie ihn wahrscheinlich im nächsten Monat nicht wieder an versäumte Fristen zu erinnern. Und im darauffolgenden Monat auch nicht.

Wenn Sie dieses langfristige positive Ziel im Auge behalten, werden Sie feststellen, daß die Strategie der positiven Bestärkung nicht nur die Zahlungsmoral Ihres Kunden verbessert, sondern auch zur langfristigen Loyalität beiträgt.

Schließlich gibt es noch einen weiteren Faktor: Wie wirkt sich ein solcher Danke-schön-Anruf auf den Mitarbeiter aus, der ihn tätigt? Ein Kundenbetreuer ruft etwa 100 Kunden täglich an. Zu den Stoßzeiten redet er vielleicht mit 20 Kunden pro Stunde. Wenn jeder einzelne Anruf an einen Kunden geht, der seine Zahlungstermine nicht eingehalten hat, irgendeine Ausrede parat hat oder versucht, neue Vereinbarungen auszuhandeln, dann können Sie sich vorstellen, wie nervenaufreibend diese Arbeit ist. Welch eine

Erleichterung, wenn man dann einmal einen Kunden anrufen kann, nur um »Danke!« zu sagen. Die daraus resultierende Entspannung überträgt sich dann auch auf die nächsten Kunden und verbessert das Klima.

»Ich bezahle nicht« heißt in Wahrheit
»Ich will Aufmerksamkeit!«

Häufig sagt ein Kunde im Gespräch ganz offen, daß er keineswegs beabsichtigt, Ihre Rechnung zu begleichen. In der Regel drohen Sie ihm daraufhin mit Regreß. Würden Sie ihn jedoch mit Respekt und Geduld behandeln, könnte er sich durchaus als ein langfristig wertvoller Aktivposten erweisen...vorausgesetzt, Sie nehmen sich die Zeit zum Zuhören. Schließlich können die lautstarken Drohungen auf die verschiedensten Enttäuschungen zurückzuführen sein, weshalb eine Kraftprobe nach dem Motto »Ich weiß, daß ich im Recht bin« völlig sinnlos ist. Damit bekommen Sie vielleicht Ihr Geld, aber wenn man die Dauerhaftigkeit der Kundenbeziehung als Maßstab nimmt, haben Sie sich ins eigene Fleisch geschnitten.

Fall 9   TCI Cable TV setzt auf persönliche Betreuung!

Die Buchhalter oder Sachbearbeiter, die für den Einzug fälliger Forderungen zuständig sind, bringen in der Regel leider zuwenig Einfühlungsvermögen für die Schuldner auf. Sie nehmen den langfristigen Wert der Kundenbeziehungen nicht zur Kenntnis. Durch die ständige Auseinandersetzung mit den Schnorrern wurden sie »abgebrüht«, und irgendwann haben sie vergessen, daß es auch Gründe gibt, die positiven Beziehungen mit guten Kunden zu stärken. In der Kabelfernsehbranche wird im Handumdrehen der »Montagewagen rausgeschickt«. Im Autogewerbe ist es der Abschleppwagen, und in Ihrer Branche sagt man vielleicht »Keine weiteren Kredite« oder »Karte sofort einziehen« oder »Alle Lieferungen einstellen«.

Die bitter notwendigen Informationen über enttäuschte Kunden bekommt man manchmal ganz überraschend, wie ein Manager aus der Kabelfernsehbranche bestätigen kann, der für Kundenkonten mit einem Volumen von bis zu 50 000 Dollar zuständig war. Mike Kelly, heute beim Kabelriesen TCI West, lernte eine seiner wichtigsten Lektionen auf dem Parkplatz von Group W Cable in Columbia, Missouri. Mike war damals technischer Leiter und hatte eines Nachmittags gerade seinen Wagen abgestellt, als er von einer ziemlich erbosten Frau angesprochen wurde. Zwanzig Minuten lang beschimpfte sie ihn lautstark und ließ keinen Zweifel daran, daß sie eine absolut schlechte Meinung von der Kabelfernsehbranche im allgemeinen und Group W im besonderen hatte. Ihr Fernseher streikte, und sie hatte auf keinen Fall vor, die Kabelfernsehrechnung zu bezahlen! Schließlich ging ihr die Luft aus, und sie sagte zu Mike:»Haben Sie dazu nichts zu sagen?«
Mike antwortete geduldig:»Doch, aber ich möchte Sie nicht unterbrechen, bitte sprechen Sie weiter.«Das tat sie. Sie erzählte, daß ihr Mann sie hergeschickt habe, weil er das Baseballspiel nicht sehen konnte, auf das er sich nach einem anstrengenden Wochenende mit Verwandtenbesuch so gefreut hatte. Wie die meisten Kabelkunden hatten auch diese beiden gelegentlich einen schlechten Empfang gehabt, der auf eine vorübergehende Störung oder auf Feuchtigkeit in einem Anschlußkasten zurückzuführen war. Nun aber empfingen sie überhaupt kein Bild mehr, und das ausgerechnet während der Übertragung eines spannenden Baseballspiels!
Als die Frau sich schließlich beruhigt hatte, bot Mike ihr an, sie nach Hause zu fahren und selbst nach dem Fehler zu suchen. Er wurde ihrem mindestens ebenso aufgebrachten Ehemann vorgestellt (und bekam noch einmal geharnischte Kritik zu hören) und schaltete dann das Gerät ein. Nichts. Mike war sofort klar, daß das Gerät überhaupt keinen Strom bekam – und das hatte nichts mit dem Kabelempfang zu tun. Er wollte aber trotzdem behilflich sein und stellte die entscheidende Frage:»Wann war der Fernseher zuletzt in Betrieb, und was hat sich seitdem verändert?«Das Gerät hatte wunderbar funktioniert, bis die Verwandten zu Besuch gekommen waren. Dann wurden die Möbel umgestellt, damit der Fernsehraum als Gästezimmer für die Großeltern genutzt werden

konnte. Später war das Fernsehgerät natürlich wieder an seinen Platz gestellt und der Netzstecker eingesteckt worden – leider in eine Steckdose, die per Wandschalter an- und ausgeschaltet wurde. Nichts leichter als das! Mike drückte auf den Wandschalter, und auf dem Bildschirm erschien das Baseballspiel, mit einem gestochen scharfen Bild und perfektem Ton.

Die beiden Kunden waren äußerst verlegen, weil sie Mike wegen einer solchen Kleinigkeit soviel Unannehmlichkeiten bereitet hatten. Nun könnte man auch sagen, daß Mike in Anbetracht der Umstände ohnehin viel zu weit ging. Schon auf dem Parkplatz hätte Mike aus der Schilderung der Frau schließen können, daß das Problem wahrscheinlich gar nicht am Kabel lag. Davon abgesehen ging es nur um 15 Dollar – so hoch waren die monatlichen Gebühren –, und Mike hatte wahrlich wichtigere Pflichten als technischer Leiter, der für die ganze Stadt zuständig war.

Das Paar schickte Mike noch einen Dankesbrief, doch wie sich herausstellte, zahlte sich sein Einsatz für Group W einige Monate später erst richtig aus. Group W plante nämlich eine Erweiterung von 26 auf 42 Kanäle, benötigte aber die Genehmigung eines lokalen öffentlichen Ausschusses für die entsprechende Gebührenerhöhung. Das Genehmigungsverfahren sah auch eine öffentliche Anhörung vor, in der die Kunden zu Wort kamen. Naturgemäß findet sich selten jemand, der für eine Gebührenerhöhung plädiert, dafür melden sich um so zahlreicher die Bürger zu Wort, die über teure Gebühren und schlechte Leistungen klagen. Aber diese Anhörung verlief anders. Als erste meldete sich die Frau zu Wort, die Mike auf dem Parkplatz so wütend beschimpft hatte.

Sie erklärte zunächst, daß sie von der Qualität des Kabelservice der Group W uneingeschränkt überzeugt sei. Dann erzählte sie die Geschichte, die sich auf dem Parkplatz ereignet hatte und führte sie als Beispiel dafür an, wieviel Mühe sich die Mitarbeiter dieser Firma gäben, ihre Kunden zufriedenzustellen. Niemand hatte diese Frau darum gebeten, die Anhörung zu besuchen und zu sprechen. Sie tat es dennoch, weil sie dankbar dafür war, daß Mike sich um ihr Problem gekümmert hatte.

Ihre kleine Rede trug maßgeblich dazu bei, die Anwesenden von der Notwendigkeit der beantragten Gebührenerhöhung zu überzeugen, und der Ausschuß stimmte zu. Alleine für diese Stadt konnte Group W jährlich Hunderttausende Dollar zusätzlich einnehmen. Bei 14 000 Kunden und einer Gebührenerhöhung von 1,50 Dollar monatlich ergibt das schon 252 000 Dollar im Jahr! Möglicherweise finden Sie immer noch, daß ein einzelner Kabelkunde eben nur einer unter Tausenden sei. Aber was wäre, wenn es nicht mehr um monatliche Umsätze von 15 oder 20 Dollar, sondern 50 000 Dollar ginge? Da die Kabelfernsehbranche in großem Umfang der staatlichen Aufsicht entzogen wurde, suchte sie den Einstieg ins Telefongeschäft. Heute konkurrieren in den USA die Kabelfernsehgesellschaften direkt mit den lokalen Telefongesellschaften, die sich jahrzehntelang praktisch in einem Monopol sonnen konnten. Ein einziger gewerblicher Kunde, der seine Telefon- und Videokommunikation über die lokale Kabelfernsehgesellschaft abwickelt, kann leicht über eine viertel Million Dollar jährlich bezahlen. Selbst ein Einzelhandelsgeschäft, das sich über ein gewöhnliches Koaxialkabel Hintergrundmusik einspielen läßt, hat eine monatliche Rechnung von etwa 600 Dollar.

Mike sieht eine seiner wichtigsten Aufgaben bei TCI, der weltweit größten Kabelfernsehgesellschaft, darin, Schluß mit der alten Mentalität zu machen, nach der man bei Problemen kurzerhand »den Montagewagen rausschickt«. In den meisten Unternehmen werden gleich schwere Geschütze aufgefahren, wenn ein Kunde seine Rechnung nicht bezahlt. In manchen Abteilungen heißt der Schlachtruf: »Konto sofort sperren«, »Keine weiteren Lieferungen«, »Wir holen das Auto zurück« oder »Hypothekenzwangsvollstreckung«. In der Kabelfernsehbranche heißt es analog dazu: »Den Montagewagen rausschicken«, was bedeutet: »Schickt einen Techniker, der den Kabelanschluß des Kunden kappt und die Konverterbox zurückbringt.« Aber was ist mit der Boutique, in der für die Versorgung mit Hintergrundmusik eine technische Ausrüstung im Wert von 6000 Dollar installiert wurde? Kann das Unternehmen es sich leisten, sämtliche Geräte und Anschlüsse wieder herauszureißen und die monatlichen Gebühren von 600 Dollar in den Wind zu schreiben? Soll es das Kommunikationsnetz eines Firmenkunden kappen und auf Einnahmen von 50 000 Dollar monatlich verzichten? Natürlich nicht.

Was können Sie daraus lernen?

Ob Sie mit einem Kunden 15 Dollar oder 50 000 Dollar monatlich umsetzen, ob es der unbedeutendste oder der wichtigste Kunde ist, was zählt, ist stets der langfristige Wert der Beziehung. In der Regel kommt es sofort zur Konfrontation, wenn ein Kunde sich weigert, eine Rechnung zu bezahlen. Aber es kann Sie teuer zu stehen kommen, wenn Sie dem verständlichen Hang nachgeben, sich ein vorschnelles Urteil zu bilden und ihre Ansprüche ohne viel Federlesen durchzusetzen. Denn damit ist die Angelegenheit ja nicht beendet: Der verlorene Kunde muß ersetzt werden, und selbst wenn Sie – nach erheblichem Aufwand – einen Neukunden finden, wissen Sie noch lange nicht, ob er zuverlässiger und zahlungswilliger sein wird. Der Versuch, die Beziehung zu retten, lohnt sich deshalb allemal, selbst wenn Sie dazu einen Kabelteilnehmer besuchen müssen, dessen technisches Problem »hausgemacht« ist.

Ein positiver, partnerschaftlicher Ansatz zahlt sich aus

Die meisten Unternehmen scheinen ihre säumigen Kunden eher als Feinde denn als Partner zu betrachten. Dabei bezahlen die Kunden unsere Löhne und Gehälter, und erst sie ermöglichen Gewinne. Wenn das Produkt verkauft oder die Dienstleistung erbracht wurde, sind die wichtigsten Kostenelemente schon ausgegeben. Die Kundenakquisition ist abgeschlossen, der Verkauf unter Dach und Fach gebracht und der Vertrag erfüllt worden, und die Rechnung liegt auch schon vor. Nun kann es passieren, daß die Debitorenbuchhaltung es in der Hand hat zu verhindern, daß all diese Ausgaben letztlich umsonst waren. Statt das Kundenkonto schulterzuckend aufzulösen, können die Mitarbeiter die Beziehung stärken und die Zahlungsbereitschaft fördern, so daß der Kunde der Firma erhalten bleibt.

US WEST Cellulars Maxime: »Freundlich, aber bestimmt«

Fall 10

Benutzen Sie im Gespräch mit Scott Tweedy, leitender Kundenbetreuer bei US WEST Cellular, einen Ausdruck wie »schlechter Kunde« und er wird Sie mitten im Satz unterbrechen und klarstellen: »Wir haben keine ›schlechten Kunden‹. Wir haben nur einige Kunden, denen wir uns freundlich, aber bestimmt widmen sollten.« Die Erfolge seines Teams sind schon Legion. Da war beispielsweise der Bauunternehmer, der 27 Mobiltelefone in verschiedenen Fahrzeugen angemeldet hatte. Dann traf ihn eine allgemeine Krise in der Bauwirtschaft. Er geriet in ernsthafte finanzielle Schwierigkeiten, konnte seine Telefonrechnungen nicht bezahlen und wäre beinahe schon »abgeschrieben worden«. Eine Inkassoagentur sollte den Einzug der offenen Rechnungen übernehmen. Nach Abzug der Inkassokosten erhält der Gläubiger in diesen Fällen meist nur noch 30 Prozent des ursprünglichen Rechnungsbetrags. Doch so weit kam es nicht. Heute hat die Firma 42 Telefone und bezahlt seit sechs Monaten alle Rechnungen pünktlich.

Scott hält es in allen Verzugsangelegenheiten für immens wichtig, davon auszugehen, daß die Mehrzahl der Kunden ehrlich und aufrichtig ist. Viele verstehen bestimmte Rechnungsposten nicht, andere haben Probleme, die mit der Rechnung selbst gar nichts zu tun haben. Scott weist auf einen zweiten wichtigen Punkt hin: Die Debitorenbuchhalter bei US WEST Cellular werden in ihrer positiven Einstellung gegenüber den Kunden kontinuierlich bestärkt. Während sie am Computer arbeiten, liegen kleine Handposter vor ihnen, auf denen im Seidensiebdruck vier Sätze stehen: »Beginnen Sie ein Gespräch mit: ›Ich rufe an, um mich zu vergewissern . . .‹ 2. Zeigen Sie Verständnis. 3. Klären Sie die Fakten. 4. Seien Sie freundlich, aber bestimmt.«

Die Mitarbeiter beginnen ihre Anrufe mit dem Satz: »Ich rufe an, weil ich mich vergewissern möchte, daß Sie die x Dollar für die Telefonrechnung angewiesen haben.« Scott meint dazu: »Wenn sich ein Freund am Montag in der Mittagspause 20 Dollar von Ihnen leiht und das Geld bis Freitag mit keinem Wort mehr erwähnt, fühlen Sie sich vermutlich etwas unwohl. Sie wollen aber

auch nicht sagen: ›Toby, ich möchte meine 20 Dollar wiederhaben.‹ Also warten Sie noch ein paar Tage ab. Bis dahin haben Sie schon böse Vorahnungen, von denen das Gedächtnis Ihres Freundes aber auch nicht besser wird. Sie brauchen deshalb einen Anknüpfungspunkt, der sich dazu eignet, das Eis zu brechen. Stellen Sie sich vor, Sie sitzen den ganzen Tag am Computer und rufen etwa 150 Leute an, die mit ihren Rechnungen im Verzug sind. Wie beginnt man diese Gespräche am geschicktesten? Wir finden, daß der Satz: ›Ich rufe an, weil ich mich vergewissern möchte...‹ gut funktioniert. Er enthält keine Wertung und setzt einen positiven Akzent. Schließlich würden wir gerne davon ausgehen, daß der Kunde tatsächlich gezahlt hat, und nur die Post, die Bank oder die Buchhaltung schuld an der Verzögerung sind.«
Die zweite Aufforderung: »Zeigen Sie Verständnis« ist ebenfalls wichtig. Schließlich ist auch ein säumiger Kunde ein Mensch und befindet sich möglicherweise in einer Situation, in die Sie genauso geraten könnten. Vielleicht wird Scotts einleitender Satz so beantwortet: »Nein, das Geld ist noch nicht unterwegs, weil mein Auto kaputtgegangen ist, und die Reparatur war unerwartet teuer. Diesen Monat bin ich etwas in Schwierigkeiten.« Scott erwidert nun gewiß nicht: »Dann viel Glück, aber Ihre Rechnung müssen Sie trotzdem bezahlen!« Durch die ständige Übung und Bestärkung kann er sich sofort in diesen Kunden versetzen: »Das kann ich gut verstehen. Ich hatte auch schon sehr teure Reparaturen, und ich weiß, daß man da im Handumdrehen in Schwierigkeiten kommt.«
Natürlich wird er es dabei nicht belassen. »Freundlich, *aber bestimmt...*«
»Wieviel fehlt Ihnen denn, um die Rechnung zu begleichen?« oder: »Sollen wir das per Kreditkarte regeln?« oder »Vielleicht können Sie sich das Geld leihen?« oder »Wir könnten uns auf einen Zahlungsplan einigen.«
Mit anderen Worten: Der Sachbearbeiter demonstriert, daß US WEST Cellular sich mit den unbezahlten Rechnungen nicht abfindet, mit seinen Kunden aber auch zusammenarbeiten will. Scott erzählte mir:
»Als Debitorenbuchhalter, die sich dem Ziel verschrieben haben,

dem Kunden einen guten Service zu bieten, seine Loyalität zu gewinnen und ihn langfristig zu halten, wissen wir natürlich, daß die Mobilfunkrechnung nicht die wichtigste ist, die einem Kunden auf den Tisch flattert. Wir reihen uns meist in die Schlange anderer Gläubiger ein. Aber in dieser Zeit des Wartens hat unser Verhalten einen sehr wichtigen Einfluß auf die Loyalität des Kunden. Das ist meiner Meinung nach ebenso wichtig wie die Entscheidung, überhaupt Kunde bei uns zu werden. Ist es denn vernünftig, ein Mobiltelefon zu haben, wenn man die Hypothekenraten, das Auto oder den Familienunterhalt nicht mehr finanzieren kann? Natürlich nicht. Unsere Aufgabe in einer solchen Situation ist es, dem Kunden den Wert unserer Dienstleistung wieder nahezubringen und ihm zu helfen, Wege und Mittel zu finden, um die Rechnung zu bezahlen.«

»Einmal haben wir einem Kunden, einem Immobilienmakler, vorgeschlagen, seine Lebensversicherung zu beleihen, damit er unsere Rechnung bezahlen konnte. Er stimmte zu und veranlaßte alles Nötige. Folglich blieb sein Anschluß bestehen, und prompt erhielt er am nächsten Tag einen wichtigen Anruf von einem Kunden, der ihm letztlich mehrere tausend Dollar Provision aus einem Immobilienverkauf einbrachte. Der Kunde rief an, um sich für unseren Lösungsvorschlag zu bedanken, denn nun konnte er den an ihn ausgezahlten Betrag an seine Lebensversicherung zurücküberweisen. Außerdem hatte er beim Verkauf der Immobilie einen vielversprechenden Hinweis auf einen Neukunden erhalten. All das habe er uns zu verdanken... Seitdem werden seine Rechnungen immer höher, und wir haben keine Probleme mehr mit ihm!«

Die Aufforderung »Klären Sie die Fakten« erinnert den Kundenbetreuer daran, seine detektivischen Fähigkeiten einzusetzen und herauszufinden, warum ein Kunde nicht pünktlich zahlt. Nicht selten betrachtet der Kunde die Rechnung einfach als Pfand. Er verlangt nach mehr Aufmerksamkeit, und die ist ihm sicher, sobald kein Geld mehr fließt.

Scott erinnert sich an einen Kunden, der als Begründung für die ausbleibende Zahlung den miserablen Service anführte. Er wurde sofort mit einem Telefonmitarbeiter verbunden, der den Kunden zu den Einzelheiten befragte. Er beklagte sich, daß er während der

Anrufe so viele Störgeräusche empfange, daß er kaum einmal in der Lage sei, ein Gespräch zu Ende zu führen. Dabei telefonierte er vorwiegend in einer Region, die auf der Landkarte der Mobilfunkgesellschaft nicht als »Problembereich« gekennzeichnet und auch mit einer ausreichenden Anzahl von Übertragungsstationen versorgt war. Da kein anderer Kunde aus dieser Region derartige Probleme gemeldet hatte, vermutete der Mitarbeiter den Fehler schließlich beim Telefon selbst. Bei einer – gebührenfreien – Überprüfung im Reparaturzentrum stellte sich heraus, daß die eingebaute Antenne defekt war. Somit war die Beschwerde des Kunden berechtigt gewesen, er hatte sich nur an den falschen Adressaten gewendet, da US WEST Cellular mit den technischen Eigenschaften des Telefons nichts zu tun hatte. Heute hat der Kunde keine Probleme mehr und bezahlt seine monatlichen Rechnungen pünktlich – dank der Bemühungen des Kundenbetreuers, die »Fakten zu klären«.

Ein Gespräch mit einem Kundenbetreuer von US WEST Cellular hat mit den typischen arroganten Drohanrufen nichts gemein, die andere Firmen gerne tätigen, wenn sie Geld eintreiben wollen. Scott betont immer wieder, wie wichtig es ist, jeden Anruf positiv zu beginnen. Wenn dann eine beiderseitige Lösung gefunden wurde, stellt jeder Mitarbeiter eine weitere Frage: »Was kann ich heute sonst noch für Sie tun?« Es ist überraschend, wie oft der Kunde noch etwas auf dem Herzen hat, was er von sich aus nicht angesprochen hätte. Vielleicht versteht er einen Rechnungsposten nicht: »Ach ja, jetzt wo Sie gerade fragen, was ist das denn für eine Gebühr über 5,95 Dollar auf Seite zwei? Ich frage mich das schon seit längerer Zeit.« Nach einer solchen Klarstellung ist der Kunde meist kooperativer, wenn er die nächste Rechnung erhält.

Jeder Anruf endet mit dem freundlichen Satz: »Ich danke Ihnen vielmals, wir schätzen die Geschäftsverbindung mit Ihnen sehr.« Jeder Debitorenbuchhalter weiß, daß seine Existenz von der langfristigen Zufriedenheit (und Zahlungsbereitschaft!) der Kunden abhängt. Auch hier kommt der »Lebenszeitwert« ins Spiel. US WEST Cellular möchte keine Zahlen nennen, aber Sie können davon ausgehen, daß ihr Wert den Branchendurchschnitt von etwa 2100 Dollar – 70 Dollar pro Monat bei 30 Monaten Vertragsdauer – weit übersteigt.

Was können Sie daraus lernen?

Geld einzutreiben ist Schwerstarbeit, die hohe Anforderungen an die psychische Stabilität stellt. Die damit befaßten Mitarbeiter brauchen eine ständige Bestärkung, um sich ihre positive Haltung zu bewahren. Die vier Aufforderungen auf den Handpolstern von US WEST sind ein hervorragendes Beispiel dafür, wie man eine positive Botschaft kontinuierlich vermitteln kann. Vermutlich arbeiten auch Ihre Debitorenbuchhalter am Computer. Vielleicht könnten Sie veranlassen, daß regelmäßige Botschaften über den Bildschirm laufen, die sie an das langfristige Ziel erinnern, Kundenbeziehungen lebendig und profitabel zu gestalten. Suchen Sie nach einer individuellen Methode, wie Anrufe vorurteilsfrei und positiv eingeleitet werden können. Fühlen Sie sich in Ihre Kunden ein, damit Sie ihnen bei der Suche nach konstruktiven Lösungen behilflich sein können. Finden Sie heraus, warum sie in Verzug geraten sind. Seien Sie freundlich, aber bestimmt.

Kümmern Sie sich sofort um zahlungsunwillige Kunden

Wie die vorangegangenen Beispiele gezeigt haben, sollten Sie in jedem säumigen Kunden einen wertvollen Aktivposten sehen. Ihr Ziel lautet, seine kontinuierliche Betreuung zu garantieren, damit die Beziehung beiden Seiten nützt. Jeder Debitorenbuchhalter, der mit ihm zu tun hat, sollte ihn mit freundlichem Respekt behandeln, die notwendigen Fakten herausfinden, um das Problem verstehen zu können, bei der Suche nach einer Lösung helfen und alles tun, um *den Kunden zu halten.*

Früh handeln

Handeln Sie schnell! Jede Verzögerung läßt Probleme eskalieren. Stellen Sie beim ersten Anzeichen verspäteter Zahlungen einen persönlichen Kontakt her. Ein Telefonanruf mit der Einleitung »Ich wollte mich vergewissern, ob ... « eignet sich sehr gut dazu, weil daraus schnell ein Gespräch werden kann, in dem die Fakten auf den Tisch gelegt werden. Die meisten Menschen geraten, nicht anders als Firmen, ganz allmählich in finanzielle Schwierigkeiten. Schalten Sie sich deshalb so früh wie möglich ein. Sie sichern nicht nur ihre finanziellen Interessen, sondern fangen auch an, eine persönliche Beziehung aufzubauen, in der beide Seiten ihre Zusagen einhalten. Wenn der Schuldner später möglicherweise von anderen Gläubigern umlagert wird, möchten Sie eine Sonderrolle spielen. Schließlich haben Sie nicht so lange gewartet wie all die anderen, sondern schon frühzeitig zu helfen versucht.

Ihr Ziel beim »Erstkontakt«

Sie verfolgen beim ersten Anruf nicht nur das profane Ziel, Geld einzutreiben, sondern haben gleichzeitig subtilere Absichten: Sie lassen den Kunden wissen, daß andere Firmen die Kundenkonten möglicherweise nicht so genau überwachen – im Gegensatz zu Ihnen. Ihr Kunde soll erfahren, daß Sie persönlich für ihn zuständig sind und durchaus beobachten, was sich auf seinem Konto tut. Beginnen Sie das erste Gespräch mit einer positiven Einleitung. Wenn die Zahlung noch nicht veranlaßt wurde, versuchen Sie vorsichtig, die Gründe dafür herauszufinden. Der Kunde soll vor allem das Gefühl bekommen, daß er im Zentrum Ihrer Aufmerksamkeit steht.
Letztlich aber haben Sie es immer mit dem Stapel von Rechnungen zu tun, die sich vermutlich vor dem Kunden auftürmen. Ihre Rechnung soll immer ganz oben liegen, damit sie so bald wie möglich bezahlt wird. Mit der Kontaktaufnahme soll erreicht werden, daß Ihre Rechnung besondere und sofortige Beachtung findet.
Selbstverständlich möchten Sie auch ein Zahlungsversprechen. Im Laufe des Gesprächs sollten Sie auf eine spezifische Vereinbarung hinarbeiten, in der festgelegt wird, welche Schritte beide Seiten als nächstes unternehmen. Wenn Sie einen Zahlungsplan vereinbart haben, empfiehlt es sich, daß der Kunde ihn mit eigenen Worten wiederholt. Auch hier sollten Sie ihn wissen lassen, daß andere Gläubiger es mit der Kontrolle nicht immer so genau nehmen, daß

Sie jedoch gewissenhaft über die Einhaltung der Vereinbarung wachen werden. Beenden Sie den Anruf schließlich mit einer positiven Bemerkung, damit der Kunde weiß, daß Sie die Geschäftsverbindung sehr wichtig nehmen und sie fortsetzen möchten. Besonders in der Zeit unmittelbar nach einem solchen Gespräch ist es wichtig, noch einmal auf die Vereinbarung zurückzukommen und den Kunden daran zu erinnern. Schicken Sie noch am selben Tag per Fax oder Post eine schriftliche Zusammenfassung der Vereinbarung. Wenn der Kunde versprochen hat, am 15. einen Scheck zu schicken, dann rufen Sie ihn am 14. an. Ist der Scheck eingegangen, dann rufen Sie an, um sich zu bedanken. Sie möchten es schließlich so früh wie möglich erfahren, wenn die finanzielle Krise des Kunden sich verschärft und andere Mittel der Eintreibung unumgänglich sind. Anderseits setzen Sie sich bei den ersten Anzeichen möglicher Schwierigkeiten dafür ein, daß die Beziehung nicht ernsthaft gefährdet wird – durch Kontaktaufnahme, Vereinbarungen und Erinnerungen.

Die Art und Weise, wie Ihr Unternehmen mit säumigen Kunden umgeht, wirkt sich direkt und dramatisch auf Ihre Geschäftsergebnisse aus. Wenn Sie einen aufmerksamen, respektvollen, freundlichen, aber bestimmten Ansatz wählen, haben Sie gute Chancen, die Kunden auf Ihr Förderband zurückzubringen und die Vorzüge einer langfristigen Beziehung zu genießen.

Was Sie SOFORT tun können

- Verbannen Sie alle negativen Ausdrücke aus dem Vokabular Ihrer Kundenbuchhaltung. Abwertende Bezeichnungen wie »Schnorrer« sollen nie mehr fallen, weder auf höchster Managementebene noch bei den einzelnen Mitarbeitern.
- Erinnern Sie Ihr Team durch Plakate und andere visuelle Mittel daran, keine vorschnellen Urteile zu fällen.
- Veranstalten Sie einen Wettbewerb, um die Kundenbetreuer zu belohnen, wenn es ihnen gelingt, negative Begriffe aus ihrem Wortschatz zu streichen.
- Berechnen Sie den »Lebenszeitwert« Ihrer Kunden und errech-

nen Sie daraus den Kapitalwert. Diesen Wert sollten Sie im Hinterkopf behalten, wenn ein Kunde sich beschwert. Eine ebenso wichtige Rolle spielt er bei der Wahl der Strategien zum Geldeinzug.

- Behandeln Sie die Kunden so, daß sie die Rechnung bezahlen *wollen,* sobald sie dazu in der Lage sind. Ihre Einstellung sollte respektvoll und kooperativ sein.
- Unterstützen Sie das »Förderbanddenken« bei Ihren Buchhaltern. Sie sollen den Kunden, dem sie gerade einen Mahnbrief schreiben oder den sie anrufen, als einen materiellen Aktivposten betrachten, der das Förderband verlassen könnte. Ihre Buchhaltungsmitarbeiter haben es oft in der Hand, ob er geht oder ob Sie ihn als Kunden behalten.
- Sorgen Sie dafür, daß Ihre Mitarbeiter hinter dem Produkt oder der Dienstleistung der Firma stehen. Sie können andere nicht überzeugen, wenn sie selbst nur mit halbem Herzen dabei sind. Geben Sie ihnen Produkte, die sie zu Hause verwenden können; lassen Sie sie in den Genuß der Dienstleistungen kommen, die auch Ihren Kunden erbracht werden.
- Geben Sie Ihren Buchhaltern ein kreatives Verkaufstraining, damit sie gerüstet sind, um auf Einwände zu reagieren und den Kunden zu umwerben, wenn er neu überzeugt werden muß.
- Suchen Sie geeignete Mittel, um Ihre Kunden jedesmal neu vom Wert Ihres Produktes zu überzeugen, wenn Sie eine Zahlungsaufforderung verschicken. Erinnern Sie sie an die Vorteile, die sie für ihr Geld bekommen.
- Führen Sie eine »Telefonpolitik der positiven Bestärkung« ein, damit Ihre Kundenbuchhalter das Vergnügen haben, auch Gespräche zu führen, die nur dem Ausdruck ihrer Anerkennung dienen.
- Überlegen Sie, ob es sich überhaupt lohnt, Inkassobüros zu beauftragen. Ist es die Sache wirklich wert? Wie sieht es mit den PR-Kosten aus? Gibt es einen besseren Weg, um die Beziehung wieder auf gesunde Beine zu stellen, damit Ihre Investitionen sich auszahlen?
- Suchen Sie einen Weg, um Ihre Debitorenbuchhalter ständig an die positive Haltung zu erinnern, die sie vermitteln sollen. Wie

wäre es mit bedruckten Handpostern à la US WEST Cellular?
- Schlagen Sie Ihren Mitarbeitern spezielle Strategien zur Gesprächseinleitung vor, wenn sie mit säumigen Kunden sprechen.
- Schlagen Sie vor, daß Ihre Mitarbeiter den Kunden am Ende eines Gesprächs ihre Hilfe anbieten und darauf hinweisen, wie wichtig die jeweilige Geschäftsverbindung ist.
- Stellen Sie den ersten Kontakt frühzeitig her. Beseitigen Sie alle Hindernisse, die den persönlichen Kontakt verzögern. Überprüfen Sie Ihre Kontrollsysteme, um sicherzustellen, daß Sie zum frühestmöglichen Zeitpunkt auf beginnende Schwierigkeiten aufmerksam gemacht werden.

3. Schweigen ist gefährlich

Bestimmt fallen Ihnen auf Anhieb einige Kunden ein, die gerade von Ihrem Förderband fallen. Sie waren Zielscheibe ihrer mehr oder minder erbost vorgebrachten Reklamationen, oder Sie haben festgestellt, daß sie ihre Rechnungen nicht mehr bezahlen. Weit schwieriger ist es jedoch, die viel zahlreicheren anderen Kunden zu identifizieren, deren Loyalität allmählich schwindet. Der Grund ist einfach: Sie machen keinen Wirbel, sondern wechseln still und heimlich zur Konkurrenz. Dadurch erleiden Sie natürlich erhebliche Umsatzeinbußen.
Die große Mehrheit der Kunden beendet eine Geschäftsverbindung tatsächlich ohne jedes Aufheben. Sie bezahlen anstandslos ihre Rechnungen, schreiben keine bösen Briefe und bleiben auch dem Kundendienstmitarbeiter gegenüber immer höflich. Sie kaufen einfach nicht mehr.
Das Schlimme darin ist eigentlich, daß die meisten Unternehmen es nicht einmal bemerken, wenn Kunden abwandern. Die ständige Jagd nach Neukunden und die Beschäftigung mit denen, die sich beschweren und ihre Rechnungen nicht bezahlen, ist so arbeitsintensiv, daß man es nicht bemerkt, wenn bisher treue Abnehmer zur Konkurrenz wechseln.

Die meisten Beziehungen kranken an Vernachlässigung

Ende der achtziger Jahre erschien eine Studie, mit der die Gründe für den Abbruch einer Geschäftsbeziehung erhellt werden sollten. Sie kam zu folgenden Ergebnissen:

- 1 Prozent der Kunden verstirbt,
- 3 Prozent ziehen um,
- 5 Prozent bauen Beziehungen zu anderen Lieferanten auf,
- 9 Prozent wechseln aus Gründen des Wettbewerbs,
- 14 Prozent sind mit dem Produkt nicht zufrieden,
- 68 Prozent *fühlen sich vom Verkäufer gleichgültig behandelt.*

Es gab zwar viele Redner, die diese Zahlen zitierten und »die Studie irgendwo gesehen« hatten, doch niemand schien ihre Herkunft zu kennen. Die Ergebnisse wurden jedoch nicht in Zweifel gezogen. Schließlich fand ich heraus, daß die Studie von der Wisconsin Restaurant Association stammte. Es handelte sich also nicht gerade um eine Einrichtung von globaler Bedeutung, die statistische Zuverlässigkeit garantierte. Doch die Zahlen schienen für jede Branche plausibel zu sein, wenn man auf Spitzfindigkeiten verzichtete. Die zentrale Schlußfolgerung jedenfalls trifft zu: Die meisten Kunden verlassen unsere Förderbänder, weil wir ihnen nicht zeigen, wie wichtig sie sind.

An dieser Stelle will ich auf eine wichtige Erkenntnis hinweisen, die die Entwicklung der Direktmarketingbranche im vergangenen Jahrzehnt entscheidend beeinflußte: Die Toleranzskala eines Kunden für den Ausdruck Ihrer Aufmerksamkeit ist nach oben hin offen – es gibt praktisch keine Obergrenze. Versandhäuser stellen etwa fest, daß mehr Bestellungen eingehen, wenn sie häufiger Kataloge versenden. Gerade in dieser Branche überläßt man nichts dem Zufall und führt ständig Tests durch. Wenn Sie also von manchen Firmen häufig Post bekommen, können Sie davon ausgehen, daß das einen handfesten Grund hat. Die Firmen verschicken ihre Schreiben nicht, weil sie gerne Papier bedrucken, sondern weil sie wissen, daß sie damit bei Ihnen etwas erreichen. Trotzdem ist irgendwann eine Grenze erreicht. Sie möchten nicht *täglich* einen neuen Katalog erhalten. Wenn Sie aber so viele wie bisher in Ihrem Briefkasten haben, dann deshalb, weil die Marktforscher ständig kontrollieren, wie viele Bestellungen nach der Versendung eines neuen Katalogs eingehen. Für sie steht eines fest: Je mehr Kataloge sie verschicken, desto mehr wird gekauft.

Man kann es auch anders ausdrücken: Die meisten Kunden reagieren positiv, wenn Sie ihnen mehr Aufmerksamkeit schenken. Denken Sie an all die Menschen, die *Ihnen* Dinge verkaufen. Gibt es jemanden, der Ihnen *zuviel* Aufmerksamkeit widmet? Fallen Ihnen nicht weit mehr Firmen oder Geschäfte ein, bei denen Sie durchaus mehr kaufen würden, wenn ihre Mitarbeiter sich nur etwas mehr um Sie und Ihre Bedürfnisse kümmerten?

Warum hören wir einander nicht zu?

Darauf weiß ich auch keine Antwort. Sind die Anbieter faul, egozentrisch, zu beschäftigt mit der Kundenakquisition oder finden sie es einfach langweilig, einem Abnehmer gegenüberzusitzen, der gerade den 87. Auftrag erteilt? Vielleicht steckt in jeder Erklärung ein Körnchen Wahrheit. Wie auch immer, der Schwachpunkt in der Marketingpraxis ist der, daß wir den Kunden viel zu wenig Aufmerksamkeit schenken – selbst wenn sie diesen Mangel nicht einmal als solchen erleben. Ich behaupte ja gar nicht, daß die Kunden Schlange stünden, um sich zu beschweren: »Wenn die Firma XYZ mich nicht mehr anruft oder mir keine Briefe mehr schreibt, werde ich sie boykottieren!« Aber wir unternehmen nicht einmal dann etwas, wenn sie abwandern. Da die Kunden nicht aktiv ermuntert wurden, sich als Partner Ihres Unternehmens zu betrachten, ist es mit der Loyalität nicht weit her. Wenn man sie nur danach fragen würde, hätten sie Ideen und Vorschläge, würden weitere Interessenten nennen, ihre unbefriedigten Bedürfnisse darlegen und vermutlich auch einige Beschwerden vorbringen. Aber wir sind taub und gleichgültig.

Warum es dumm ist, sich taub zu stellen

Die Stille, die in den Kundenbeziehungen herrscht, ist nicht auf Böswilligkeit zurückzuführen und selten überhaupt beabsichtigt. Doch manche Firmen sorgen bewußt dafür, daß sie mit den Rückmeldungen ihrer Kunden nicht behelligt werden. Das ist dumm und zudem langfristig gesehen sehr kostspielig.

Taube Ohren auf der Kreuzfahrt   Fall 11

Während ich am Manuskript für *Verkaufe alles – nur nicht Deine Kunden* arbeitete, nahm ich an einem Seminar teil, das auf dem Schiff einer bekannten Kreuzfahrtgesellschaft veranstaltet und von der National Speakers Association gefördert wurde. Während der Wochenendreise zu den Bahamas erlebten die Passagiere in extremer Form, was geschieht, wenn man seinen Kunden nicht zuhört. Die Situationen, die sich daraus ergaben, waren oft höchst komisch.

Bald nachdem wir an Bord gegangen waren, ertönte die Stimme des Kreuzfahrtleiters durch die Lautsprecher. Er bat alle Passagiere, sich zur Einführung in das Seminar in den Ballsaal zu begeben. Laut Programm sollten wir nun erfahren, wie wir während der Kreuzfahrt optimale Lernergebnisse erzielen konnten. Im wesentlichen ging es jedoch um drei Themen: »Kaufen Sie in unseren Bordgeschäften ein«, »Vergessen Sie nicht, dem Personal genug Trinkgeld zu geben«, und »Geben Sie unserem Service auf den Beurteilungsbögen eine gute Note«.

Diese drei Ermahnungen begleiteten uns während der gesamten Kreuzfahrt. Besonders interessant fand ich die Anweisungen zum Ausfüllen der Beurteilungsbögen. Der Leiter sagte in seiner Begrüßungsrede: »Negative Erfahrungen sollten keinen Einfluß auf die Noten haben, die Sie an die Crew vergeben.« Die Passagiere sahen einander natürlich erstaunt an und glaubten, ihn falsch verstanden zu haben. Um aber jeden Zweifel auszuschließen, legten die Angestellten am vorletzten Tag der Kreuzfahrt in jeder Kabine ein Hinweisblatt aus. Auch hier war wieder die merkwürdige Bitte zu lesen: »Negative Erfahrungen sollten keinen Einfluß auf die Bewertung des Service haben.«

Am Nachmittag vor der Rückkehr nach Miami wurden wir wieder in den Ballsaal gerufen, weil es angeblich »wichtige Informationen« über das Verfahren beim Verlassen des Schiffes zu verkünden gab. Wie sich herausstellte, wollte sich der Kreuzfahrtleiter seine letzte Gelegenheit nicht entgehen lassen, uns aufzufordern, T-Shirts und Souvenirs zu kaufen und die Beurteilungsblätter »richtig« auszufüllen. Er beschrieb wortreich, wie hart seine Crew gearbeitet habe und wie viele von ihnen mit ihren mageren Löhnen eine Familie ernähren mußten. (Großzügig Trinkgeld geben!) Wir kamen sogar in den Genuß seiner persönlichen linguistischen Theorien. Er erklärte nämlich, daß in der Kreuzfahrtbranche eine ganz besondere Terminologie gelte. »Die Bewertung ›gut‹«, so erläuterte er uns Unwissenden, »bedeutet bei uns nur ›ausreichend‹. Deshalb sollten Sie ›gut‹ nur ankreuzen, wenn Sie den Service lediglich für ›ausreichend‹ gehalten haben.« (Vermutlich glauben Sie nun, daß ich diese Geschichte erfunden habe, aber es gibt Hunderte von Zeugen.)

Beim letzten Dinner kam jeder Ober an den Tisch, den er betreut hatte, um sich zu bedanken und den kleinen Umschlag in Empfang zu nehmen, der am Abend vorher in unsere Kabinen gelegt worden war. Außerdem wurden wir noch ein letztes Mal darüber belehrt, daß ein schlechtes Essen oder eine negative Erfahrung unsere Beurteilung nicht beeinflussen sollten.

Das Bemerkenswerteste daran war, daß die Passagiere an allen Tischen im Speisesaal dieselbe Ermahnung hörten. Da ich in einer großen Gruppe von Freunden und Kollegen reiste, erzählten wir einander davon. Natürlich war dies kein Zufall. Jemand hatte den Obern genaue Anweisungen gegeben, was sie an den Tischen nach dem letzten Dinner zu sagen hatten, nämlich folgendes:

»Die Bewertung ›gut‹ besitzt in der Kreuzfahrtbranche eine ganz andere Bedeutung, als Sie glauben. Sie bedeutet nämlich nur ›durchschnittlich‹. Wenn Sie also sagen wollen, daß Sie gute Erfahrungen gemacht haben, müssen Sie die Note ›hervorragend‹ ankreuzen. Bedenken Sie, daß wir uns nach Kräften bemühen, mit unseren Mahlzeiten Ihren Geschmack zu treffen. Sollte uns das einmal nicht gelungen sein, dann darf das Ihre Beurteilung nicht beeinflussen. Sie können dann am unteren Rand des Bewertungsbogens einen Vermerk machen. Und wenn Sie aus irgendwelchen Gründen die Note ›hervorragend‹ nicht vergeben wollen, dann kreuzen Sie am besten gar nichts an, sondern fügen eventuelle Bemerkungen am unteren Rand an.«

Ich war verblüfft, wie plump die Bitte um eine gute Bewertung vor-

gebracht wurde und fand, daß die Geschäftsleitung davon erfahren sollte. Schließlich fühlten sich viele Passagiere durch diese lächerliche Aufforderung auf den Arm genommen, oder sie nahmen sie mit Humor und machten sich einfach nur lustig darüber. Ich ging also ins Büro des Zahlmeisters und bat um die Postanschrift des Präsidenten der Kreuzfahrtgesellschaft. Seine Antwort lautete: »Warum?« Ich antwortete, daß ich ihm einen Brief schreiben wolle. Prompt fragte der Zahlmeister: »Hat Ihr Brief einen positiven oder negativen Inhalt?«
Ich konnte es nicht fassen. Ich erwiderte, das gehe ihn nichts an, ich wolle nur die Adresse haben. Er verschwand in einem Hinterzimmer, und zwei oder drei Minuten später kam ein anderer Angestellter heraus und verkündete: »An den Präsidenten dürfen keine negativen Briefe geschickt werden.« Für Beschwerden sei nämlich eine andere Abteilung zuständig, und der Präsident wolle damit nicht belästigt werden! Ich dachte bei mir: »Ganz bestimmt besteht die Abteilung aus dem kleinen Papierkorb unter dem Tisch.«
Ich gestehe, daß ich dem Präsidenten nie geschrieben habe. Ich gehörte zu jener schweigenden Mehrheit, die in den TARP-Statistiken identifiziert wurde. So wie 95 Prozent aller Kunden wandte ich mich nicht an die Personen, die über Beschwerden informiert werden sollten. Aber in vielen anderen Fällen habe ich es getan! (Aus rechtlichen Gründen will ich den Namen der Gesellschaft nicht erwähnen, doch ihr Präsident hat ein Exemplar des Buches erhalten.)

Was können Sie daraus lernen?

In jedem Unternehmen muß die Geschäftsleitung den Kontakt zu ihren Kunden pflegen, um zu wissen, wie sie ihre Leistungen beurteilen. Im Gegensatz zum verbreiteten Glauben ist eine Umfrage bestimmt *kein* zuverlässiges Mittel, um herauszufinden, was die Kunden wirklich denken. Wenn sie dilettantisch genug durchgeführt werden, können Umfragen garantieren, daß das Management ständig mit irreführenden Informationen gefüttert wird. Das

»Management« auf dem Schiff sorgte dafür, daß der Geschäftsleitung immer nur positive Bewertungen vorlagen. Machte jemand (ich!) Anstalten, sich mit einer anderen Aussage an die Gesellschaft zu wenden, wurde jede mögliche Hürde errichtet, bis hin zur Geheimhaltung von Adressen.

Ich habe mit mehreren anderen Veranstaltern von Vergnügungsfahrten über meine Erfahrung gesprochen, und sie berichteten über ähnliche Erfahrungen mit derselben bekannten Gesellschaft. Wir schlossen daraus, daß das Personal in der Zwickmühle stecken mußte. Vermutlich hingen ihre Arbeitsverträge von den Beurteilungen der Passagiere ab. Wahrscheinlich fürchteten sie alle um ihren Arbeitsplatz.

Es mag ja sein, daß manche Firmen in guter Absicht handeln, wenn sie den Arbeitsplatz selbst oder bestimmte Belohnungen und Prämien mit dem Kundenfeedback verknüpfen. Aber ein solches Verfahren steht immer auf tönernen Füßen. Wenn *Sie* mit einem System arbeiten, in dem Beförderungen mit Kundenbeurteilungen verknüpft werden, dann müssen Sie dafür sorgen, daß es die Kommunikation mit dem Kunden verbessert, statt sie zu verhindern.

Hinter dem Schweigen steckt selten Absicht

Der häufigste Grund für die fehlende Kommunikation mit den Kunden ist letztlich Zeitmangel. Es gibt so viele Dinge, die unsere Zeit und Energie beanspruchen, daß wir uns um regelmäßig kaufende Kunden nicht auch noch kümmern können. Ironischerweise dominiert in den meisten Firmen die unaufhörliche, erbarmungslose Jagd nach Neukunden. Sie ist so kräftezehrend, daß niemand auch nur daran denkt, sich den bestehenden Beziehungen zu widmen. So kann es geschehen, daß ein Kunde keine Aufträge mehr erteilt und das Förderband verläßt. Wenn die Firma überhaupt einen letzten Gedanken an ihn verschwendet, dann den, daß er es eben nicht besser verdient.

Graphic Controls schürft Gold Fall 12

Die Bezeichnung der Kundenkategorie sagte alles: »Bitte löschen.« Aber Jim Dombrowski, frischgebackener Telemarketingleiter bei Graphic Control, war anderer Meinung. Es leuchtete ihm nicht ein, daß die 3000 als umsatzlos klassifizierten Konten, die aus der Kundendatei gelöscht werden sollten, wirklich *völlig wertlos* sein sollten. Wie ein Bergmann, der vor den Abraumhalden einer einst profitablen Mine steht, dachte Jim: »Ich wette, daß da noch Gold drin steckt.«
Es zeigt sich immer wieder, wie wichtig es ist, eingefahrene – aber nicht unbedingt vernünftige – Geschäftspraktiken von Zeit zu Zeit mit neuen Augen zu sehen und sie zu hinterfragen. Jims Vorgesetzter Bob Evans hatte schon lange Zweifel gehegt, ob es wirklich sinnvoll war, umsatzlose Konten einfach abzuschreiben. Als Jim aus dem Geschäftsbereich ›Medical Products‹ in Bobs Abteilung wechselte, begann er, sich über den Sinn der vierteljährlichen Löschaktion ernsthaft Gedanken zu machen. Im neuesten Bericht, der ihm vorlag, waren über 3000 Kunden vom Großcomputer als »irrelevant« eingestuft worden. Sie sollten vollständig aus dem Datenbestand gelöscht werden.
Jim hatte einen Verdacht und war entschlossen, ihm nachzugehen. »Wenn diese Kunden einmal von uns gekauft haben, dann tun sie es vielleicht wieder, wenn wir uns um sie bemühen«, lautete seine Vermutung.
Jim erhielt von Bob Evans die Genehmigung dafür, ein Testprojekt für eine Reaktivierungskampagne durchzuführen. Obwohl das Unternehmen etwa 64 000 Konten mit lebhaften Umsätzen führte, weckten gerade die abgewanderten Kunden Jims Interesse. Sein Vorgesetzter fand, es sei einen Versuch wert.
Jim hielt sich nicht lange mit Mutmaßungen auf, sondern veranlaßte, daß jeder einzelne Kunde kontaktiert wurde.
Er überprüfte alte Verkaufsberichte und stellte fest, daß das Umsatzvolumen aus den Aufträgen der »zu löschenden« Kunden im Jahr 1990 insgesamt 485 000 Dollar betragen hatte. Im Jahr 1991 war es auf Null gesunken. Auch in den ersten neun Monaten des Jahres 1992 hatte kein einziger eine Bestellung aufgegeben. Im

November 1992 begann Jim mit einem kleinen Team von sechs Telefonmitarbeitern, Kontakt zu diesen Kunden aufzunehmen. Die Ergebnisse wurden in den darauffolgenden drei Monaten penibel genau aufgezeichnet.

Einige Kunden hatten ihre Firma aufgelöst oder hatten aus anderen Gründen keinen Bedarf mehr. Aber die häufigste Erklärung für die ausbleibenden Aufträge war die, daß Graphic Controls sich nicht um sie kümmerte. Viele der kleineren Kunden waren nach ihren ersten Bestellungen in keiner Weise mehr beachtet worden. Sie expandierten aber und hätten in der Zwischenzeit weit umfangreichere Aufträge erteilen können.

Die Zahlen, die Jim schon nach kurzer Zeit vorlegen konnte, sprachen Bände: 378 von den 3414 Kunden, die kontaktiert wurden – elf Prozent –, gaben bis zum Jahresende neue Bestellungen auf! Das Umsatzvolumen belief sich auf über 87 000 Dollar. Nach Abschluß des Testprojekts waren 20 Prozent der Konten wieder reaktiviert worden. Vorsichtigen Schätzungen zufolge könnte der Jahresumsatz nur mit diesen Kunden bei 350 000 Dollar liegen. Kein schlechtes Ergebnis für eine Vorahnung! Wenn Jim und Bob das Experiment nicht gewagt und keine persönliche Initiative ergriffen hätten, wären dem Unternehmen wichtige Geschäfte entgangen – aus purer Nachlässigkeit!

Natürlich waren diejenigen Kunden, die ihre Firma aufgelöst oder sich anderweitig verändert hatten, unerreichbar geworden. Ihr Anteil lag bei 15 bis 20 Prozent. Aber die Mitarbeiter des Teams hörten am Telefon auch häufig Reaktionen wie: »Wir haben uns gefragt, was aus Ihrer Firma geworden ist«, oder »Wir wußten gar nicht, daß Sie auch diese Art von Geräten herstellen«. Eine kleine Maschinenbaufirma beispielsweise hatte im Jahr 1990 Farbstifte im Wert von nur 200 Dollar für einen einfachen Drucker gekauft. In der Zwischenzeit hatte die Firma eine kräftige Expansionsphase erlebt und benötigte entsprechend leistungsfähigere Geräte – ohne daß Graphic Controls davon wußte. Unmittelbar vor dem Telefonanruf waren drei elektrostatische Drucker für Blaupausenreproduktionen gekauft worden. Für diese Geräte benötigt man genau die Zubehörartikel, die Graphic Controls vertreibt. Der Kunde hatte keine Ahnung, daß Graphic Controls diese

Artikel anbot. Nun erteilte er alleine im folgenden Jahr Aufträge im Wert von 2500 Dollar.

Ein Werkzeughersteller aus Ohio hatte keine Bestellungen mehr aufgegeben, weil die Buchhaltung von Graphic Controls ihn vergrault hatte. Er wollte die Zahlungsbedingungen ändern, als eine Rechnung über 600 Dollar bei ihm einging. Statt zuzuhören und sich auf einen gemeinsamen Nenner zu einigen, hatte Graphic Controls in den folgenden zwei Jahren drei Inkassobüros mit der Sache beauftragt. Es bedurfte nur einiger persönlicher Bemühungen und einer neuen, flexibleren Gestaltung der Zahlungsbedingungen und der Kunde gab Bestellungen auf, die sich im ersten Jahr auf 1300 Dollar beliefen. Viel wichtiger als der Bestellwert war jedoch die Tatsache, daß Graphic Controls endlich zuhörte und so von der mangelnden Flexibilität und Sensibilität in der Kundenbuchhaltung erfuhr.

Eine der Telefonmitarbeiterinnen, Nadine Robbins, erzählte ein anderes typisches Beispiel: Ein kleiner Religionsverlag aus Kansas City hatte Faxpapier im Wert von 100 Dollar gekauft. Weil keine Folgeaufträge eingingen, wurde der Kunde automatisch der Kategorie der umsatzlosen Konten zugeschlagen. Als Nadine anrief, redete sie mit dem neuen Einkaufsleiter und konnte sofort eine Bestellung für Laserdruckerpatronen entgegennehmen. Nun rechnet sie mit einem Jahresumsatz von 5200 Dollar.

Ein anderer Mitarbeiter, Dan Geary, rief eine Firma in Massachusetts an, die nur eine kleine Bestellung für Druckerstifte aufgegeben hatte, bevor sie in die »Null-Dollar«-Kategorie geriet. Er erfuhr, daß gerade ein Laserdrucker für 50 000 Dollar angeschafft worden war. Graphic Controls liefert nun das Zubehör im Wert von 2800 bis 3000 Dollar.

So gab es unzählige Beispiele. Ihnen allen war eines gemeinsam: Aufgrund der mangelnden Aufmerksamkeit nach der ersten Bestellung hatten die Kunden bei anderen Anbietern gekauft und waren daraufhin in die Kategorie der »umsatzlosen Konten« abgeschoben worden. Sobald die Mitarbeiter jedoch einen direkten persönlichen Kontakt zu ihnen herstellten, ihnen gezielte Fragen stellten und dann zuhörten, waren sie bereit, wieder zu kaufen.

Abgesehen von den rein wirtschaftlichen Segnungen dieser Reaktivierungskampagne war Jim Dombrowski überrascht darüber, wie zufrieden sich die Kunden und die Telefonmitarbeiter über die Anrufe äußerten. Die Kunden waren selten verärgert über die Kontaktaufnahme, im Gegenteil, die meisten schätzten es, daß man sich um sie kümmerte. Und die Telefonmitarbeiter freuten sich über ihre Erfolge.

Was können Sie daraus lernen?

Es kann sehr gewinnbringend sein, eingefahrene Abläufe, »die hier schon immer so gehandhabt wurden«, in Frage zu stellen. Nachdem der Erfolg des Testprojekts offensichtlich war, stellte Graphic Controls das folgende jährliche Verkaufstreffen unter das Motto »Wandel«. Wann immer Sie den vagen Eindruck haben, daß auch in Ihrer Firma Chancen ungenutzt bleiben, gehen Sie diesem Verdacht nach, so wie Jim es tat. Wenn Sie alles beim alten lassen, werden Mängel nie beseitigt.

Wie sich herausstellte, nützte die Kontaktaufnahme mit den Ex-Kunden beiden Seiten. Die Maschinenbaufirma beispielsweise war hocherfreut, als sie erfuhr, daß Graphic Controls ihnen das neue, schwer erhältliche Zubehör für die elektrostatischen Drucker liefern konnte. Andere Kunden äußerten sich spontan sehr positiv über die Kontaktaufnahme. Nur eine Minderheit war zurückhaltend oder verärgert.

In der Vergangenheit haben die wenigsten Unternehmen die Bestelltätigkeit ihrer Kunden kontinuierlich verfolgt und ausgewertet. Erst seit es entsprechende Softwareprogramme gibt, wollen immer mehr Anbieter herausfinden, welches ihre wertvollsten Kunden sind. Einige Unternehmen haben den nächsten Schritt getan und die umsatzlosen Konten identifiziert. Aber sehr, sehr wenige haben daraus geschlossen, daß sie sich um diese Kunden kümmern sollten. Statt dessen wurden sie einfach gelöscht.

Wie teuer ist es, die Ohren zu verschließen?

Einer Firma, die sich von ihren Kunden abschottet, ob beabsichtigt oder nicht, entstehen an verschiedenen Fronten Verluste. Wenn diese Einbußen nicht unter Kontrolle gebracht werden, könnten sie sogar ihr wirtschaftliches Überleben bedrohen.

Die Opportunitätskosten des Schweigens

Zu den wertvollsten Begriffen, die ich an der Business School lernte, gehörte der der Opportunitätskosten: Eine bestimmte Maßnahme oder Vorgehensweise, für die Sie sich entscheiden, kostet zwar kein Geld an sich, doch es entstehen hohe Opportunitätskosten. Das heißt, daß Sie sich Einnahmen und Gewinne entgehen lassen, weil Sie Chancen nicht nutzen. Wenn Sie beispielsweise den Kontakt zu Ihren Kunden verlieren, entgehen Ihnen Chancen. Die daraus entstehenden Verluste können immens sein.

Produktverbesserungen

Einer der Vorteile eines funktionierenden Dialogs mit den Kunden liegt auf der Hand: Sie bekommen eine einmalige Chance, Ihre Produkte aufgrund der Kundenvorschläge zu verbessern. Ich stelle immer mehr fest, daß die progressivsten Anbieter jede Chance nutzen, um Informationen von ihren Kunden zu bekommen. In vielen Fällen ist das »Produkt« eigentlich eine Dienstleistung. Ich bin beispielsweise ein begeisterter Kunde im Costco. Ich liebe diese riesigen Einkaufsmärkte, die mit 36-Rollen-Packungen Toilettenpapier und Paletten mit 24 Bechern Joghurt vollgestopft sind. Ich lasse hier sogar einen großen Teil meiner Geschäftsdrucksachen drukken. Neulich wollte ich Auftragsformulare nachbestellen und erfuhr, daß das sieben Arbeitstage dauern würde. Normalerweise reicht mir das, aber in diesem Fall war die Sache dringender. Ich sagte: »Ich bin überzeugt, daß viele Kunden gerne 10 oder 20 Prozent Aufschlag bezahlen würden, wenn Sie einen Express Service hätten.« Statt mit den Schultern zu zucken oder sich zu entschuldigen, übergab mir der Angestellte von Costco ein Formular, das schon an den Marktleiter adressiert war. Außerdem notierte er meinen Vorschlag, um ihn bei der nächsten Besprechung vorzubringen.

Nun ist es aber Tatsache, daß die wenigsten Kunden sich die Zeit nehmen, um ihre Vorschläge niederzuschreiben. Ich empfehle deshalb Costco – und Ihnen –, es den Kunden so einfach wie möglich zu machen. Sie könnten beispielsweise eine Telefonnummer reservieren, die 24 Stunden am Tag per Anrufbeantworter oder Voice-Mailbox zur Verfügung steht. So können die Kunden ihre Ideen sofort und ohne großen Aufwand weitergeben.

Einer der zehn größten Versicherungsgesellschaften der USA, The Principal Financial Group, kam zu Ohren, daß einige Kunden meinten, die Auszahlung einer Lebensversicherung nütze ihnen nichts mehr, wenn sie gestorben seien. Einige waren unheilbar krank und wollten eine letzte Reise nach Hawaii unternehmen oder sich für die restlichen Wochen oder Monate ihres Lebens teure Medikamente kaufen. The Principal hörte zu und ermöglichte von nun an in bestimmten Fällen eine vorzeitige Auszahlung der Versicherungssumme. Bei Vorlage der entsprechenden ärztlichen Unterlagen können die Inhaber der Policen einen großen Teil ihrer Lebensversicherungssumme innerhalb weniger Tage in Empfang nehmen.

Gruppengesundheitspläne sind eine wichtige Sparte bei The Principal. Die Versicherungskunden berichteten, daß Ärzte offensichtlich lieber Patienten behandelten, deren Versicherungen schnell bezahlten. Also gestaltete Principal das Abrechnungsverfahren so um, daß es schneller und zuverlässiger wurde. Die Ärzte waren zufriedener, und die Patienten freuten sich, bei einer so servicefreundlichen Versicherung Kunde zu sein.

Abläufe vereinfachen

Die Verbesserung des Dialogs mit den Kunden dient nicht nur der Produktverbesserung, sondern auch dazu, Abläufe zu vereinfachen. Ich staune immer wieder darüber, wie viele Hürden manche

Unternehmen ihren Kunden in den Weg legen, die prinzipiell durchaus bereit wären, weiterhin zu bestellen und zu kaufen. Da die Kunden sich aber in den seltensten Fällen die Mühe machen, diese Hürden zu nehmen, gehen sie zur Konkurrenz. Statt passiv auf Ideen zu warten, sollten Sie Ihre Partnerschaft mit den Kunden unter Beweis stellen, indem Sie sie anrufen. Fragen Sie einfach, wie Sie Ihren Service verbessern können. Die Formulierungen, die Sie dabei wählen, können ebenso wichtig sein wie die Tatsache, daß Sie sich überhaupt die Mühe machen zu fragen. Ich empfehle Ihnen, auf alle Fragen zu verzichten, die mit einem »Ja« oder »Nein« beantwortet werden können. Die Ausbeute an sinnvollen Ideen wird mager sein, wenn Sie sagen:

»Ich rufe an, weil ich erfahren möchte, ob Sie Vorschläge zu einer Verbesserung unseres Kundendienstes haben. Sind Ihnen bestimmte Mängel aufgefallen, und gibt es Dinge, die wir verändern sollten?«

Viel zweckmäßiger ist es, bei der Formulierung der Frage vorauszusetzen, daß Ihr Service verbessert werden kann:

»Ich rufe Sie heute an, weil ich erfahren möchte, in welcher Hinsicht wir uns weiter verbessern können. Sie sind nun seit einigen Monaten Kunde bei uns und haben vermutlich festgestellt, daß der eine oder andere Bereich optimaler gestaltet werden könnte. Ich wäre Ihnen sehr dankbar für Ihre Vorschläge, denn meine Kollegen und ich möchten alles tun, um Sie zufriedenzustellen. Was fällt Ihnen als erstes ein, wenn Sie an Bereiche denken, an denen wir noch arbeiten müssen?«

Wettbewerb

Ihre Kunden werden wahrscheinlich gerade in diesem Augenblick von Ihren Wettbewerbern umworben. Wenn Sie bisher den partnerschaftlichen Aspekt der Kaufbeziehung betont haben und ein offener Dialog in Gang gekommen ist, dann sind Sie bestens gegen die

Konkurrenz gerüstet. Airborne Express beispielsweise hält die Wettbewerber Federal Express und UPS mit Hilfe der eigenen Kunden unter Kontrolle. Diese erwähnen häufig neue Dienstleistungen, die Airbornes Konkurrenten anbieten, und wollen dann wissen:»Warum bieten Sie das nicht auch an?«Aber Airborne lehnt sich nicht zurück und wartet auf diese Anrufe, die wichtige Informationen aus dem»feindlichen Lager« liefern, sondern das Unternehmen nimmt von sich aus Kontakt zu den Kunden auf. Ein Televerkaufsteam wurde eigens ausgebildet, um herauszufinden, welche Konkurrenzangebote für die Kunden am attraktivsten sind. Auf diese Weise können die Marketingmanager von Airborne entsprechende eigene Angebote ausarbeiten und ihre führende Stellung verteidigen.

Produktentwicklung

Anfang der neunziger Jahre brachte Time-Life eine Videoserie mit dem Titel»Kampf ums Überleben« auf den Markt. In den Werbespots im Fernsehen wurde eine dramatische Szene mit einem angreifenden Hai gezeigt, die so packend war, daß sie an *Der weiße Hai* erinnerte. Über eine Million Menschen kauften den ersten Film der Reihe und wurden einige Zeit später von einem Telemarketingvertreter von Time-Life Libraries zu ihrer Meinung befragt. Die große Mehrheit äußerte sich begeistert und kaufte auch die weiteren Filme der Serie, aber ein beachtlicher Anteil war enttäuscht. Dan Meyerson, Präsident von Time-Life Libraries, sagte:

»Es war erstaunlich, wie viele Menschen auf die Szene mit dem Hai verwiesen und mehr solcher Szenen erwarteten. Die Serie *Kampf ums Überleben* enthält eine Reihe von phantastischen Naturaufnahmen, aber daran lag einigen Käufern wohl nichts. Es interessierte sie nicht, welche ausgeklügelten Gesangsmuster Vögel benutzten, um zu kommunizieren. Sie wollten ›Action‹. Wir nahmen dieses Feedback auf und fingen sofort an, eine komplett neue Serie zu produzieren, die wir ›Tiere auf

Raubzug‹ nannten. Das Ergebnis eignet sich keinesfalls für eine gemütliche Fernsehstunde im Familienkreis. Der Film ist für ein Publikum gedacht, das ungeschminkt sehen will, wie Tiere in der Wildnis überleben. Sechs Monate nach Erscheinen erreichte der Film im Televerkauf schon einen Anteil von 20 Prozent!«

Dans Marketingmitarbeiter wollen wissen, wie ihre Kunden auf die Produkte reagieren, die sie kaufen. Wenn einige Käufer sich enttäuscht äußern, betrachten sie dies als wertvolles Feedback. Wie sonst sollten sie herausfinden, welche Produkte die Kunden in der Zukunft wünschen? Ein enttäuschter Kunde erhält sogar anstandslos sein Geld zurück, weil das Unternehmen ernsthaft bestrebt ist, langfristige Beziehungen zu dauerhaft treuen Kunden aufzubauen.

Der außergewöhnliche Erfolg von Time-Life Libraries läßt sich also leicht erklären: Die Kunden bekommen genau das, was sie wollen. Wenn im Unterhaltungsbereich die Musik der fünfziger und sechziger Jahre ein Comeback feiert, weil Hunderttausende von entsprechenden CDs gekauft werden, dann reagiert Time-Life auf diesen Trend. Die potentiellen Käufer werden nach ihren Wünschen befragt, damit die neuen Produkte ihren Bedürfnissen entsprechen. Es zahlt sich aus, den Kunden zuzuhören.

Jede Beschwerde ist wichtig!

In Kapitel 1 wurde schon erläutert, warum Sie über jede Beschwerde, die bei Ihnen eingeht, froh sein sollten. Gerade jetzt, in diesem Augenblick, gibt es Kunden, die auch mit Ihren Produkten oder Dienstleistungen nicht zufrieden sind. Diejenigen, die mit ihrer Beschwerde nicht zu Ihnen kommen, gehen höchstwahrscheinlich einfach zur Konkurrenz und verbreiten darüber hinaus, mit welch negativen Erlebnissen man als Kunde Ihrer Firma rechnen muß. Deshalb kann Ihnen nichts Besseres passieren, als daß der Kunde sich direkt an Sie wendet. Nur dann haben Sie nämlich die Möglichkeit, den Kunden zu halten *und* die möglicherweise negative

Mundpropaganda zu vermeiden. Nicht zuletzt erfahren Sie auf diese Weise, wie Sie Servicemängel beheben können.

In Kapitel 2 wurden die Methoden beschrieben, mit denen US WEST Cellular im Mahnwesen arbeitet und die sich am Grundsatz »Freundlich, aber bestimmt« orientieren. Das Unternehmen hat auch erkannt, wie wichtig es ist, die Kunden aufzufordern, eventuelle Beschwerden sofort zu äußern. Die technischen Voraussetzungen für die Nutzung von Mobilfunktelefonen sind in einzelnen Regionen sehr unterschiedlich. Wer könnte eventuelle Mängel schneller und zuverlässiger melden als die Benutzer? US WEST Cellular garantiert auch, daß der Kunde für jeden Anruf, der aufgrund technischer Einflüsse nicht störungsfrei geführt werden konnte, sein Geld zurückbekommt. Er ruft dazu nur den Kundendienst an und bekommt die freien Einheiten gutgeschrieben. Der Kunde muß keine Formulare ausfüllen, keinen Brief schreiben und sich nicht einmal mündlich mit einem Mitarbeiter auseinandersetzen. Er gibt lediglich die Nummer in sein Mobiltelefon ein und wird aufgefordert, die Anzahl der Minuten anzugeben, die gutgeschrieben werden sollen. Nachdem das System die Gutschrift automatisch bestätigt hat, werden dem Kunden noch einige Fragen gestellt: »Wann haben Sie den Anruf geführt, und welches war die nächstgelegene Kreuzung?«; »Welchen Telefontyp verwenden Sie?«, »Wie äußerte sich die Störung?« US WEST Cellular möchte es den Kunden so einfach wie möglich machen, ihre Reklamationen zu melden. Schließlich kann die Firma nur so herausfinden, was sie tun muß, um ihren Service flächendeckend zu optimieren.

Aber die Servicemitarbeiter lehnen sich nicht einfach zurück und warten auf Beschwerden. Sie rufen ihre Kunden auch in regelmäßigen Abständen an, um sie zu ihrer Meinung über den Service zu befragen. Ein eigens dafür ausgebildetes Team von Telefonmitarbeitern stellt diesen Kontakt her und hat damit bisher große Erfolge erzielt. Die Mitarbeiter haben Gelegenheit, bisher ungeklärte Fragen zu beantworten, den Kunden zu zeigen, wie sie den Service noch besser nutzen können, und zu sondieren, ob es Kritikpunkte gibt.

Lassen auch Sie sich die Chance nicht entgehen, einen Dialog mit Ihren Kunden zu initiieren. Ermutigen Sie sie, sich mit jeder

Beschwerde, jeder Verbesserungsidee und jedem Vorschlag für neue Produkte sofort an Sie zu wenden.

Aktiv zuhören

Manchmal brauchen Kunden eine gewisse Hilfestellung, damit sie überhaupt anfangen, ihre Ideen mitzuteilen. Ich nenne das *aktives Zuhören*. Geben Sie sich nicht damit zufrieden, wenn Sie von Ihren Kunden nichts hören. Die Stille kann trügerisch sein!

Banker profitieren vom aktiven Zuhören — Fall 13

Schon als Marketingleiter einer führenden regionalen Bank bewies John Bartholomew, daß Ex-Kunden die besten Kunden sind. Dann ging er einen Schritt weiter und gründete »TeleMark Financial Group« in Seattle. Die Beratungsfirma will andere Unternehmen dabei unterstützen, ihre Marketingprinzipien auf den Kopf zu stellen.

In seiner Zeit in der Bank hatte John die Beziehungen zu den Kunden völlig umgekrempelt. Am Anfang stand die Erkenntnis des Managements, daß die Kunden, die ihr Konto auflösten, die Gewinne erheblich schmälerten. Also erhielt Johns Telemarketing-Team die Aufgabe, alle Kunden anzurufen, die in jüngster Vergangenheit ihr Konto aufgelöst hatten. Das Ziel hieß, sie zurückzugewinnen. Während es den Telefonmitarbeitern nicht schwerfiel, die Gründe für die Kontenauflösung herauszufinden, gelang es ihnen nur in den seltensten Fällen, diese Entscheidung rückgängig zu machen. Der Grund war offensichtlich: Sie riefen zu spät an. Als die Bank bemerkte, daß der Kunde gegangen war, hatte ihn ein anderes Institut schon längst mit offenen Armen empfangen. Warum sollte er es sich da noch einmal anders überlegen? Er hatte die erste Bank ja mit triftigem Grund verlassen. Die meisten Kunden waren auch bereit, diese Beweggründe zu nennen.
Die Motive waren im großen und ganzen wenig überraschend. In den meisten Fällen beschwerten sich die Kunden über einen

schlechten Service oder zu hohe Gebühren. Manchmal machten sie Verbesserungsvorschläge, die in der Bank auch aufgegriffen wurden. So wiesen viele Ex-Kunden darauf hin, daß die unpersönliche Behandlung sie gestört habe. Tatsächlich waren die Kriterien für die Zuweisung von persönlichen Ansprechpartnern in der Bank sehr willkürlich. Wenn ein Konto beispielsweise ein Guthaben von 10 000 Dollar aufwies, wurde dem Kunden ein persönlicher Ansprechpartner zugewiesen – unabhängig davon, ob er überhaupt Wert darauf legte. Dies war sicherlich keine gute Lösung. Es gab Kunden, die bei einem anderen Institut hohe Darlehen aufgenommen oder erhebliche Einlagen gemacht hatten und keinen persönlichen Ansprechpartner erhielten, weil die Umsätze auf ihrem Konto als zu geringfügig erschienen. Johns Team fand heraus, daß man diese Kunden dazu bewegen konnte, einen größeren Teil ihres Vermögens zu transferieren, vorausgesetzt, sie bekamen einen Ansprechpartner, zu dem sie ein Vertrauensverhältnis aufbauen konnten. Also wurden die Kriterien für die Zuweisung persönlicher Mitarbeiter geändert. Die Bank sicherte sich die Chance auf ein höheres Geschäftsvolumen, und die Kunden erhielten die gewünschte persönliche Betreuung.

Das wichtigste Ergebnis der Anrufe war jedoch, daß man nicht warten durfte, bis ein Kunde sein Konto auflöste. Dann war es zu spät.

Um erfolgreich im Spareinlagengeschäft mitzumischen, mußte die Bank viel früher auf ihre unzufriedenen Kunden zugehen.

Der nächste logische Schritt bestand darin, die Faktoren zu bestimmen, die auf die Absicht eines Kunden, sein Konto aufzulösen, schließen ließen. Dann konnte man Kontakt zu ihm aufnehmen, *bevor* er den Antrag auf Auflösung seines Kontos stellte.

Kontenauflösungen fallen bei allen Banken in zwei Kategorien: freiwillige oder erzwungene Auflösungen. Im ersten Fall kündigen die Kunden aus eigenem Antrieb, im zweiten wird ihnen von der Bank gekündigt, in der Regel, weil sie das Konto überzogen haben und es nicht mehr ausgleichen. Johns Team fand heraus, daß viele der erzwungenen Auflösungen eigentlich vom Kunden beabsichtigt waren. Aus verschiedenen Gründen hatten sie »mit der Bank schon abgeschlossen«, wie John es ausdrückt, und waren längst zur Konkurrenz gewechselt. Sie hatten aber ihr altes Konto nicht aufgelöst und kümmerten sich nicht darum, daß das Guthaben schwand. Das Ganze endete dann meist mit einer Reihe von geplatzten Schecks und unbezahlten Kontoführungsgebühren.

Da die erzwungenen Auflösungen also in Wahrheit oft beabsichtigt waren, wollte das Management herausfinden, welche Alarmzeichen am Anfang einer solcher Entwicklung standen. Ein offensichtliches Alarmzeichen waren Kontoüberziehungen. Bisher hatte die Bank Konten mit einem Sollguthaben 21 Tage nach Überziehung rigoros aufgelöst. Nun wurde die Politik geändert: Statt diese Kunden generell abzuschreiben, begann das Team, alle Inhaber eines überzogenen Kontos nach 14 Tagen anzurufen, um sie auf ihren Kontostand hinzuweisen.

Es stellte sich heraus, daß viele Kunden völlig überrascht waren, als sie von ihrem Soll erfuhren. Aus verschiedenen Gründen hatten sie die entsprechenden Schreiben der Bank nicht gelesen oder nicht darauf reagiert. Einige waren auf Reisen gewesen, andere hatten den Brief übersehen. Manche waren alt und verstanden den Inhalt der Mitteilung nicht. Jedenfalls waren die meisten von ihnen aufrichtig dankbar für den Anruf und veranlaßten sofort, daß ihr Konto wieder ausgeglichen wurde.

Es dürfte nicht schwerfallen, sich auszumalen, wie diese Kunden reagiert hätten, wenn ihr Konto – ohne jede persönliche Kontaktaufnahme – kurzerhand aufgelöst worden wäre. Bisher aber war genau das geschehen, selbst wenn ein Konto schon jahrelang bestanden hatte. In einigen Fällen hatte die Bank treue Kunden, die 30 Jahre lang nicht einen einzigen ungedeckten Scheck ausgestellt hatten, einfach vor die Tür gesetzt. Kein Wunder, daß sie zur Konkurrenz gingen und ihre alte Bank in denkbar schlechter Erinnerung behielten!

Die Telefonmitarbeiter stellten bald auch fest, daß ihre Anrufe am erfolgreichsten verliefen, wenn sie gleich zu Beginn den Eindruck vermittelten, daß sie nicht drohen, sondern nur behilflich sein wollten. Wenn dann die Gründe für die Überziehung besprochen wurden, stellte sich häufig heraus, daß der Kunde bei der Kontoeröffnung schlecht beraten worden war. Den einen lag es mehr, ihre privaten Ausgaben bar zu regeln, und deshalb wären sie mit einem Sparkonto, kombiniert mit einer SB-Karte für Barabhebungen,

besser bedient gewesen als mit einem herkömmlichen Girokonto. Andere wußten einfach nicht, wie sie für die kontinuierliche Deckung ihres Girokontos sorgen konnten und waren dankbar für entsprechende Hinweise, wie sie die Überziehung verhinderten.
John war sehr zufrieden mit den Erfolgen seines Teams und kam auf neue Ideen. Die Neukunden erhielten beispielsweise »Willkommensanrufe«. Damit sollte von Anfang an eine starke Bindung geschaffen werden. Außerdem konnten die Telefonmitarbeiter eventuelle Fragen beantworten, die der neue Kontoinhaber noch hatte. Sie erkundigten sich, ob der Kunde die vorgedruckten Schecks erhalten und ihre Richtigkeit überprüft habe und ob er die Serviceleistungen der Bank verstanden habe. 10 bis 12 Prozent der Neukunden hatten tatsächlich Fragen, ohne deren Klärung sie die Dienstleistungen der Bank nicht voll ausschöpfen konnten. Bezeichnenderweise zögerten viele Kunden am Anfang eines Gesprächs, Unklarheiten zu äußern, vielleicht weil sie glaubten, man würde sie für dumm halten. Offensichtlich fiel es ihnen aber immer noch leichter, mit einem Telefonmitarbeiter über Unklarheiten zu sprechen, als mit einem Angestellten in der Bankfiliale. Häufig handelte es sich auch um Fragen, die erst auftauchten, als der Kunde das Konto schon einige Wochen nutzte.
Eine einfache Frage sollte sich für die Bank als besonders gewinnbringend erweisen. Wenn die Telefonmitarbeiter ihre Unterlagen durchsahen und feststellten, daß ein Neukunde noch keine Kreditkarte beantragt hatte, dann boten sie ihm an, den Antrag telefonisch entgegenzunehmen. Der durch die Karte gewonnene Kreditrahmen wurde dem Girokonto zugeschlagen, so daß sie auch eine Schutzfunktion bei Überziehungen bot. Fast 30 Prozent der Kunden, die noch keine Karte hatten, stimmten dem Antrag zu. Allein diese Anträge rechtfertigten die Kosten des gesamten Telefonprogramms. Und natürlich förderten sie die Qualität und die Dauerhaftigkeit der Beziehung zwischen Kunde und Bank.
Wenn ein Firmenaufkauf abgewickelt worden war, rief Johns Team alle Neukunden an, die »unfreiwillig« in der Bank gelandet waren, weil sie einer zugekauften Firma angehörten. Etwa 10 Prozent von ihnen hatten Fragen, auf die sie auch in der dicken »Willkommensmappe«, die sie automatisch erhalten hatten, keine Antwort gefun-

den hatten. Außerdem gelang es Johns Mitarbeitern, 4 Prozent der Kunden zu »retten«, die beabsichtigten, ihre neue Bank gleich wieder zu verlassen und bei einem anderen Institut ein Konto zu eröffnen. Diese Zahl mag niedrig erscheinen, aber bei einem durchschnittlichen jährlichen Deckungsbeitrag von 200 bis 300 Dollar pro Konto war es durchaus die Mühe wert, 100 »zugekaufte Kunden« anzurufen, um vier von ihnen zu gewinnen. Durch 100 Kontakte wurden Kunden gehalten, die für die Bank 1000 Dollar Jahresgewinn bedeuteten. Vielleicht glauben Sie immer noch, daß ein durchschnittlicher Gewinn von etwa 10 Dollar pro Kontakt zu geringfügig sei, aber immerhin handelte es sich dabei nur um die Gewinne im ersten Jahr. Vorausgesetzt, diese Kunden waren zufrieden mit der Bank und führten ihr Konto sieben Jahre lang weiter, dann stieg der durchschnittliche Deckungsbeitrag schon auf 70 Dollar pro Kontakt.

Nur 0,2 Prozent der angerufenen Kunden gaben zu verstehen, daß ihnen der Anruf lästig war. Die überwältigende Mehrheit fand diese Art des Kontakts praktisch und angenehm. Bankinterne Berechnungen ergaben, daß die Gewinne um 100 Prozent steigen würden, wenn nur 5 Prozent der Kunden »gerettet« werden könnten.

Was können Sie daraus lernen?

John lernte aus seinen Erfahrungen bei der Bank viele Lektionen, die auch Sie umsetzen können:

- Die Kunden nehmen Ihnen Telefonanrufe nicht übel, wenn Sie dabei das Ziel verfolgen, die Beziehung zu festigen. Die überwältigende Mehrheit begrüßt dieses Zeichen Ihrer Aufmerksamkeit sogar ausdrücklich.
- Ihre Kunden haben wahrscheinlich unausgesprochene Fragen und besprechen diese lieber am Telefon als unter vier Augen. Wenn sie im richtigen Ton gefragt werden, sagen die meisten Kunden auch, wo sie der Schuh drückt. Andernfalls bleiben die Unklarheiten bestehen und tragen zu einer Schwächung der Kundenbindung bei.

- »Willkommensanrufe« bei Neukunden bieten eine gute Gelegenheit, die Beziehung von Anfang an zu festigen und noch nicht gestellte Fragen zu klären. Darüber hinaus kann ein Begrüßungsanruf auch zum Angebot zusätzlicher Dienstleistungen genutzt werden, wie das Beispiel mit den Kreditkarten zeigt.
- Die Mehrzahl der »erzwungenen Auflösungen« wird eigentlich vom Kunden initiiert. Manche Kunden mit einem Sollguthaben versuchen Ihnen etwas mitzuteilen. Also gehen Sie auf sie zu, stellen Sie Fragen, und hören Sie zu.
- Es lohnt sich, Kunden anzurufen, wenn sie ins Minus geraten. Je früher, desto besser!

Fall 14 AEI Music Network lichtet den Nebelschleier

Wenn Sie das nächste Mal in einem Fast-food-Restaurant essen, dann hören Sie genau hin. Richtig, ich meine die Hintergrundmusik. Wahrscheinlich wird sie über Satellit eingespielt, möglicherweise sogar von der Firma AEI Music Network Inc. AEI Music ist mit einem Jahresumsatz von 50 Millionen Dollar das größte US-amerikanische Unternehmen für die Planung und Installation von Musiksystemen. Es liefert die Hintergrundmusik für Kunden wie Marriott Hotels, The Limited, United Airlines, Jack in the Box, sogar für Air Force One und eine bestimmte bekannte nationale Fast-food-Kette.

Wenn Sie während Ihrer Mahlzeit erstklassige Musik hören, dann ist das dem Durchhaltevermögen, der Geduld und dem Scharfblick von Charlotte Wintermann zu verdanken. Sie ist nationale Kundenbetreuerin für AEI Music. In meinem Gespräch mit ihr erzählte sie mir vom Verlauf ihrer Geschäftsbeziehung mit dieser Restaurantkette, die sie vor eines der schwierigsten Probleme stellte, die ein Verkaufsprofi überhaupt kennt – den »Nebelschleier«. Jeder Profi hat mit dem Problem ständig zu tun, aber nur sehr wenige bemerken es überhaupt und noch viel weniger besitzen die Hartnäckigkeit, die erforderlich ist, um den Nebel zu lichten und zum Kern des Problems vorzustoßen.

Charlottes Geschichte begann, als das Management von AEI auf die hohe Kundenfluktuation aufmerksam wurde. AEI war jahrelang explosionsartig gewachsen. Die Zahl der Neukunden stieg so schnell an, daß das Management kaum einen Gedanken an die Kunden verschwendete, die ihre Verträge kündigten. Als die Steigerungsraten aber abflachten, beschlossen zwei leitende Manager von AEI Music, etwas zu unternehmen. Sie rechneten aus, daß etwa 12 Prozent der Kunden jährlich kündigten. Die sich daraus ergebenden Verluste wurden durch die Neukunden nicht mehr ausgeglichen. Natürlich erkannten sie, wohin dieser Trend führte. Sie wählten Charlotte zur »Kundenrettungs-Managerin«. Ihre Aufgabe war es, sich vorbeugend um alle Probleme zu kümmern, die zu einer Kündigung der Verträge führen könnten.

Von nun an wurden sämtliche Kunden, die ihren Vertrag nicht verlängern wollten, an Charlotte weitergeleitet. Sie sollte die Gründe herausfinden und gleichzeitig nach Möglichkeiten suchen, um sie zu retten. AEI wollte mögliche Mängel im Service beseitigen, damit nicht noch mehr Kunden auf den Musikservice verzichteten oder möglicherweise der Konkurrenz in die Arme getrieben wurden.

Schon im ersten Jahr in ihrer neuen Funktion gelang es Charlotte, 75 Prozent der 1000 Kunden, die kündigen wollten, von ihrem Vorhaben abzubringen. Die meisten anderen konnten an ihrer Entscheidung ohnehin nichts ändern, etwa weil sie ihr Geschäft aufgaben oder Konkurs anmeldeten. Schon eine kleine Boutique mit einer hausinternen Anlage oder einem Satellitensystem bezahlte je nach Service und Ausrüstung monatlich zwischen 39 und 130 Dollar. Eine große nationale Fluggesellschaft oder Hotelkette, die landesweit über Satellit bedient wurde, brachte monatlich Tausende Dollar ein. Mit anderen Worten: Es lohnte sich allemal, den Gründen nachzugehen, warum die Kunden ihre Verträge kündigten.

Einer dieser Kunden hatte eine schon bestehende Fast-food-Kette übernommen. Die Kette war klein, verzeichnete aber ein schnelles Wachstum. Trotzdem erhielt Charlotte immer wieder Mitteilungen aus der Zentrale, daß einzelne Restaurants geschlossen würden und keinen Musikservice mehr benötigten. Mit jedem Schreiben verlor AEI einen weiteren kleinen Kunden. Charlotte zerbrach sich den Kopf über die Gründe. Die Kette expandierte kräftig, wie war es da möglich, daß Restaurants aufgegeben wurden! Sie rief die Geschäftsführer der Restaurants an – und erreichte jeden einzelnen von ihnen, erstaunlicherweise lauter vielbeschäftigte Leute. Die Restaurants standen nämlich keineswegs vor dem Ruin – sie beauftragten ein Konkurrenzunternehmen.

Viele Kunden haben Skrupel, die Gründe zu nennen, warum sie einen Vertrag wirklich kündigen. Vielleicht ist es ihnen peinlich, dem bisherigen Lieferanten zu erklären, daß sie zur Konkurrenz gehen und erfinden deshalb einen Grund, der ihnen weitere Nachfragen ersparen soll. Charlotte erfuhr auch vom Management der Restaurantkette nicht die Wahrheit.

Aber sie war fest entschlossen, dem Exodus ein Ende zu bereiten. Sie telefonierte sich bis zum Einkaufsleiter durch, der Mitglied der Geschäftsleitung in der Zentrale war und die Musikserviceverträge der einzelnen Restaurants genehmigte. Charlotte hütete sich davor, Jerry der Lüge zu bezichtigen, sondern spielte die Ahnungslose, die den Grund für die zahlreichen Kündigungen erfahren wollte. Jerry versuchte erst gar nicht, ihr das Märchen vom Ruin der Restaurants zu erzählen, sondern nannte verschiedene andere Gründe: »Wir haben die Bänder nie rechtzeitig bekommen.« – »Ihre Mitarbeiter wechseln so oft, daß wir nie wissen, wer nun für uns zuständig ist.« – »Sie schicken immer die falsche Musik.«

Charlotte wußte jedoch, daß diese Gründe nicht zutrafen. AEI Music ist, was die Qualität angeht, der Branchenprimus, und der Kundenservice genießt einen ausgezeichneten Ruf. Jerry hatte sich auch nie beschwert. Genau gesehen, bestanden seine Kontakte zu AEI Music nur aus den regelmäßigen Kündigungsmitteilungen. Wenn Charlotte sich erkundigt hatte, ob sie etwas für ihn tun könne, war Jerrys Antwort stets gewesen: »Danke, es ist alles in bester Ordnung.«

Charlotte hatte das deutliche Gefühl, daß sie vor einem »Nebelschleier« stand. Sie wurde über die wahren Kündigungsgründe hinters Licht geführt. Wenn Jerry wieder einmal mit einer Ausrede ankam, sicherte sie ihm persönlich zu, sich um das angebliche Problem zu kümmern. Jerry ließ sich davon nicht beeindrucken. Seine Antwort waren neue Kündigungen.

Charlotte wurde klar, daß es einen Grund geben mußte, warum man ihr nicht die Wahrheit sagte. Schließlich, nach über einem Jahr vergeblicher Bemühungen, kam sie dem Rätsel auf die Spur. Die Lösung lag in der Vergangenheit: Bevor Jerry in die Restaurantkette eingetreten war, hatte er versucht, AEI als Vertreter für Musiksysteme zu beliefern. Weil AEI die technischen Ausrüstungen aber direkt von den Großhändlern bezog, wurden Jerry keine Aufträge erteilt. Jahre später stellte sich heraus, daß dies der Hauptgrund für Jerrys »Nebelschleier«-Taktik war. Er rächte sich bei AEI, weil er damals nicht mit der Firma ins Geschäft gekommen war.

Charlotte wußte instinktiv, daß es aussichtslos war, Jerrys Feindseligkeit abzubauen. Statt ihre Energie in diese fruchtlosen Bemühungen zu investieren, schlug sie einen anderen Weg ein und intensivierte ihren Kontakt zu einer anderen Einkaufsagentin, Jessica. Charlotte fing wieder von vorne an und behandelte Jessica, als wäre sie eine ganz neue Kundin. Sie tat alles, um das Fundament für eine freundliche Beziehung zu legen. Charlotte beschreibt ihre Bemühungen so: »Ich schloß jedes Gespräch mit Jessica mit einer persönlichen Note ab – ich ging auf eine Bemerkung von Jessica ein oder erwähnte etwas von meinen Plänen fürs Wochenende. Wann immer sich eine Gelegenheit ergab, erkundigte ich mich auch danach, wie die Entscheidungsprozesse in ihrer Firma funktionierten, um Jessicas Einfluß in der ganzen Struktur beurteilen zu können. Ich wollte ihr Vertrauen gewinnen und eine Verbündete haben, die daran interessiert war, eine optimale Lösung für den Musikservice der Kette zu bekommen.«

Charlottes »Werbung« um Jessica war erfolgreich. Es war ein hartes Stück Arbeit gewesen, doch sie hatte es geschafft, Jerry zu umgehen und den Strom der Kündigungen zu stoppen. AEI wurde sogar beauftragt, neue Satellitensysteme zu installieren. Die Kette hat mittlerweile über 200 Restaurants und bringt AEI monatlich mehrere tausend Dollar ein.

Was können Sie daraus lernen?

Aus den Marketingstrategien von AEI im allgemeinen und aus Charlottes Vorgehen im besonderen können alle Unternehmen, die ihre Kunden halten wollen, einige lehrreiche Schlußfolgerungen ziehen:

Stellen Sie sich den Fakten!
Am Anfang stand die Erkenntnis des Managements von AEI, daß die Kundenabwanderung langfristig eine Gefahr darstellte und deshalb Gegenmaßnahmen notwendig waren. Selbst wenn die Zahl der Kündigungen niedriger als die der Neuabschlüsse gewesen wäre, hätte AEI unter dem Strich Verluste gemacht, weil die Akquisition von Neukunden außerordentlich aufwendig war. Nach den Berechnungen von AEI war es viermal teurer, einen Neukunden zu gewinnen als einen schon gewonnenen Kunden zu halten.

Übertragen Sie jemandem die Verantwortung.
Es ist leicht zu sagen: »Jemand müßte diese Kündigungen mal überprüfen und etwas dagegen tun.« Dieser »Jemand« muß beim Namen genannt werden, sonst ändert sich nichts an der Lage. Im Fall AEI waren zwar alle bemüht, das Problem in den Griff zu bekommen, doch Charlotte wurde die Verantwortung dafür übertragen. Glücklicherweise hatte das Management von AEI ein gutes Gespür dafür, die richtige Person auszuwählen.

Seien Sie mißtrauisch.
Natürlich sollten Sie nicht jeden Kunden von vornherein als Lügner betrachten. Aber machen Sie sich darauf gefaßt, daß man Ihnen nicht immer die ganze Wahrheit sagt. Auch Charlotte reagierte mit Mißtrauen, als man ihr weismachen wollte, daß so viele Filialen der expandierenden Kette von der Schließung bedroht seien. Irgend etwas konnte daran nicht stimmen.

Vermeiden Sie Verurteilungen und Anschuldigungen.
Hätte Charlotte gesagt: »Jerry, ich nehme Ihnen nicht ab, daß dies die wahren Gründe für die Kündigungen sein sollen. Ich weiß ganz

genau, daß diese Restaurants sehr gut laufen und keineswegs dichtgemacht werden müssen«, dann hätte sie überhaupt keine Chance mehr gehabt. Aber sie konzentrierte sich auf ihr wichtigstes Ziel: herauszufinden, was wirklich los war, und eine für beide Seiten befriedigende Situation zu schaffen.

Bleiben Sie am Ball.
Es dauerte zweieinhalb Jahre, bis dieser eine Kunde zurückgewonnen werden konnte. Lohnte sich der Aufwand? Die Antwort lautet nein, wenn man nur den monatlichen Umsatzverlust mit den vierzig Restaurants zugrunde legt, die schon zur Konkurrenz gegangen waren, als Charlotte mit ihrer Arbeit anfing. Aber Charlotte hatte eine längerfristige Perspektive: Wenn AEI über 200 Restaurants fünf Jahre lang – so lange blieben die Kunden im Durchschnitt bei AEI – mit Musik belieferte, entsprach das einem Jahresumsatz von über einer halben Million Dollar. Vor diesem Hintergrund lohnte sich also der Aufwand.

Sie benötigen eine positive Einstellung zu Ihrer Arbeit.
Als ich mit Charlotte sprach, bemerkte ich schnell, daß es ihr Spaß machte, der Wahrheit auf die Spur zu kommen. Sie sah darin eine Herausforderung, die sie gerne annahm. Sie erweckte nie den Eindruck, als sei es ihr lästig, sich mit dem »Nebelschleier« um Jerry herumzuschlagen. Sie hatte gerne mit Kunden zu tun, die unzufrieden waren, weil sie die Kunst beherrschte, auf sie einzugehen. (Gleich nach unserem Gespräch schickte mir Charlotte ein Fax mit dem Wortlaut: »Ich hatte ganz vergessen, Ihnen von einem Kunden zu erzählen, der mich einmal wegen eines Mißverständnisses 20 Minuten lang anbrüllte – auf italienisch. Heute ist er ein sehr zufriedener Kunde. Er ruft in regelmäßigen Abständen an, um zu erfahren, wann ich in Chicago bin, damit er mich zum Essen einladen kann.«)

Veränderungen frühzeitig erkennen

Zu den effektivsten Mitteln, um das Einschlafen von Kundenbeziehungen zu verhindern, gehört ein Berichterstattungssystem, das alle Abweichungen vom üblichen Kundenverhalten erfaßt. Dieses System filtert frühzeitig alle Kunden heraus, die von ihren bisherigen Bestellgewohnheiten abweichen.

Ein Beispiel für ein solches System kann ich aus eigener Erfahrung anführen. Ich gebe in Abständen von vier bis sechs Wochen eine Bestellung über Büromaterial bei Quill Office Supplies auf. Sollte Quill einmal zehn Wochen lang nichts mehr von mir hören, müßte die Firma sich eigentlich Sorgen machen. Natürlich könnte es sein, daß ich noch genügend Vorräte habe, vielleicht aber ist ein Konkurrent der Grund, oder ich war mit der letzten Lieferung nicht zufrieden. Wie auch immer, eine Kundenbeziehung ist stets ein wertvoller Aktivposten, um den man sich beim geringsten Anzeichen einer Gefahr sofort kümmern sollte. Das ist aber nur möglich, wenn diese Anzeichen überhaupt registriert werden.

In jüngster Vergangenheit habe ich bei Quill seltener als sonst bestellt, weil ich unaufgefordert einen Katalog vom Konkurrenten Misco erhielt. Da das Angebot und die Preise sich nicht wesentlich unterschieden, gab ich bei Misco eine Bestellung auf. Ich empfand gegenüber Quill keinerlei Loyalität. Meine Bestellung bei Misco wurde einwandfrei erledigt, doch das Gefühl einer Bindung an die Firma entstand auch hier nicht.

Wenige Wochen nach meiner Bestellung jedoch erhielt ich einen Brief vom Präsidenten von Misco, Terence Jukes. Darin las ich unter anderem: »Wenn es etwas gibt, das uns noch größeres Vergnügen bereitet, als neue Kunden zu beliefern, dann ist es die Chance, sie wiederholt zu beliefern. Wir wissen nicht, warum wir nichts mehr von Ihnen gehört haben, aber eines sollten Sie wissen: Wir möchten Sie zurückgewinnen. Deshalb unterbreiten wir Ihnen heute ein besonders günstiges Angebot ...« Das Angebot bestand aus einem Nachlaß auf jede Bestellung über 150 Dollar, die ich im kommenden Monat aufgeben würde. Die Rückseite des Briefes stellte ein Formular dar, auf dem ich um eine Bewertung der Preise, des Service und der Qualität von Misco gebeten wurde. Es sollte sofort zurückgefaxt werden. Außerdem hatte ich die Möglichkeit, um den Rückruf eines Misco-Mitarbeiters zu bitten, der mit mir über meine Beurteilung sprechen würde. Soviel Aufmerksamkeit überzeugte mich: Ich erteilte Folgeaufträge.

Federal Express hat ein ausgezeichnetes System für die sofortige Registrierung von Veränderungen im Kundenverhalten. Es basiert sowohl auf der Kontrolle durch den Computer als auch – und das ist das Besondere – auf der Mitarbeit der Kuriere. Bemerkt ein FedEx-Fahrer beispielsweise, daß ein Kunde viele Pakete über UPS verschickt, benachrichtigt er die Vertriebsabteilung, damit diese sich verstärkt um den Kunden bemüht. Wie das funktioniert, erfuhr ich neulich selbst. Einer Telefonmitarbeiterin von FedEx war aufgefallen, daß ich immer weniger Versandaufträge vergab. Höflich erkundigte sie sich, ob meine beruflichen Schwerpunkte sich geändert hätten. Ich erklärte, daß meine Kunden die Versandgebühren für die bei mir bestellten Bücher, Kassetten und Videos selbst tragen mußten. Deshalb wollte ich all jenen, die keinen Wert auf sofortige Lieferung legten, die hohen Gebühren für den FedEx-Service nicht zumuten. Ich war dazu übergegangen, alle Routinebestellungen über UPS abzuwickeln, weil das Unternehmen einen preisgünstigeren Tarif für die Lieferung nach zwei Tagen anbot.

Eine Woche später rief mich Dawn Taylor an und stellte sich als die Verkaufsrepräsentantin von FedEx vor. Sie bot mir einen Gesprächstermin an, um mir die Tarifklassen zu erläutern, die FedEx in meinem Fall anbieten könne. Ich war einverstanden. Ihr war durchaus bewußt, daß UPS schon regelmäßig Aufträge von mir erhielt. Trotzdem unternahm sie den Versuch, mich zurückzugewinnen. Sie erklärte – natürlich –, daß FedEx mir ein noch günstigeres Angebot als UPS machen könne, wenn sich erst mein Auftragsvolumen wieder konsolidiert habe. Dann käme ich in den Genuß eines Mengenrabatts. Dawn schaffte es tatsächlich, daß ich zu FedEx zurückkehrte.

Avon Cosmetics hat in Deutschland 110 000 Mitarbeiterinnen, die in den eigenen vier Wänden Kosmetika verkaufen. Das Management stellte fest, daß allmonatlich 20 Prozent dieser Frauen aufhörten, Produkte zu bestellen. Da diese Frauen praktisch die Kundinnen von Avon sind, begann die Firma, jede Avon-Beraterin, die ihre Bestellung nicht fünf Tage nach Ablauf einer Bestellperiode aufgegeben hatte, anzurufen. Das Ergebnis: Die Verlustrate von 20 Prozent ist auf 8 Prozent gesunken, was einer Umsatzsteigerung von 3,4 Millionen Dollar entspricht.

In die Stille horchen

Die Stille in den typischen Kundenbeziehungen sollte Sie eigentlich aufrütteln. Ihre Gewinne werden geschmälert, wenn Sie keinen kontinuierlichen, zweigleisigen Dialog aufbauen. Dabei können Sie nicht viel verkehrt machen, denn es ist außergewöhnlich selten, daß eine Firma zuviel Kundenkontakt hat. Im Gegenteil, die Beispiele haben gezeigt, daß Kunden durchweg positiv auf eine Intensivierung des Kontaktes reagieren. Sie haben uns viel zu sagen und können uns in vielerlei Hinsicht helfen – wenn wir sie nur lassen. In den Kapiteln 4, 5, und 6 werden Sie noch viele weitere Strategien zum Aufbau dieses profitablen Dialogs finden.

Was Sie SOFORT tun können

- Wenn Sie die Gefahr, daß Ihre Kunden zuviel Aufmerksamkeit erhalten, als gering einstufen, dann überlegen Sie, mit welchen Mitteln Sie schwache, vernachlässigte Beziehungen wieder stärken können.
- Überprüfen Sie eventuell vorhandene Beurteilungsformulare kritisch daraufhin, ob der Kunde wirklich ermuntert wird, positive *und negative* Bewertungen zu vergeben.
- Setzen Sie sich kritisch mit allen Systemen auseinander, die Prämien, Beförderungen oder andere Belohnungen mit den Kundenbeurteilungen verknüpfen. Haben Ihre Mitarbeiter ein Motiv, die Ergebnisse im eigenen Interesse zu manipulieren?
- Wie verfährt man in Ihrem Unternehmen mit Kunden, die nicht mehr kaufen? Werden sie überhaupt registriert? Wenn ja, dann klären Sie vor der automatischen Löschung aus der Kundendatei ab, ob Sie mit diesen Kunden tatsächlich keine Geschäfte mehr machen können.
- Stellen Sie die bisherigen Kriterien in Frage, nach denen Kunden aus den Dateien der Firma gelöscht wurden.
- Bieten Sie Ihren Kunden die Möglichkeit, sich 24 Stunden am Tag zu Wort zu melden, beispielsweise durch eine Voice-Mailbox oder einen Anrufbeantworter.

- Vermeiden Sie »Ja/Nein«-Fragen, wenn Sie von Kunden Vorschläge erhalten möchten. Fragen Sie nicht, *ob* Sie den Service verbessern können, sondern *wie* Sie ihn verändern sollten.
- Machen Sie es Ihren Kunden so leicht wie möglich, sich zu beschweren. Fragen Sie nach konkreten Gründen für Ihre Unzufriedenheit.
- Initiieren Sie ein Telefonprogramm, und führen Sie gleichzeitig Buch darüber, wie die angerufenen Kunden die Qualität Ihrer Produkte und Ihres Service bewerten. Dann vergleichen Sie die Ergebnisse mit den Bewertungen einer Kontrollgruppe, die keine Anrufe erhalten hat.
- Untersuchen Sie die »freiwilligen« und »erzwungenen« Kontenauflösungen bei Ihren Kunden einmal genauer. Ist es möglich, daß diejenigen, die Sie »hinauswerfen«, ohnehin kein Interesse an der Geschäftsbeziehung mehr hatten? Welche Möglichkeiten gibt es, solche Vorgänge zu verhindern?
- Betreuen Sie einen speziellen Mitarbeiter mit der Aufgabe, Kontakt zu den Kunden aufzunehmen, die ihre Verträge kündigen oder Konten schließen. So machen Sie es ihnen schwerer, unbemerkt zur Konkurrenz zu gehen.
- Wählen Sie Mitarbeiter aus, die ein besonderes Gespür dafür haben, zwischen den Zeilen zu lesen, wenn Kunden den Grund für ihren Weggang erläutern.
- Bitten Sie Ihre Experten darum, ein Meldesystem in Ihre EDV-Anlage zu integrieren, das Sie bei ungewöhnlichen Veränderungen sofort warnt.

Kunden auf dem
Förderband halten

Vergewissern Sie sich zunächst einmal, ob die größten Holperstellen auf Ihrem Förderband ausgebessert und die Mängel, die manche Ihrer Kunden vom Band getrieben haben, beseitigt wurden.
Richten Sie Ihr Augenmerk dann verstärkt auf die Kunden, die sich zum gegenwärtigen Zeitpunkt auf dem Förderband befinden.
Manche stehen schon kurz davor, Ihrem Unternehmen die Treue zu kündigen, andere haben inzwischen neue Bedürfnisse, die jedoch unbefriedigt bleiben, weil Sie sie nicht kennen. Die meisten hören so selten von Ihnen, daß sie wahrscheinlich den Verdacht hegen, geschäftlich unbedeutend für Sie zu sein.
Die Kunden, die sich bereits auf Ihrem Förderband befinden, stellen ein wertvolles Vermögen dar, weil sie das Potential einer langfristigen Geschäftsbeziehung zu Ihnen bergen. Schöpfen Sie dieses Potential optimal aus, indem Sie die Strategien verfolgen, die in diesem Kapitel beschrieben werden!
Setzen Sie alles daran, Ihre derzeitigen Kundenbeziehungen zu festigen. Finden Sie die Bedürfnisse und Wünsche Ihrer Kunden heraus, und halten Sie auf jeden Fall den Kontakt aufrecht. Tun Sie all dies schon jetzt. Warten Sie nicht, bis Sie die Anregungen aus dem ersten Teil dieses Buches in die Tat umgesetzt haben. Die Holperstellen auf Ihrem Förderband zu beseitigen, kann längere Zeit in Anspruch nehmen, als Sie glauben. Bemühen Sie sich unterdessen, Ihre Kunden stärker als bisher an das Unternehmen zu binden. Folgen Sie dem Beispiel von Airborne Express, Washington Mutual Savings Bank, IBM und dem der anderen Unternehmen, über die ich in den nächsten drei Kapiteln berichten werde.
Maximieren Sie den Gewinn, den Sie aus Ihren derzeitigen Kundenkontakten erwirtschaften, und sorgen Sie dafür, daß Ihre Kunden auf dem Förderband bleiben.

4. Lernen Sie Ihre Kunden kennen

Kapitel 3, »Schweigen ist gefährlich«, handelte von Kunden, die entweder bereits vom Förderband heruntergefallen sind oder beängstigend nahe am Rand stehen. In vielen Fällen ist es das »Schweigen«, das letztlich zum Verlust eines Kunden führt. Doch auch bestehende, aktive Kundenkontakte leiden unter einem eklatanten Mangel an Kommunikation. Im Folgenden gehe ich auf die Kunden ein, die sich noch auf dem Förderband befinden, und zeige Mittel und Wege auf, um den Dialog mit ihnen zum Wohle einer lebendigeren, dauerhafteren und profitableren Geschäftsbeziehung zu verbessern.

Bei dem Versuch, Ex-Kunden zurückzugewinnen, treten vielleicht einige ganz offensichtliche Probleme zutage, die bereits in der Vergangenheit zum Verlust von Kunden geführt haben. Die kleineren und weniger dramatischen Versäumnisse aber, über die sich die derzeitige Klientel unter Umständen ebenso ärgert, bleiben in aller Regel unerkannt. Kommen mehrere kleine Versäumnisse zusammen, können auch sie letztlich zum Absprung eines Kunden führen. Jeder kleine Mangel für sich wirkt aber schon der optimalen Gestaltung einer Kundenbeziehung entgegen. Um auf unseren Vergleich mit dem Förderband zurückzukommen: Es ist wichtig, die Kunden in der Mitte des Förderbandes anzusiedeln. Wir brauchen Abnehmer, die uns langfristig die Treue halten.

Der Aufbau neuer Kundenbeziehungen

Das Bild, das ein Kunde von einem Unternehmen hat, ist sehr stark von seinen Anfangserfahrungen mit Ihren Mitarbeitern geprägt. Die ersten Eindrücke, die ein neuer Kunde sammelt, wiegen sehr viel schwerer als alle weiteren. Um so wichtiger ist es daher, beim

Aufbau einer neuen Kundenbeziehung gleich von Anfang an alles richtig zu machen. Eine bewährte Methode ist die, jeden neuen Kunden im Unternehmen willkommen zu heißen. Viele Firmen schicken ihren Erstkunden mittlerweile einen Willkommensbrief, und das ist sicherlich ein Schritt in die richtige Richtung. Wer jedoch Wert auf eine starke *persönliche* Beziehung zu seinen Kunden legt, sollte sich um eine persönlichere Form der Kontaktaufnahme bemühen. Ein Willkommensgruß per Telefon beispielsweise hinterläßt einen sehr viel stärkeren und positiveren Eindruck als ein Brief. Gleichzeitig bietet er dem Anrufer die Gelegenheit, sich über seinen neuen Kunden zu informieren und auf dessen Fragen einzugehen.

US WEST Cellular, ein Unternehmen mit einer vorbildlichen Kundenbetreuung, über das ich an anderer Stelle bereits berichtet habe, verfährt auch beim Erstkontakt mit Kunden nach einer speziellen Methode. Wer ein neues schnurloses Telefon oder ein Autotelefon von US WEST erworben hat, möchte seine Errungenschaft natürlich sofort ausprobieren. Er wählt die Nummer des Ehepartners oder eines guten Freundes und wartet gespannt auf die erste Funkverbindung. Zu seiner Überraschung meldet sich jedoch eine Mitarbeiterin von US WEST, deren Aufgabe es ist, neue Kunden willkommen zu heißen. Das Schaltnetz von US WEST ist so programmiert, daß der allererste Anruf eines neuen Kunden abgefangen und automatisch in die rund um die Uhr arbeitende Kundenbetreuungszentrale umgeleitet wird. Durch die Art und Weise, wie der Anruf bei der Kundenbetreuerin ankommt, weiß diese, daß sie einen Erstkunden in der Leitung hat. Sie gratuliert dem Anrufer zunächst zu seiner Kaufentscheidung und vermittelt ihm das Gefühl, willkommen zu sein. Dann vergewissert sie sich noch einmal, ob alle Kundendaten wie Kontonummer, Adresse etc. korrekt aufgenommen wurden. Außerdem kann sie anhand dieses Erstanrufes überprüfen, ob das Unternehmen auf alle Fragen, die ein neuer Kunde üblicherweise stellt, ausreichend vorbereitet ist.

Oft haben die Kunden ihr Telefon in einem Kaufhaus, Elektromarkt oder Autozubehörgeschäft erstanden, ohne hinreichend über den richtigen Gebrauch des Gerätes informiert worden zu sein. Die Verkäufer, die so schnell wie möglich den nächsten Kunden bedienen (und die nächste Provision einstreichen) wollen, haben kein Interesse daran, Gebrauchsanleitungen zu erklären. Anders die Kundendienstmitarbeiter bei US WEST Cellular. Sie sind an einer langfristigen Geschäftsbeziehung interessiert und erläutern ihren Kunden daher bereitwillig die Bedienung und die Sonderfunktionen des neuen Telefons.

In den meisten anderen Firmen fehlen die technischen Voraussetzungen für eine so praktische, elektronisch gesteuerte Begrüßung neuer Kunden. Sie erfahren auf traditionellerem Wege, daß sie neue Käufer gewonnen haben, etwa wenn sie nach der Versendung von Katalogen neue Bestellungen per Telefon, Fax oder Post erhalten. Andere Kunden werden durch einen Fernsehspot zum Kauf angeregt und wählen eine der eingeblendeten Telefonnummern. Wieder andere Kunden werden nach einer Unternehmensfusion zu Erstkunden, ohne es zu wissen.

Fall 15 Washington Mutual schließt sich mit neuen Kunden zusammen

Unternehmenszusammenschlüsse werden meist ausschließlich aus der finanziellen Perspektive heraus betrachtet und nur danach beurteilt, ob sie der Gewinnmehrung dienen oder nicht. In vielen Firmen wird dabei jedoch übersehen, daß eine Fusion auch ungeahnte Marktchancen und Herausforderungen in sich birgt.

Ein Unternehmen, in dem das Wort Fusion großgeschrieben wird, ist die in Seattle ansässige Washington Mutual Savings Bank. Sie ist eines der größten US- amerikanischen Kreditinstitute mit Spareinlagengeschäft und die größte unabhängige Bank im Staate Washington.

Die Washington Mutual hat ihren Kundenstamm in den letzten zehn Jahren hauptsächlich dadurch vergrößert, daß sie kleinere Banken aufkaufte. In vielen Fällen sind die Kundenbeziehungen dieser kleinen Banken deren größter Aktivposten und potentiell gewinnträchtiger als die Immobilienwerte oder finanziellen Vermögenswerte. Wer diese Kunden abwandern läßt, handelt ebenso fahrlässig wie jemand, der eine Perlenkette gekauft hat und 25 bis

40 Prozent der Perlen auf den Boden rollen läßt. Washington Mutual hat sich das Ziel gesetzt, so viele Perlen wie möglich zu behalten.

Die Vorgabe bei Washington Mutual lautet, nach jedem Bankenkauf 85 Prozent der übernommenen Kunden zu halten, obwohl die branchenübliche Durchschnittsrate in diesem Bereich nur bei 60 bis 75 Prozent liegt. Durch die Anwendung von Teamwork-Techniken und Zielstrategien, die im Folgenden beschrieben werden, gelingt es den Verantwortlichen von Washington Mutual sogar, das ehrgeizige Ziel von 85 Prozent noch zu übertreffen. In Sachen Fusion macht ihnen so schnell niemand etwas vor. Um »Zusammenschlüsse« ging es auch bei einer ihrer erfolgreichen Werbekampagnen, die vor allem an Privatkunden gerichtet war. Das Motto dieser Kampagne, das über Zeitungsanzeigen und Werbespots in Radio und Fernsehen verbreitet wurde, lautete: »Schließen Sie sich mit der Washington Mutual zusammen.« Mit diesem Aufruf wollte man die Kunden anderer Geldinstitute dazu einladen, zur Washington Mutual überzuwechseln – ob ihre derzeitige Bank nun aufgekauft würde oder nicht.

Ein Bankinstitut ist gut beraten, wenn es sich nach einer Fusion in die Situation der übernommenen Kunden hineinversetzt. Nehmen wir an, auch Sie wären Kunde der Pioneer Savings gewesen. Ihre Bank hätte Sie wohl kaum über die bevorstehende Übernahme durch die Washington Mutual informiert. Wahrscheinlich hätten Sie erst in den Abendnachrichten davon erfahren und sich dann besorgt gefragt, was nun wohl aus Ihren Konten würde. Würden die Scheckvordrucke mit dem Emblem Ihrer bisherigen Bank noch gültig sein? Wie stand es um die Sicherheit Ihrer Sparkonten und die Fortführung ihrer Darlehen? In dieser Situation sahen es die Verantwortlichen von Washington Mutual als ihre erste Pflicht an, allen übernommenen Kunden eine Willkommensmappe zukommen zu lassen.

Die Mappe enthielt einen Brief des Präsidenten und CEO der Bank, Kerry Killinger, der darin jeden übernommenen Kunden als neues »Familienmitglied« begrüßte. Daneben enthielt sie eine umfangreiche Broschüre, in der die Kontoarten der Pioneer Savings und der Washington Mutual gegenübergestellt wurden,

sowie Auszüge der Bankbilanz, gespickt mit ausführlichen Erläuterungen der wichtigsten Begriffe. Sowohl im Brief als auch in der Broschüre wurden Rufnummern erwähnt, unter denen die Kunden sich zum Nulltarif über die weiteren Auswirkungen der Fusion informieren konnten. Doch damit nicht genug. Auch die Kommunikationsabteilung der Bank, die Werbeabteilung, die verschiedenen Unterabteilungen und der Telefonservice bemühten sich mit vereinten Kräften um eine persönliche Kontaktaufnahme zu den neuen Kunden.
Und die Bemühungen der Bank enden nicht etwa, nachdem die neuen Kunden in den festen Kundenstamm übergegangen sind. Die partnerschaftliche Zusammenarbeit mit ihnen ist ein fester Bestandteil der Kundenpflege bei Washington Mutual. Die Kunden sollen mit der Bank zusammenwachsen. Ich verabredete einen Gesprächstermin mit Tom Boyd, dem Leiter der Abteilung für Telefonbanking in Seattle.
Das Telefonbanking zählt zu den erfolgreichsten Programmen der Bank, und ich hatte mir vorgenommen, Toms Erfolgsgeheimnis auf die Spur zu kommen. Gleich nach meiner Ankunft brachte er mich zu einem der Telefonsachbearbeiter. Sein Name war Ed Duff. Er trug Kopfhörer, während er in seiner Kabine arbeitete, und war gerade dabei, eine Nachricht auf den Anrufbeantworter eines Kunden zu sprechen. Wir sahen an den Kontobewegungen des Kunden, die gerade auf dem Bildschirm angezeigt wurden, daß sein Sparbrief in Höhe von 8600 Dollar vor wenigen Tagen fällig geworden und automatisch auf das Sparkonto überwiesen worden war. Dadurch entstand dem Kunden ein Zinsverlust, denn das Sparkonto wurde nur etwa halb so hoch verzinst wie der Sparbrief. Stellen Sie sich vor, wie beeindruckt der Kunde vom Anruf des Bankangestellten gewesen sein muß, der ihn ja nicht angerufen hatte, um etwas zu verkaufen, sondern im Gegenteil, um ihn vor einem drohenden Zinsverlust zu bewahren. Dem Kunden wäre es wahrscheinlich über Wochen und Monate nicht aufgefallen, daß sein Geld nicht mehr die erhoffte Rendite erbrachte. Ed Duffs Anruf war ein eindrucksvolles Beispiel dafür, daß der Washington Mutual sehr daran gelegen ist, ihren Kunden zu einer optimalen Nutzung aller Bankleistungen zu verhelfen.

Die Mitarbeiter des Telefonbanking sorgen nicht nur für Kundentreue, sondern auch für höhere Gewinne. Wenn Ed statt des Anrufbeantworters den Kunden selbst in der Leitung gehabt hätte, dann hätte er zunächst versucht, dessen spezielle Bedürfnisse in Erfahrung zu bringen. Er hätte beispielsweise das Alter des Kunden, seine Sparziele und ähnliches bei der Beratung berücksichtigt. Vielleicht hätte Ed dann eine Rentenversicherung mit dem Kunden abgeschlossen – die Mitarbeiter des Telefonbanking sind in den USA dazu vom Staat autorisiert. Manchmal werden Kunden auch an Schwesterinstitute verwiesen, die autorisiert sind, Publikumspapiere, Aktien und andere Wertpapiere zu verkaufen.

Grundstein der Beziehung des Kunden zu seinem Geldinstitut, so lautet die Erkenntnis der Washington Mutual, ist das Girokonto. Ein Girokonto bindet den Kunden normalerweise sehr viel stärker an ein Geldinstitut als ein Darlehen oder ein Sparkonto, und es zieht andere Aufträge des Kunden nach sich. In der Abteilung Telefonbanking wurde ein Anreiz dafür geschaffen, die Bindung des Kunden an das Geldinstitut zu festigen. Es handelt sich dabei zwar nicht um eine Provision im eigentlichen Sinne, aber jeder Mitarbeiter kann für bestimmte Verkaufsergebnisse oder erbrachte Dienstleistungen Punkte sammeln, die zu einer Gehaltszulage von bis zu 30 Prozent führen.

Bei der Washington Mutual ist man nach einer Fusion aber nicht nur an einer intensiven Beziehung zu den neuen *Kunden* interessiert, sondern auch an einem guten Verhältnis zu den übernommenen *Angestellten*. Kunden und Angestellte werden als wertvolle Aktivposten betrachtet. In der Regel werden alle Mitarbeiter der Privatkontoabteilung nach einem Bankenerwerb weiter beschäftigt und in einem einjährigen Schulungsprogramm mit dem Geschäftsablauf bei der Washington Mutual und, wichtiger noch, mit deren Wertesystem bekanntgemacht.

Eines der Schlüsselelemente im modernen Umgang der Bank mit ihren Kunden (und Angestellten) besteht darin, daß jede Zweigstelle nach einem bestimmten Gewinnschema geführt wird. Dieses Schema beruht auf einer Reihe von leistungsabhängigen Prämien, die den Beschäftigten der Zweigstellen und den Mitarbeitern des Telefonbanking winken, sofern sie ein bestimmtes Umsatzziel erreicht haben. Ein Mitarbeiter mit einem Grundgehalt von 1750 Dollar im Monat kann bei Erfüllung seines Umsatzsolls eine Zusatzprämie von 750 Dollar verdienen. Für einen erzielten Jahresumsatz von 100 000 Dollar erhält ein Mitarbeiter üblicherweise einen Punkt, der wiederum für eine Prämie von 100 Dollar steht. Für Umsätze, die hinter den Erwartungen zurückbleiben, gibt es ebenfalls Punkte, die sich in der Prämienbilanz niederschlagen. Jedes neue Girokonto wird mit einer Prämie von 5 Dollar belohnt.

Washington Mutual unterhält eine sehr leistungsfähige Marktforschungsabteilung, die sich unter anderem mit den Bedürfnissen der Kunden beschäftigt. Ein typisches Beispiel für die Arbeit dieser Abteilung ist die Umfrageaktion, die nach jeder Kontoauflösung gestartet wird. Dabei werden die Kunden, die ihre Verträge mit der Bank gekündigt haben, nach den Gründen für ihren Entschluß gefragt. Der Fragenkatalog wird einmal im Monat verschickt und kann wertvolle Hilfestellung bei der Rückgewinnung von Kunden leisten. Die Marktforschungsabteilung erstellt aussagekräftige Kundenprofile für die persönlichen Werbeschreiben der Bank, auf die wiederum telefonische Beratungsgespräche folgen. Durch diese Beratungsgespräche will man herausfinden, ob die gewählte Anlageform den Bedürfnissen des Kunden entspricht. Weitere Kundenbefragungen finden im Rahmen von Kundenrückgewinnungsprogrammen statt und dienen unter anderem als Orientierungshilfe bei der Entwicklung neuer Produkte. Alle diese Aktionen werden regelmäßig durchgeführt und leisten einen wichtigen Beitrag zum Thema »Lernen Sie Ihren Kunden kennen«.

Wertvolle Hilfestellung bei der Verminderung der Kundenabwanderungsrate bieten auch die Gruppendiskussionen mit Kunden und die Überprüfungen des Kundenservice der Washington Mutual. Auch der »Secret Shopper«, der die Zweigstellen persönlich in Augenschein nimmt und sich bei den Angestellten des Telefonbanking telefonisch über ihr Engagement in der Kundenberatung und im Verkauf informiert, kann Schwachstellen in der Kundenbetreuung aufdecken. Wenn ein Kunde sich zur Kontoauflösung entschlossen hat, sind die Angestellten natürlich gerne bereit, ihm dabei zu helfen. Sie werden aber auf jeden Fall vorher versuchen,

eventuelle Versäumnisse aufzuklären. Zusätzlich dazu findet einmal im Monat die bereits erwähnte Umfrageaktion nach vorangegangener Kontoschließung statt beziehungsweise eine Telefonaktion, mit deren Hilfe schon viele Kunden wieder zurückgewonnen werden konnten.
In Deutschland können Bankkunden, insbesondere Privatkunden, von einem solchen Wettbewerb nur träumen. Die Märkte sind längst verteilt, Wettbewerber, die eine neue Bank gründen möchten, stehen vor so gut wie unüberwindbaren Hindernissen, und auch ausländische Institute haben es schwer – daran hat auch der europäische Binnenmarkt noch nichts geändert. Jeder Versuch, die Kosten, Gebühren und Leistungen verschiedener Banken zu vergleichen und dann das günstigste Angebot zu wählen, scheitert an der mangelnden Transparenz in der Preisgestaltung. Trotzdem – oder deshalb – sind deutsche Kunden ihren Banken gegenüber äußerst loyal. Der Service mag schlecht sein, die Konditionen miserabel, die Verzinsung der Spargelder lächerlich – die Bankverbindung wird noch längst nicht gekündigt. Wozu sich also mit Marketing herumschlagen, mit Bedürfnisanalysen, warum sich den Kopf zerbrechen, wie die Bankdienstleistungen kundenorientierter angeboten und gestaltet werden können? Es geht doch auch so.

Was können Sie daraus lernen?

Die unterschiedlichsten Arbeitsgruppen und Abteilungen Ihrer Organisation können dazu beitragen, die Bedürfnisse Ihrer Kunden zu erkennen und zu befriedigen. Der Kundendienst darf nicht Sache einer einzigen Abteilung sein. Sowohl die einzelnen Zweigstellen als auch die Marktforschungsabteilung, die Werbeabteilung, die Kommunikationsabteilung und andere Abteilungen haben bei der Washington Mutual ein gemeinsames Ziel: die optimale Betreuung der Kunden. Stellen Sie in Ihrem Unternehmen eine Arbeitsgruppe aus Vertretern aller Abteilungen auf, und nutzen Sie die Synergieeffekte, die sich aus einem so vielschichtigen Ansatz ergeben.

Fusionen und Übernahmen sind hervorragende Gelegenheiten, um die Loyalität der neu hinzugewonnenen Kunden zu gewinnen und kostenintensive Massenabwanderungen zu vermeiden. Wer eine Perlenkette kauft, sollte stets bemüht sein, möglichst keine Perle zu verlieren.

Das Beispiel Washington Mutual zeigt, daß Sie auf branchenübliche Durchschnittsangaben keine Rücksicht zu nehmen brauchen. Die Kundenabwanderungsrate nach Bankenübernahmen beträgt durchschnittlich 40 Prozent. Das erschien den Verantwortlichen der Washington Mutual zu hoch. Sie nahmen sich vor, nicht mehr als 15 Prozent der übernommenen Kunden zu verlieren und haben dieses ehrgeizige Ziel sogar noch übertroffen, indem sie die Zusammenarbeit der einzelnen Abteilungen innerhalb des Unternehmens intensivierten. Der zusätzlich erzielte Gewinn geht in die Millionenhöhe. Nehmen Sie also in Fällen wie diesen niemals eine vorgegebene Durchschnittszahl als unabänderlich hin.

Freunde und Partner sprechen miteinander – warum nicht auch Käufer und Verkäufer?

Jetzt, da Sie diese Zeilen lesen, haben viele Ihrer Kunden bereits die sichere Mitte auf dem Förderband verlassen. Sie stehen zwar noch nicht unbedingt absprungbereit am Rand, nehmen es aber mit der Treue schon nicht mehr so genau. Ihre Bindung an das Unternehmen ist lockerer geworden. Wenn Sie wollen, daß diese Kunden auf dem Förderband bleiben, dann müssen Sie die Initiative ergreifen. Sie sollten den Dialog suchen, um herauszufinden, was bei diesen Kunden vorgeht und nicht abwarten, bis es zu Unstimmigkeiten kommt.

Geschäftsbeziehungen haben sehr viel mit privaten Beziehungen gemein. Im Grunde genommen *sind* es sogar private Beziehungen. Am Abschluß eines Kaufvertrages sind schließlich nicht zwei Firmen, sondern immer mindestens zwei Menschen beteiligt. Wenn Ehepaare zur Beratung gehen, weil es in ihrer Ehe kriselt, dann lassen sich ihre Probleme meist auf den Nenner bringen: »Wir reden einfach zu wenig miteinander.« Eine verbesserte und kontinuierliche Kommunikation ist auch der Grundstein einer guten Kundenbeziehung.

Thorndike Press bleibt am Ball

Fall 16

Der Verlag Thorndike Press in Unity, Maine, hat sich auf Bücher im Großdruck für sehbehinderte Leser spezialisiert. Als er vom Großverlag Macmillan übernommen wurde, fürchteten die Führungskräfte um den traditionell guten »persönlichen Kontakt« ihres Hauses zu Bibliothekaren und den wenigen Buchhändlern, die sich überhaupt um die Bedürfnisse sehbehinderter Kunden kümmerten. Der Verleger machte sich Gedanken darüber, ob seine Abnehmer mit der neuen, größeren Muttergesellschaft zufrieden seien. Also rief er eine Telefonaktion ins Leben, bei der jeder einzelne Kunde um eine persönliche Stellungnahme gebeten wurde.

Der Aufwand zahlte sich aus. Die Aktion bot eine gute Gelegenheit, den Kunden zu versichern, daß Thorndike auch weiterhin Wert auf eine individuelle und umfassende Kundenbetreuung legte. Darüber hinaus wurde im Laufe der Gespräche klar, daß es im Geschäftsablauf von Macmillan einen kleinen Mangel gab, der langfristig vielleicht zum Absprung von Kunden geführt hätte. Jahrelang schon hatte Thorndike mit jeder Buchsendung Katalogkarten verschickt, damit die Buchhändler ihre Bestandskarteien sofort auf den neuesten Stand bringen konnten. Nachdem Macmillan den Verlag übernommen hatte, wurden diese Karten separat verschickt und trafen manchmal erst Wochen nach Ankunft der Bücher ein. Nur wenige Buchhändler hatten sich die Mühe gemacht, sich deswegen beim Verlag zu beschweren. Erst durch die Telefonaktion stellte sich heraus, daß die meisten es ärgerlich fanden, die Katalogkarten so spät zu erhalten. Die Mitarbeiter in Unity informierten daraufhin die Versandabteilung von Macmillan, erreichten, daß die ursprüngliche Verfahrensweise wieder eingeführt wurde und beugten so einer potentiellen Massenabwanderung ihrer Kunden vor.

Was können Sie daraus lernen?

Eine direktere, persönlichere Kommunikation ist der Beziehung zu Ihren Kunden mit Sicherheit *jederzeit* förderlich. Aber es gibt bestimmte Schlüsselereignisse, bei denen Sie auf jeden Fall einen engeren Kontakt zu Ihren Kunden suchen sollten. Zu diesen Schlüsselereignissen gehören auch Veränderungen, die sich in der ein oder anderen Form auf die Kundenbetreuung auswirken. Jede Veränderung löst Vorbehalte und Befremden aus. Wundern Sie sich deshalb nicht, wenn Ihre Kunden zunächst ein wenig auf Distanz gehen. Heben Sie diese Distanz auf, indem Sie zum Telefonhörer greifen und den direkten Kontakt zu ihnen suchen. Stellen Sie Fragen, die es Ihren Kunden erleichtern, auf Störungen in der Beziehung hinzuweisen, damit Sie alle Hindernisse so früh wie möglich beseitigen können. Lernen Sie Ihre Kunden wirklich kennen.

Informieren Sie sich über die Bedürfnisse Ihrer Kunden

Verkäufer erfüllen die Wünsche ihrer Kunden. Das ist der eigentliche Grund, warum es überhaupt zu einer längerfristigen Beziehung zwischen Verbrauchern und Verkäufern kommt. Ist es da nicht verwunderlich, daß viele Verkäufer sich damit begnügen, die Bedürfnisse Ihrer Kunden zu erraten? Sicher, ab und zu wird auch ein wenig Marktforschung betrieben. Im großen und ganzen aber verfahren die meisten Unternehmer immer nach demselben Muster. Der Mensch ist eben ein Gewohnheitstier.

Wer die Beziehung zu seinen Kunden optimieren will, muß sich aber intensiver als bisher mit ihren Bedürfnissen auseinandersetzen. Die beste Informationsquelle ist natürlich der Kunde selbst. Mit Kunden und ihren Bedürfnissen beschäftigt sich auch ein relativ neuer Marketingbereich, das »Beziehungsmarketing«. Ich bin sicherlich nicht der erste Marketingberater, der erkannt hat, wie wichtig der intensive Dialog mit den Kunden ist.

Das Problem mit den Newslettern

Hand aufs Herz: Lesen Sie wirklich alle der immer zahlreicher werdenden Informationsschreiben? Seit es das Desk-Top-Publishing gibt und der Umgang mit Layoutprogrammen kein Hexenwerk mehr ist, scheint die Flut der Informationsbriefe nicht mehr abreißen zu wollen. Im Grunde kann zwar jede Form der Präsentation, durch die sich eine Firma in das Gedächtnis ihrer Kunden zurückruft, zur Stärkung der Kundenbeziehung beitragen. Doch gerade die Kommunikation per Informationsbrief weist einen entscheidenden Nachteil auf: Sie ist eingleisig und daher kaum geeignet, Kundenwünsche transparent zu machen.

Die meisten Informationsschreiben werden ohnehin nur zum Zwecke des Selbstlobs verfaßt: »Dies ist unsere neue Produktionsstätte!«; »Wir haben unseren Versand modernisiert!«; »Wir haben den dritten Platz in der Softballmeisterschaft der Gewerbebetriebe erreicht!« Die Kunden interessiert meist jedoch nur eines, und das ist die Befriedigung ihrer Bedürfnisse. Ein Informationsbrief sollte daher Vorschläge enthalten, wie sich der Kunde weiterentwickeln kann, nicht nur geschäftlich, sondern auch im persönlichen Bereich. Die Artikel sollten sich mit Methoden zur Rentabilitätssteigerung beschäftigen, wobei die Produkte und Dienstleistungen des jeweiligen Herstellers (unter Umständen) in den Vordergrund gerückt werden können. Aber den wenigsten Nachrichtenbriefen gelingt es, die Kunden zu einem Feedback zu animieren. Eine löbliche Ausnahme bildet ein Newsletter, den ich regelmäßig bekomme: Er enthält ein leuchtendgelbes Blatt mit dem Aufdruck »Faxback«. Dieser Vordruck soll die Kunden dazu ermuntern, Anregungen und Vorschläge mitzuteilen. Es werden nur einige wenige Fragen gestellt, beispielsweise: »Welche Themen sollen Ihrer Meinung nach in einer der nächsten Ausgaben behandelt werden?«, oder »Welche Aufmachung sollte dieser Newsletter Ihrer Meinung nach haben?« So bleibt genügend Platz, um Antworten und Fragen schnell zu notieren. Die Faxnummer der betreffenden Firma ist deutlich hervorgehoben. Hier wurde dafür gesorgt, daß das Antworten so leicht wie möglich fällt.

Hören Sie auch Unausgesprochenes heraus

Wir brauchen die zweigleisige Kommunikation, denn durch Informationsbriefe oder andere, ähnlich monologartige Formen der Kommunikation läßt sich nur schwer etwas über die Gedanken der Kunden in Erfahrung bringen. Es dürfte zwar praktisch kaum durchführbar sein, jeden Kunden einzeln anzusprechen, aber es ist durchaus möglich und sinnvoll, Stichprobenbefragungen durchzuführen. Sie stärken die Beziehung zu den ausgewählten Kunden und liefern Anhaltspunkte für noch nicht befriedigte Bedürfnisse. Manchmal rufen Kunden auch von sich aus an. Wenn dieser Glücksfall eintritt und ein Kunde den Kontakt zu Ihnen aufnimmt, sollten Sie die Zeit, die Sie dafür investieren, strategisch nutzen. Begnügen Sie sich nicht damit, die Fragen des Kunden zu beantworten, sondern stellen Sie nach Möglichkeit selbst Fragen, um herauszufinden, ob der Kunde zusätzliche Bedürfnisse hat, die Ihre Firma erfüllen kann.

Fall 17 CareerTrack schlägt drei Fliegen mit einer Klappe

Gehören Sie zu den fünf Millionen Geschäftsleuten, die regelmäßig Broschüren von CareerTrack erhalten, dem größten und international expandierenden Seminaranbieter der USA? Pro Jahr verschickt CareerTrack etwa 100 Millionen dieser Broschüren und Kataloge an Kunden und solche, die es werden wollen. Und ganz sicher enthält die Versandliste des Unternehmens auch Fehler – so sind manche Kundenadressen gleich mehrfach aufgeführt, während andere unvollständig oder falsch sind. Die meisten Menschen, die eine Direktversandwerbung gleich mehrfach erhalten, werfen überzählige Exemplare in den Papierkorb und murmeln etwas von der Verschwendungssucht mancher Firmen. Ein Kunde von CareerTrack, Rock Island Arsenal in Illinois, aber schritt zur Tat. Die Firma erhielt für die verschiedensten Angestellten, aber auch ehemalige Firmenangehörige, regelmäßig bis zu 75 Exemplare einer einzigen Broschüre, weit mehr also, als sie tatsächlich brauchte oder wollte. Helene Scott, die Kontaktperson für CareerTrack und Ausbildungsleiterin bei Arsenal, rief kurzerhand bei CareerTrack an, um sich zu beschweren. »Könnten Sie nicht dafür sorgen, daß wir in Zukunft weniger Broschüren bekommen? Die Hälfte der angeschriebenen Personen arbeitet schon gar nicht mehr hier, und die meisten anderen kommen überhaupt nicht für Seminare in Frage!«

Der zuständige Kundendienstmitarbeiter bei CareerTrack, Greg Smith, tat diesen Anruf nicht einfach als lästige Beschwerde ab, sondern nahm sich Zeit zuzuhören. Er wollte seine Kundin zufriedenstellen, indem er ein Ärgernis aus dem Weg räumte, und er wollte gleichzeitig unnötige Versandkosten einsparen. Sorgfältig überprüfte er die Versandliste und strich diejenigen heraus, die inzwischen die Stelle gewechselt hatten oder ohnehin nicht an Seminaren teilnahmen, so daß von ursprünglich 75 Namen schließlich nur noch fünf übrig blieben. Helene bot ihm an, die Weiterleitung aller eingehenden Seminarbroschüren zu übernehmen und versprach, ihre Kollegen und Kolleginnen per elektronischer Post über interessante Angebote zu informieren.

Dies allein bedeutete für CareerTrack eine jährliche Einsparung an Kosten für Druck, Bearbeitung und Versand von etwa 500 Dollar. Während des Telefonats war Greg jedoch nicht nur auf die Verärgerung wegen der »überflüssigen Papierlawine« aufmerksam geworden. Er hatte auch die Bemerkung aufgeschnappt: ». . . und außerdem kommen die Broschüren immer viel zu spät an.« Greg fragte nach und erfuhr, daß die Finanzplanung bei Arsenal schon längst abgeschlossen war, ehe die Broschüren eintrafen. Er schlug vor, eine vierteljährliche Vorschau für alle bevorstehenden Seminare im Raum Rock Island auszuarbeiten, so daß die Gebühren für interessante Veranstaltungen bereits frühzeitig in die Finanzplanung aufgenommen werden konnten.

Greg hatte seiner Kundin aufmerksam zugehört. Er hatte die Beschwerde ernstgenommen und von sich aus nachgefragt, anstatt den Anruf einfach als »Gemecker über die Briefwerbung« abzutun. Dies alles zahlte sich für ihn am Ende dreifach aus.

Er hatte erstens die Versandkosten reduziert (und dadurch natürlich auch der Papierverschwendung Einhalt geboten und einen Beitrag zur Müllvermeidung geleistet).

Zweitens hatte er die Jahreseinnahmen, die CareerTrack mit diesem Kunden erzielte, von 700 Dollar auf 18 000 Dollar erhöht. Das ist wahrlich kein schlechter Schnitt, wenn man bedenkt, daß er dies nur durch aufmerksames Zuhören und das Abspecken der Versandliste erreichte.

Und drittens konnte er nun auch *anderen* Kunden von CareerTrack die Möglichkeit geben, größere Summen für Seminargebühren frühzeitig einzuplanen. Nachdem Helene sich über die zu späte Versendung der Seminarbroschüren beschwert hatte, wandte sich Greg an seine Kollegen vom Kundendienst und bat sie, diesen Punkt wiederum mit *ihren* Kunden abzuklären. Es stellte sich heraus, daß auch viele andere Kunden die Broschüren zu spät erhielten. So kam es, daß eine neue, vierteljährlich erscheinende Vorankündigungsliste namens Future Seminar Listing geschaffen wurde. Sie wird inzwischen regelmäßig an Großunternehmen versandt, die ihre Ausgaben langfristig planen müssen.

Was können Sie daraus lernen?

Wenn ein Kunde Sie anruft oder anschreibt, um sich zu beschweren, so ist dies eine gute Gelegenheit, ihn nach seinen sonstigen Wünschen zu fragen. Das Wissen um die Bedürfnisse dieses einen Kunden könnte Ihnen sehr dabei helfen, auch andere Kunden zufriedenzustellen. Greg stellte fest, daß die Vorankündigungsliste, um die man ihn bei Rock Island Arsenal gebeten hatte, auch von anderen Firmen gerne in Anspruch genommen wurde. Hätte er bei Helenes Anruf nicht auch das Unausgesprochene herausgehört, dann wäre ihm diese gewinnbringende Idee verborgen geblieben. Eigentlich hatte Helene angerufen, um sich über den Überschuß an Werbematerial zu beschweren. Über das verspätete Eintreffen der Broschüren hatte sie sich nur am Rande beklagt. Greg hatte diese Bemerkung jedoch aufgegriffen und war sofort darauf eingegangen. Vergewissern Sie sich, daß Sie nur Menschen einstellen, die gute Zuhörer sind, und bauen Sie diese Fähigkeit bei Ihren Mitarbeitern systematisch aus. Kunden entwickeln manchmal sehr gute Ideen. Man muß ihnen nur aufmerksam genug zuhören.

Image-Studien sind vergangenheitsorientiert

Viele Großunternehmen beauftragen Marktforschungsinstitute, wenn sie herausfinden wollen, welches Ansehen sie bei ihren Kunden genießen. Dies kann durchaus sinnvoll sein, vor allem dann, wenn die Studien regelmäßig Jahr für Jahr durchgeführt werden und sich an den aufgezeigten Trends ablesen läßt, wie die Kunden die Produkte oder Dienstleistungen einer Firma über die Jahre bewerten. Leider geben solche Studien meist keinen Aufschluß über die aktuelle Situation, da zwischen Durchführung und Veröffentlichung der Ergebnisse meist mehrere Monate vergehen.

Das entscheidende Manko einer solchen Untersuchung aber ist, daß sie kaum Rückschlüsse darauf zuläßt, wie das Ansehen eines Unternehmens entscheidend verbessert werden kann. Image-Studien sind sicherlich notwendig, aber ebenso notwendig sind direktere, persönlichere Umfrageformen.

Einer meiner Kunden, die Firma GTE, beauftragte mich damit, eine Reihe von Geschäftskundenseminaren für ihre kleinen und mittelgroßen Abnehmer im Westen der USA abzuhalten. Bei jeder Veranstaltung kamen im Anschluß an meinen Beitrag noch verschiedene führende Mitarbeiter von GTE zu Wort. GTE wollte durch diese Seminarreihe vor allem die Beziehung zu den Kunden stärken, was durch Vorträge alleine natürlich nicht zu bewerkstelligen gewesen wäre. Also waren bei jedem Seminar leitende Mitarbeiter anwesend, die während der Diskussionsrunde auf die Fragen des Publikums eingingen, die teilweise ziemlich direkt waren. (»Warum muß ich Anzeigen in allen drei Telefonbüchern schalten und bezahlen, nur weil mein Blumenladen sich an einem Ort befindet, an dem Ihre offensichtlich willkürlich gezogenen Gebietsgrenzen zufällig zusammentreffen?«) Während der Diskussionsrunde notierte sich der Seminarkoordinator von GTE alle Fragen, denn sie gaben einen hervorragenden Einblick in die Gedanken und Wünsche der Kunden. Diese Fragen stellten aus Sicht des Unternehmens den vielleicht wichtigsten Aspekt des Seminars dar.

Gruppendiskussionen für »schüchterne« Kunden

Den Verantwortlichen von GTE war bewußt, daß sich nur wenige Kunden trauen, ihre Fragen vor einem Publikum von mehreren hundert Menschen zu stellen. Viele Kunden, die gute Ideen oder Anregungen haben, wollen sich in so großer Runde nicht zu Wort melden. Darum wurden im Anschluß an jede Veranstaltung etwa ein Dutzend Teilnehmer willkürlich ausgewählt und zu einer Gruppendiskussion bei Popcorn und belegten Broten eingeladen.

Greg Gardener, der Koordinator für Personalangelegenheiten bei GTE, wurde gebeten, die Diskussion immer wieder anzufachen. Er hat eine spezielle Ausbildung in dieser Hinsicht genossen und bringt als Diskussionsleiter bei internen Meetings entsprechend viel Erfahrung mit. Direkt im Anschluß an die Gruppendiskussionen sagte er mir: »Es fällt mir schwer, mich in diesen Diskussionsrunden zurückzuhalten. Ich rutsche so leicht in die Rolle des Wortführers, dabei soll ich die Gespräche eigentlich nur in Gang halten. Ich muß neutral bleiben und es zulassen, daß die Kunden die Diskussion in die Richtung lenken, die *sie* interessiert.« Sein Ziel war es, eine »sichere Warte« zu schaffen, von der aus die Kunden der Firma GTE – über ihn – mitteilen konnten, was sie über das Unternehmen im allgemeinen dachten, und welche Veränderungen sie im besonderen für nötig hielten.

Die Diskussionsinhalte waren je nach Ort der Seminarveranstaltung sehr verschieden. Es ging etwa um die technische Ausstattung, das Fernsprechnetz, die Rechnungsabwicklung oder die Richtlinien für die Werbeanzeigen in Telefonbüchern. Greg eröffnete die Diskussionen, indem er die Kunden um eine Beurteilung des Seminars und der Leistungen von GTE bat. Anschließend ließ er der Diskussion freien Lauf. Er wollte schließlich herausfinden, was die Kunden auf dem Herzen hatten und nicht das hören, was die Firma als wichtig erachtete. Greg schrieb seine Notizen auf große Flipchart-Blätter, die gesammelt, auf ein handlicheres Format gebracht und mit einer Zusammenfassung der Kundenanliegen an die Mitglieder der Firmenleitung verteilt wurden.

Manche Kundenvorschläge bestätigten die Richtigkeit von Entscheidungen, die die Firma ohnehin bereits getroffen hatte, andere enthielten neue, wertvolle Anregungen. Einige Kunden fanden, daß GTE Seminare und andere Veranstaltungen der örtlichen Behörden und Industrieverbände finanziell unterstützen sollte. Dieser Vorschlag wird zur Zeit bei GTE geprüft. Niemand in der Firma hatte je daran gedacht, beispielsweise ein Seminar über Möglichkeiten zur Kommunikationsverbesserung zwischen Immobilienmaklern und ihren Kunden zu veranstalten, aber die Idee hatte viel für sich. Andere Kunden beschwerten sich über die komplizierten und kaum durchschaubaren Telefonrechnungen. Die vielen einzelnen Posten seien so verwirrend, daß man gezwungen sei, die Kundendienstzentrale von GTE telefonisch um Erklärungen zu bitten und somit die Leitungen für andere Kunden zu blockieren. Also entschloß man sich bei GTE dazu, die Rechnungsformulare neu zu gestalten. Einer der häufigsten Einwände der Kunden paßte genau zum Tenor dieses Buches: »Wie kommt es, daß Sie sich vor Abschluß eines Vertrages so intensiv um mich bemühen, ich nach der Unterzeichnung aber kaum noch etwas von Ihnen höre?« Würden *Ihre* Kunden dasselbe sagen?

SIE sind Ihr bester Umfrageexperte

Viele der großen Unternehmen, mit denen ich zusammenarbeite, wollen Marktforschungsergebnisse, die eindeutige Richtungsanweisungen enthalten. Man beauftragt Marktforschungsexperten, erstellt Analysen über die Wettbewerbsfähigkeit, arbeitet Kurzberichte für die Chefetage aus, und das war es in den meisten Fällen auch schon. Standardisierte Untersuchungsmethoden sind jedoch meist unpersönlich. Statistiken, Tabellen, Korrelationswerte, Trends, Grafiken und Balkendiagramme vermitteln kaum ein »Gefühl« dafür, was die Kunden wirklich wollen. Der direkte, persönliche Kontakt ist eben durch nichts zu ersetzen.

»Marketing By Calling Customers«

Tom Peters machte die Abkürzung »MBWA« populär, die für ein sehr einfaches und wirkungsvolles Konzept steht. Es geht um das Prinzip »Managing By Wandering Around«, das besagt, daß man seine Mitarbeiter nur dann führen kann, wenn man den persönlichen Kontakt zu ihnen hält. Wer es mit seinen Führungsaufgaben wirklich ernst meint, der muß mit seinen Angestellten reden, sie nach ihren Vorstellungen fragen, sich über ihre Arbeitsmoral informieren, und er darf keiner noch so direkten Frage ausweichen.

Für das Marketing gelten diese Grundsätze nicht weniger. Ich bin ein Befürworter des »MBCC«: »Marketing By Calling Customers«. Wie leicht verzettelt man sich in der täglichen Routine, ist nur noch damit beschäftigt, interne Führungsaufgaben wahrzunehmen, Branchenmagazine zu lesen, Marktforschungsprojekte in Auftrag zu geben, um die anschließende Ergebniszusammenfassung nur kurz zu überfliegen, und verliert dann mit der Zeit immer mehr den Kontakt zu denen, die die Zukunft des Unternehmens entscheidend mitgestalten: den Kunden.

Suchen Sie den Kontakt nach außen, und sprechen Sie mit Ihren Kunden. Glücklicherweise gibt es dafür ein gutes Hilfsmittel: Ihr Telefon! Ganz gleich, welche Position Sie innerhalb Ihres Unternehmens einnehmen, Sie MÜSSEN den Kontakt zu Ihren Kunden unbedingt aufrechterhalten. Lassen Sie keinen Tag vergehen, an dem Sie nicht mit mindestens einem Kunden gesprochen haben. Hören Sie einen Augenblick auf zu lesen, und überlegen Sie, wann Sie einen Kunden oder eine Kundin zuletzt um einen Verbesserungsvorschlag gebeten haben.

Die Kundenkategorie spielt dabei nur eine untergeordnete Rolle. Ganz gleich, ob es sich um einen wichtigen oder unbedeutenderen, alten oder neuen Kunden handelt, wichtig ist nur, daß Sie den direkten, persönlichen Kontakt suchen und aufmerksam zuhören. Dafür ist kein vorbereitetes Konzept notwendig. Es genügt, wenn Sie echtes Interesse am Kunden zeigen. Besorgen Sie sich also eine aktuelle Kundenliste, suchen Sie sich willkürlich einen Kunden aus, und wählen Sie die entsprechende Telefonnummer.

»Guten Tag, Frau Soundso. Mein Name ist Tom Lane, ich bin Abteilungsleiter bei der Firma XYZ. Sie haben Teppichreiniger bei uns gekauft, und ich wollte Ihnen für Ihren Auftrag danken. Wir haben manchmal so viel zu tun, daß wir gar nicht dazu kommen, uns bei unseren Kunden zu melden, darum wollte ich einfach kurz mit Ihnen sprechen. Ich möchte mich erkundigen, ob Sie mit uns zufrieden sind und vor allem, ob es etwas gibt, das wir in Zukunft besser machen können. Wahrscheinlich läßt unser Service hin und wieder etwas zu wünschen übrig, und vielleicht sollten wir unsere Produkte in der ein oder anderen Hinsicht weiter verbessern. Vielleicht würden Sie es auch begrüßen, wenn wir in Zukunft ein völlig neues Produkt herstellen oder verkaufen würden, eines, daß Sie sonst nirgendwo finden? Mit anderen Worten: Ich bin ganz Ohr und lausche Ihren Vorschlägen. Als Einstieg eine Frage vorweg: Was können wir für Sie persönlich in Zukunft besser machen?«

Es wäre gut, wenn Ihre Formulierungen nicht allzu glatt wären und nicht so sehr nach Fragebogen klängen. Seien Sie natürlich, zeigen Sie echtes Interesse an der Meinung Ihrer Kunden, und hören Sie einfach zu. Sie hinterlassen durch Ihre persönliche Kontaktaufnahme in jedem Fall einen starken, positiven Eindruck, selbst dann, wenn das Gespräch ohne konkretes Ergebnis verlaufen sollte. Stop – denken Sie etwa gerade darüber nach, wer sich für eine solche Aufgabe in der Firma eignen könnte? Ich schreibe dieses Buch für SIE. Ganz gleich, welche Position Sie in Ihrem Unternehmen einnehmen, Sie arbeiten in jedem Fall immer für Ihre Kunden. Und es kann nie verkehrt sein, sich hin und wieder nach den Wünschen Ihrer »Arbeitgeber« zu erkundigen.

»Mittelsmänner« schaffen unnötige Distanz

Die Kommunikation mit den Kunden verschlechtert sich häufig, wenn sie über Mittelspersonen stattfindet. Als »Puffer« kann ein Markforschungsinstitut, der eigene Verkaufsaußendienst oder schlicht die Unternehmenshierarchie fungieren. Manchmal ist aber auch ein falsch gewählter Absatzkanal dafür verantwortlich, daß Ideen und Anregungen der Kunden im Sande verlaufen.

Fall 18 Clinipad gewinnt ungeahnte Erkenntnisse

Was ich nicht weiß, macht mich nicht heiß. Dieser Spruch gilt auch in Kundenbeziehungen. Probleme, von denen Sie nichts erfahren, können Sie auch nicht lösen. Dabei haben Verkaufsprofis durchaus den Ehrgeiz, mit ihren Kunden »so eng wie möglich« in Kontakt zu bleiben. Dies erweist sich als besonders schwer, wenn es einen Dritten im Bunde gibt.

Im Arzneimittelbereich und in anderen Bereichen vertreiben häufig Zwischenhändler die Produkte eines Herstellers oder manchmal auch mehrere, nicht miteinander konkurrierende Produkte verschiedener Hersteller. In solchen Fällen sind es ausschließlich die Vertriebsmitarbeiter des Zwischenhändlers, die den Kontakt zu den Endkunden aufrechterhalten (oder auch nicht, wie es leider allzuoft der Fall ist). Sie können sich vorstellen, daß es für den Hersteller unter Umständen katastrophal enden kann, wenn er den Bereich der Kundenbetreuung vollständig an »Mittelsleute« abgibt. Manche Herstellerfirmen beauftragen daher eigene Vertriebsmitarbeiter, sowohl den Kontakt zu den Zwischenhändlern zu pflegen, als auch die Verbindung zu einigen größeren Endabnehmern aufrechtzuerhalten.

Zu diesen Firmen gehört auch das Unternehmen Clinipad Corporation aus Guilford, Connecticut. Clinipad ist Hersteller und Vertreiber einer breiten Palette von Artikeln für den Ärzte- und Krankenhausbedarf. Das bekannteste Produkt dieser Firma erinnert an die kleinen Feuchttücher, die man bei Kentucky Fried Chicken bekommt. Ich sage bewußt »erinnert an«, denn die Produkte von Clinipad erfüllen natürlich sehr viel strengere Qualitätsanforderungen als diejenigen der Imbißkette. Bevor ein Patient beim Arzt mit einer Nadel gepiekst wird, reibt die Arzthelferin die entsprechende Stelle am Arm (oder an einer weniger angenehmen Körperstelle) mit einem Alkoholtupfer ab. Landet jemand mit Schnittverletzungen oder Schürfwunden in der Ambulanz eines Krankenhauses, ist der erste Behandlungsschritt der Griff zu einem kleinen jodgetränkten Tupfer, mit dem die Wunden desinfiziert werden. Tagtäglich verlassen in einem reizenden Küstenstädtchen in New England zahllose Exemplare dieser Tupferträger das wunderschöne, historische Gebäude der einstigen Uhrenfabrik, das von Clinipad zu einer Produktionsstätte umgebaut wurde. Von dort aus werden die Artikel zu den Händlern transportiert, die sie wiederum an Krankenhäuser, Arztpraxen und andere medizinische Einrichtungen liefern.

Mein erster Kontakt zu Clinipad kam über den Firmenchef David Greenberg zustande, der mich damit beauftragte, ein Seminar auf der jährlich stattfindenden Verkaufstagung abzuhalten. Ich bat Greenberg um eine Liste der teilnehmenden Vertriebsmitarbeiter, damit ich sie telefonisch befragen und meinen Vortrag persönlicher gestalten konnte.

Nachdem ich mit einigen von ihnen gesprochen hatte, überkamen mich aber Zweifel am Konzept meines Vortrags. Jedem hatte ich die gleiche Frage gestellt: »Ich möchte auch auf Fälle eingehen, in denen es Ihnen gelungen ist, Kunden zurückzugewinnen, die schon aufgehört hatten, bei Clinipad zu bestellen. Gibt es Beispiele, wo Sie verloren geglaubte Kunden zurückerobert haben?«

Fehlanzeige. Niemand konnte mir auch nur ein Beispiel nennen. Alle Vertriebsmitarbeiter versicherten mir, daß sie niemals auch nur einen Kunden verloren hätten. Sie wußten einfach nichts davon, weil sie von den entsprechenden Informationen abgeschnitten waren. Ihre wichtigste Kontaktperson war der Zwischenhändler. Zu den Endabnehmern hatten sie kaum Zugang.

Ich rief David Greenberg an und sagte: »Vielleicht sollten wir doch ein anderes Tagungsthema wählen. Es scheint, als hätte niemand Ihrer Vertriebsmitarbeiter je einen Kunden verloren.«

David sagte sofort: »Das kann nicht sein. Ich weiß, daß wir Verluste haben. Bleiben Sie bei Ihrem Thema, ich werde mich mal selber schlau machen.«

Am Morgen der Tagung, kurz bevor ich ans Rednerpult gehen wollte, gab David mir eine Liste mit Aufträgen, von denen er *wußte*, daß die Firma sie im letzten Jahr verloren hatte. Der Gesamtwert lag bei 1 100 000 Dollar, etwa 3 Prozent des Jahresumsatzes.

Die Verkaufsmitarbeiter hatten davon keine Kenntnis gehabt, kein Wunder also, daß mir niemand Auskunft geben konnte. Die Zwischenhändler hatten als eine Art Puffer fungiert und die Vertriebsabteilung von Clinipad von ihren Endabnehmern abgeschirmt.

Erst nachdem David die erschreckend hohe Abwanderung offengelegt hatte, wurden seine Mitarbeiter hellhörig und bemühten sich fortan mit vereinten Kräften um einen intensiveren Kundenkontakt. Auf diese Art und Weise bekamen sie nun Informationen, die ihnen bisher entgangen waren.

Ihre Bemühungen zahlten sich aus und führten außerdem zu einem überraschenden Ergebnis. Um die Wachsamkeit seiner Mitarbeiter weiter zu stimulieren und gleichzeitig für einen fruchtbaren Gedankenaustausch zu sorgen, bat der Firmenchef jeden einzelnen darum, einen Ergebnisbericht zu schreiben. Der Tenor dieser Berichte war immer der gleiche: Dank der intensiveren Kundenkontakte bemerkten die Verkäufer, daß manche Abnehmer kurz davor standen, vom »Förderband zu fallen«. Andere waren bereits heruntergefallen, aber – und das war die wichtigste Erkenntnis – es war gar nicht so schwierig, sie auf das Förderband zurückzubringen.

Einer der Vertriebsmitarbeiter, Tom Joyer, der für das Gebiet El Paso in Texas verantwortlich ist, berichtete von einem Kunden, der bei Clinipad verschiedene Sorten von Feuchttüchern im Wert von 80 000 Dollar gekauft hatte. Dieser Kunde plante nun bei einer Konkurrenzfirma zu ordern. Und warum? Der zuständige Verkaufsmitarbeiter des Zwischenhändlers hatte die Firma verlassen, so daß sich zunächst niemand um den betreffenden Kunden kümmerte. Als sich schließlich ein neuer Verkaufsmitarbeiter bei ihm meldete, deckte ihn der Kunde als erstes mit Beschwerden über die Qualitätskontrolle ein. Von nun an beschwerte er sich mit schöner Regelmäßigkeit. Da Clinipad aber gerade für eine hervorragende Qualitätskontrolle bekannt ist, ließ der neue Vertriebsmitarbeiter die Beschwerden unberücksichtigt. Er glaubte, der Kunde habe die Produktmängel selbst verursacht.

Als Tom sich näher mit diesem Kunden beschäftigte, merkte er bald, daß seine Klagen nicht unbegründet waren. Clinipad verwendete nämlich seit kurzem eine neue Folie für die luftdichte und sterile Verpackung der Tücher, und dieses neue Material sorgte für

Probleme. Plötzlich wurde der Kunde, der vorher als »Nervensäge und Ignorant« bezeichnet worden war, ernst genommen, und seine Beschwerde als wichtiger Beitrag zur Qualitätssicherung angesehen. Der Vertreter des Zwischenhändlers, der Vertreter von Clinipad, der Vertriebsleiter von Clinipad und der Unternehmensleiter selbst – sie alle kümmerten sich plötzlich um diesen Kunden. Die fehlerhaften Produkte wurden sofort ersetzt, und der Verkaufsmitarbeiter des Zwischenhändlers verpflichtete sich, den entsprechenden Kunden nun in regelmäßigen Abständen aufzusuchen.
Tom schrieb rückblickend:

»Das haben wir noch einmal gut hinbekommen. Wäre da nicht dieses Qualitätsproblem gewesen, dann hätten wir den Kunden vielleicht für immer verloren. Es gab da nämlich einen Mitbewerber, der unsere Preise unterboten hatte. Und wir dachten immer, es würde alles so gut laufen. Als wir auf das Problem aufmerksam gemacht worden waren, konnten wir auf die Wünsche des Kunden eingehen und den Weg der partnerschaftlichen Zusammenarbeit gehen. Er ist jetzt vollauf mit uns zufrieden. Zusätzlich zu den Bestellungen des letzten Jahres im Gesamtwert von 80 000 Dollar hat er uns dieses Jahr probeweise Aufträge im Wert von 40 000 Dollar gegeben, die er sonst immer bei einem anderen Hersteller plaziert hat. Dieser Kunde, den wir eine Zeitlang vernachlässigt haben, wäre wegen eines gravierenden Qualitätsmangels beinahe zur Konkurrenz übergewechselt. Doch wir haben es noch einmal geschafft, das Ruder herumzureißen und konnten das Auftragsvolumen sogar erhöhen – um sage und schreibe 50 Prozent!«

Der Vorfall wirkte sich natürlich auch günstig auf die Beziehung zu den anderen Kunden von Clinipad aus. Der Hersteller war auf einen Mangel aufmerksam gemacht worden, der sich noch nicht überall herumgesprochen hatte. Erst nachdem er von dem Mangel selbst erfahren hatte, konnte er ihn beseitigen. Nur gegen Probleme, die man kennt, kann man auch etwas unternehmen.
Ein anderer Verkaufsmitarbeiter von Clinipad, Tom Popescu, der erst seit kurzer Zeit bei der Firma tätig war, hatte bislang noch nie

über Zwischenhändler verkauft. Er war skeptisch, ob er die Betreuung seiner Kunden wirklich einem anderen überlassen sollte. Es stellte sich heraus, daß seine Skepsis berechtigt war. Einer seiner Zwischenhändler hatte früher bereits unangenehme Erfahrungen mit dem Vertriebsmitarbeiter einer anderen Firma gemacht und übertrug diese Erfahrungen nun auf Tom, der für ihn nur irgendein neuer Mitarbeiter war. Er befürchtete, durch Tom geschäftliche Verluste zu erleiden. Tom schrieb: »Der Händler fiel mir immer wieder in den Rücken, er griff Clinipad und mich an und war eindeutig auf dem besten Weg dazu, das Förderband zu verlassen.«
Nachdem Tom sich bereits über eine Änderung der Verkaufsstrategie Gedanken gemacht hatte, entschloß er sich, beim nationalen Vertriebsleiter des Zwischenhändlers anzurufen, um ihn um einen Rat zu bitten, wie er, Tom, die Arbeit des Händlers erleichtern könne.

»Als ich ihm diese Frage stellte, war er sprachlos – zum ersten Mal. Er dachte lange über eine Antwort nach. Schließlich sagte er, das Beste sei, wenn ich mit seinen Verkäufern zusammenarbeite und mich ganz auf die Produktwerbung konzentriere. Ich begann mich häufiger bei ihm zu melden, rief ihn des öfteren an, schickte ihm Briefe und Nachlaßschreiben. Ich nahm an einer Besprechung mit Mitgliedern der Unternehmensleitung teil, bei der wir uns auf weitere Strategien für eine verbesserte Zusammenarbeit einigten, unter anderem dadurch, daß wir uns nun zweimal pro Woche zusammensetzen wollten. Wir begannen, auf einer persönlicheren Ebene miteinander zu kommunizieren, und ich merkte, daß sie anfingen, mir zu vertrauen. Auch ich fing an, mich für sie persönlich zu interessieren«.

Wenden auch Sie sich zunächst an Ihre Kunden, wenn Sie mehr über Angelegenheiten erfahren wollen, die im dunkeln liegen.
Ein weiterer Verkaufsmitarbeiter von Clinipad, Jeff Jones, faßte den Entschluß, sich bei einem Kunden zu melden, der das Förderband schon verlassen hatte. Zu jenem Zeitpunkt lag kein einziger Auftrag mehr von ihm vor. Jeff entschied sich für den direkten Weg.

Er fragte ihn frank und frei, warum er nicht mehr bei Clinipad kaufe. Die Antwort war simpel, wie Jeff berichtete.

»Er war nur aus einem einzigen Grund bei uns abgesprungen: Unser Mitbewerber hatte eine umfangreiche Befragung des Kunden durchgeführt, so daß dieser sich nun verpflichtet fühlte, bei ihm zu kaufen. Der Mitbewerber machte ihm ein gutes Preisangebot (als eine Art Belohnung), aber die Betreuung ließ langfristig dann doch zu wünschen übrig. Die Mitarbeiter hatten einfach kein Durchhaltevermögen. Anfangs, als die Sache noch aufregend war, gaben sie sich Mühe. Später ließen sie dann stark nach. Dagegen habe ich diesem Kunden jetzt nicht nur gute Preisangebote gemacht, sondern ihm darüber hinaus auch das Gefühl gegeben, etwas Besonderes zu sein, denn ich biete ihm Produkte von höchster Qualität mit ausgezeichnetem Preis-/Leistungsverhältnis. Er kauft inzwischen wieder bei uns und ist sehr, sehr zufrieden. Und darum geht es doch, wenn wir vom ›Förderband‹ reden!«

Was können Sie daraus lernen?

Sie müssen den engen Kontakt zu Ihren Kunden suchen, damit diese auf dem Förderband bleiben. Sie dürfen sich dabei nicht nur auf Mittelsleute verlassen. Kundenbeziehungen gedeihen durch Kontakt und Kommunikation. Wenn Sie bislang keine enge Beziehung zu Ihren Abnehmern gepflegt haben, dann haben Sie mit Sicherheit bereits jede Menge Aufträge verloren und stehen kurz davor, weitere zu verlieren. Es gibt vieles, was Sie nicht wissen – finden Sie es heraus!

Was Sie SOFORT tun können

- Konzentrieren Sie sich auf den »ersten Eindruck«, den neue Kunden von Ihrem Unternehmen gewinnen, und ergreifen Sie alle notwendigen Maßnahmen, damit die Entwicklung dieser

hart erkämpften, neuen Kundenbeziehungen einen guten Anfang nimmt.
- Beginnen Sie damit, neue Kunden telefonisch in Ihrer Firma willkommen zu heißen. Stellen Sie sicher, daß sie gleich nach Erteilung des ersten Auftrages persönlich betreut werden.
- Ihr oberstes Ziel beim Aufbau von Beziehungen sollte sein, sich mit Ihren Kunden zusammenzuschließen – »fusionieren« Sie im besten Sinne. Gehen Sie Bündnisse ein, und sehen Sie Ihre Kunden als Partner.
- Machen Sie sich von branchenüblichen Durchschnittswerten frei, und setzen Sie sich eigene, ehrgeizige Ziele bei der Erhaltung des Kundenstamms.
- Betrachten Sie die durch eine Fusion oder Geschäftsübernahme hinzugewonnenen Kunden als Perlen, und tun Sie alles, um keine zu verlieren.
- Entwickeln Sie Strategien, wie Sie jeden neuen Kunden willkommen heißen können. Beginnen Sie mit einer Willkommensmappe, und versäumen Sie auf keinen Fall, die Kunden persönlich anzurufen.
- Arbeiten Sie Telefonaktionen aus, und vergewissern Sie sich, ob alle Kunden die Vorteile Ihrer Produkte und Dienstleistungen voll ausschöpfen. Sie sollten nicht nur anrufen, um »etwas zu verkaufen«, aber auf jeden Fall darauf vorbereitet sein.
- Knüpfen Sie enge Geschäftsbeziehungen zu Firmen, deren Angebot eine Ergänzung Ihrer Produktpalette darstellt, damit Sie noch mehr Kundenbedürfnisse als bisher befriedigen können.
- Suchen Sie nach Möglichkeiten, diejenigen Mitarbeiter, die die Beziehung zu den Kunden erfolgreich gestärkt haben, durch Gehaltszulagen oder andere Formen der Anerkennung zu belohnen.
- Stellen Sie ein abteilungsübergreifendes Team von Mitarbeitern zusammen, um herauszufinden, wie die Zusammenarbeit der einzelnen Abteilungen so verbessert werden kann, daß Synergieeffekte entstehen und die Kundenabwanderungsrate reduziert wird.
- Gehen Sie davon aus, daß viele Kunden ein Anliegen haben und nur darauf warten, von Ihnen angesprochen zu werden. Melden

Sie sich bei den Kunden. Sie werden Ihnen dann sicherlich gerne sagen, was sie auf dem Herzen haben.
- Überprüfen Sie kritisch jeden Newsletter. Dient er nur als aufdringliche Reklame oder bietet er Ihren Kunden echte Hilfestellung? Wird er wirklich gelesen?
- Fügen Sie jedem Newsletter ein Faxback-Formular oder eine Voice-Mailbox-Nummer bei, und machen Sie es Ihren Kunden auf diese Art so leicht wie möglich, Anregungen oder Vorschläge mitzuteilen.
- Schulen Sie Ihre Kollegen im Zuhören, und fordern Sie sie auf, bei jeder Äußerung des Kunden auch das Unausgesprochene herauszuhören.
- Überprüfen Sie, ob Sie für Ihre regelmäßigen Kontaktaufnahmen zu den Kunden das richtige Timing gewählt haben. Fragen Sie Ihre Kunden, ob sie die Informationsschreiben derzeit zu einem für sie günstigen Zeitpunkt erhalten und ob der Informationsaufbau für sie nützlich ist.
- Vergewissern Sie sich, ob Ihre Image-Studien langfristige Leistungskurven erkennen lassen und Rückschlüsse auf Ihre Marktposition erlauben. Erwarten Sie von diesen Untersuchungen jedoch keine genauen Richtungsanweisungen.
- Planen Sie Kundenseminare, die Ihrem Bedürfnis nach *zweigleisiger* Kommunikation gerecht werden. Stellen Sie sicher, daß leitende Mitarbeiter bei den Seminaren anwesend sind, die bei einer anschließenden Diskussionsrunde auf Fragen der Kunden eingehen können.
- Notieren Sie alle Fragen, und legen Sie sie dann dem Führungskreis vor. Die Fragen geben Aufschluß über die Gedanken und Wünsche Ihrer Kunden.
- Geben Sie Ihren zurückhaltenderen Kunden durch Gruppendiskussionen die Möglichkeit, ihre Anliegen zu äußern.
- Führen Sie unabhängig von Ihrer Position im Unternehmen täglich Ihre eigene Kundenbefragung durch. Investieren Sie drei Minuten, legen Sie das Buch aus der Hand, und rufen Sie einen Kunden an.
- Wenden Sie die Methode »Marketing by Calling Customers« (MBCC) täglich an.

- Umgehen Sie die Mittelsleute, die Sie von Ihren Kunden abschirmen. Stellen Sie den direkten, persönlichen Kontakt zu den Endabnehmern her und prüfen Sie, ob Sie die organisatorischen Zwänge, die zur Einrichtung einer »Pufferzone« geführt haben, beseitigen oder zumindest teilweise lockern können.
- Betrachten Sie Ihre Händler und Vertriebsorganisationen als Partner. Erkundigen Sie sich danach, wie Sie ihnen helfen können, einen engeren Kontakt zu den Endabnehmern zu pflegen. Wenn Ihre Händler nicht wollen, daß Sie zu »ihren« Kunden Kontakt aufnehmen, sollten Sie sich vielleicht nach neuen Geschäftspartnern umsehen.

5. Bleiben Sie in Kontakt

Es gibt eine ebenso vielversprechende wie einfache Methode, um Kunden auf dem Förderband zu halten: Bleiben Sie mit ihnen in Kontakt. Verdeutlichen Sie, daß Sie an der Pflege der Beziehung interessiert sind, weil dies beiden Seiten Vorteile bietet. Natürlich stellen Sie weiterhin Rechnungen aus, und Ihre Kunden überweisen Ihnen Geld. Aber das alleine macht noch keine optimale Kundenbeziehung aus. Dazu ist mehr nötig. Ihre Kunden müssen das Gefühl haben, daß sie für ihr Geld mehr als nur ein Produkt oder eine Dienstleistung bekommen. Überraschenderweise erschöpft sich die Kontaktpflege der meisten Anbieter aber darin, daß sie in bestimmten Abständen an die Erteilung neuer Aufträge erinnern.

Auf den begrenzten Nutzen von Newslettern bin ich schon eingegangen. Kein Newsletter kann so effektiv wie ein persönlicher Telefonanruf sein, schon alleine deshalb nicht, weil im Gespräch beide Seiten zu Wort kommen. Wenn Sie Ihren Kunden Ihr aufrichtiges Interesse vermitteln wollen, müssen Sie schon etwas mehr tun, als nur Post zu verschicken. Das Unternehmen US WEST Cellular hat mit seiner intelligenten Nutzung des Mediums Telefon gezeigt, welche vielfältigen Möglichkeiten es gibt. Die Anrufkampagne hat ihnen sogar Vorteile verschafft, mit denen niemand gerechnet hatte: Diejenigen Kunden, die regelmäßig angerufen wurden, beurteilten den Service des Unternehmens automatisch besser.

Mehr Kontakte verbessern das Bild beim Kunden

Wenn ein Funktelefonbenutzer sich über einen schlechten Service beschwert, hat er meist triftige Gründe, weil technische Mängel die Qualität des Empfangs stören können: Er wird vielleicht unfreiwillig Zeuge der Gespräche anderer Kunden, oder sein Gespräch wird einfach unterbrochen, weil die Funkstationen noch zu weit auseinanderliegen. Bald nachdem US WEST begonnen hatte, die Kunden in regelmäßigen Abständen zu ihrem Urteil über die Empfangsqualität zu befragen, kamen sie zu einer überraschenden Erkenntnis. Diejenigen Kunden, die regelmäßig angerufen wurden, glaubten, daß die Qualität des Service sich verbessert habe. US WEST Cellular untersuchte dieses Phänomen näher und verglich die Beurteilungen dieser Kunden mit denen der anderen, die nicht angerufen worden waren. Sie stuften die Qualität global um 20 Prozent besser ein! Das bedeutet, daß die Kunden, zu denen die Beziehung gepflegt wurde, *glauben*, daß sie einen besseren Service bekommen. Sie äußerten sich beispielsweise so:

»Die Übertragungsqualität hat sich in der letzten Zeit ja erheblich verbessert. In der Vergangenheit hatte ich immer mal wieder Störungen, über die ich mich sehr geärgert habe. Auch mit der Rechnung gibt es keine Probleme mehr, offensichtlich haben Sie der entsprechenden Abteilung mal Dampf gemacht. Außerdem hatte ich immer das besondere Pech, daß meine Anrufe auf dem Weg ins Büro abgeschnitten wurden, weil ein großer Hügel dazwischenliegt. Auch das hat sich sehr gebessert. Haben Sie denn neue Antennen installiert?«

Tatsache war, daß die technischen Voraussetzungen sich in diesem Zeitraum nicht geändert hatten! Diese Kunden benutzen dasselbe Netz, dieselben Antennen und dieselbe Rechnungsabteilung wie alle anderen. Sie bewerteten den Service aber besser, weil sie das Gefühl hatten, vollwertige Partner von US WEST Cellular zu sein.

Der Heiligenschein-Effekt

Was hatte die Firma unternommen, um die technischen Probleme zu beheben, die die Gespräche sooft beeinträchtigten? Nichts! Die einzige Veränderung waren die persönlichen Anrufe, mit denen den Kunden gezeigt werden sollte, daß sie der Firma wichtig waren. Es kam zu einer Art »Heiligenschein-Effekt«, denn die Kunden sagten sich: »Wie aufmerksam, daß die Leute von US WEST Cellular mich gelegentlich anrufen, um zu erfahren, ob alles in Ordnung ist. Ich kenne keine andere Firma, die sich diese Mühe macht. Bei US WEST fühle ich mich dagegen umfassend betreut. Ihr Service *ist* gut.« Diese Veränderung in der Beurteilung ist meßbar: Kunden, die regelmäßige Anrufe erhielten, bewerteten den technischen Service von US WEST Cellular um 20 Prozent besser als die anderen Kunden, die dieselben technischen Einrichtungen nutzten, aber keine Anrufe erhielten.

Es zahlt sich also aus, mit den Kunden in Kontakt zu bleiben: Ihr Service bleibt in noch besserer Erinnerung; eventuelle Warnsignale für eine Bedrohung der Beziehung können frühzeitig aufgefangen werden; und Sie binden Ihre Kunden stärker an sich. Aus diesen Erkenntnissen haben bisher aber nur wenige Firmen Konsequenzen gezogen. Um so vielversprechendere Chancen haben Sie, wenn Sie sie umsetzen!

Welche Regeln gelten nun für die Durchführung von Telefonanrufen, die der Kontaktpflege dienen? Am wichtigsten ist, daß Sie ein spezifisches, kundenorientiertes Ziel verfolgen. Allzu häufig verlaufen Anrufe bei Kunden mit einem Mißklang, weil sie schnell merken, daß der Anbieter aus einem völlig egoistischen Motiv heraus anruft. Das könnte sich, bei einem extrem unterentwickelten Taktgefühl, ungefähr so anhören:

»Guten Tag. Wir haben schon lange nichts mehr von Ihnen gehört, deshalb dachte ich, ich melde mich mal bei Ihnen. Ist alles in Ordnung? Möchten Sie eine Bestellung aufgeben, wo ich Sie nun schon in der Leitung habe?«

Meine Faustregel für derartige Anrufe lautet: Wenn der Kunde den Hörer auflegt und sich über Ihren Anruf freut, dann haben Sie Ihr Ziel erreicht. Fragen Sie sich vor dem Anruf selbst: »Was will ich sagen, worüber der Kunde sich freuen könnte?« Denken Sie an die Sekretärin, die Ihren Anruf an die Chefin weitergibt: »Deborah, Jason ist am Telefon.« Ihr Ziel ist es, bei Deborah folgende Reaktion hervorzurufen: »Wie schön, Jasons Anrufe sind immer sehr angenehm. Meist hat er gute Nachrichten oder einen guten Vorschlag für mich. Die Gesprächszeit ist nie vertan.« Leider sehen die meisten Reaktionen ganz anders aus: »Ach, der ist es. Wahrscheinlich will er wissen, ob ich eine neue Bestellung aufgebe. Ich wette, er muß seine Bilanz für die monatliche Rennliste etwas aufpolieren und wird mich nur nerven. Nein, sagen Sie ihm, ich bin in einer Besprechung.« Selbstverständlich spüren die Kunden es, wenn Sie so tun, als riefen Sie zur Kontaktpflege an, während Sie in Wahrheit nur einen neuen Auftrag ergattern wollen.

Tip des Tages

Eine sehr gute Möglichkeit, diesen Eindruck erst gar nicht entstehen zu lassen, besteht darin, sich einen »Tip des Tages« zu überlegen, bevor Sie anrufen. Betrachten Sie sich als Unternehmensberater mit einem reichen Erfahrungsschatz. Sie hören von vielen Kunden, die gute Geschäfte machen, und oft erfahren Sie auch, welchen speziellen Ideen zu ihrem Erfolg beigetragen haben. Häufig – aber nicht immer – haben auch Ihre Produkte und Dienstleistungen in irgendeiner Form mit diesem Erfolg zu tun. Sie werden sich natürlich hüten, Betriebsgeheimnisse eines Wettbewerbers auszuplaudern, könnten aber in passender Form durchaus den einen oder anderen Tip geben. Denken Sie daran: Je erfolgreicher Ihre Kunden sind, desto mehr Aufträge können Sie Ihnen erteilen. Ihr »Tip des Tages« könnte beispielsweise so lauten:

»Steve, vergangene Woche habe ich im Gespräch mit einem Kunden von einer Idee erfahren, die auch für Sie interessant sein könnte. Der Kunde ist Hersteller wie Sie und erzählte mir von einer neuen Bestandskontrollmethode, mit der er seine Gemeinkosten erheblich senken konnte. Ich mußte gleich an Sie denken, weil Sie ja in einem ähnlichen Bereich tätig sind. Ich erkläre Ihnen kurz, wie die Methode funktioniert, und dann können Sie beurteilen, ob sie auch für Sie in Frage käme...«

Beachten Sie, daß die Idee, die Sie weitergeben, nicht unbedingt etwas mit Ihren unmittelbaren Verkaufsinteressen zu tun haben muß. Wenn dies immer der Fall wäre, würde Ihr Kunde bald merken, daß Sie im Grunde nur verschleierte Versuche starten, ihre Absatzzahlen zu steigern. Als echter Partner möchten Sie aber Ihrem Kunden zum Erfolg verhelfen. Ihre Vorschläge gehen deshalb weit über die Grenzen Ihrer Eigeninteressen hinaus.

Steter Tropfen höhlt den Stein

Ein effektives Kundenkontaktprogramm sollte kontinuierlich sein und viele Aspekte abdecken. Die Realität sieht anders aus: Die meisten derartigen Programme werden nur halbherzig angepackt und schlafen bald wieder ein. Vermutlich denken Sie bei meinen Vorschlägen:»Das ist ja nichts grundlegend Neues und hört sich ganz vernünftig an. Bestimmt handeln die Unternehmen schon längst danach.« Aber überlegen Sie einmal:»Welche Firmen, bei denen Sie Kunde sind, kümmern sich regelmäßig um Sie und sorgen dafür, daß Sie alle nur möglichen Vorteile der Beziehung genießen?« Vermutlich fällt es Ihnen schwer, genügend Beispiele zu finden. Ihren eigenen Kunden ergeht es nicht anders: Auch sie haben nicht viele Lieferanten, die ihnen quantitativ und qualitativ die Betreuung bieten, die ich beschrieben habe.

Von meinem deutschen Lektor erfuhr ich, wie es funktionieren kann, wenn man den Kontaktfaden zum Kunden nicht abreißen läßt und ihm anbietet, sich um möglicherweise nach dem Kauf auftretende Bedürfnisse zu kümmern. Als Lektor braucht er natürlich gute Augen, aber da hapert es bei ihm ein bißchen. Jedes Jahr braucht er eine neue Brille, und bisher ist er immer zu verschiedenen Optikern gegangen, da er gerne mal etwas Neues ausprobiert. Die Optiker verdienen an ihm nicht schlecht: Zwischen 300 und 500 DM blättert er für jede Brille auf die Ladentheke. Vor einem Jahr kaufte er seine Brille zum erstenmal bei Fielmann, einer erfolgreichen deutschen Optiker-Kette. Er war mit der Brille sehr zufrieden, der Service war erstklassig, und der Preis war erstaunlich günstig gewesen.

Mein Lektor hatte die ganze Sache schon fast vergessen, als ihm drei Monate nach Kauf ein persönlicher Brief des Optikers ins Haus flatterte. »Sie haben vor kurzem«, stand da zu lesen, »bei uns eine Brille gekauft. Ich hoffe, Sie haben viel Freude daran. Sollten Sie wider Erwarten nicht zufrieden sein, so tauschen wir Ihre Brille gegen eine neue ein, ohne Probleme.« Das hat meinen Lektor sehr beeindruckt – obwohl es zu dem Schreiben keinen Grund gab, denn die Brille war tadellos.

Im Abstand von einem halben Jahr erhält er nun einen Brief des Fielmann-Optikers mit neuen Angeboten, Nachrichten über neue Läden und ähnliches. Inzwischen ist er zufriedener Stammkunde bei Fielmann, hat dort bereits eine Lesebrille und eine Ersatzbrille gekauft und ersteht seine Jahresbrille nur noch bei dem bekannten Filialisten. Die anderen Optiker schauen in die Röhre. Dies ist ein gutes Beispiel für ein deutsches Unternehmen, das sich darum bemüht, seine Kunden so lange wie möglich auf dem Förderband zu halten. Mit dieser Strategie ist Fielmann zu einem der erfolgreichsten deutschen Unternehmer geworden.

Fall 19 Brock Control Systems läßt auf Worte Taten folgen

Allzu häufig befolgen Kundenberater ihre eigenen Ratschläge nicht. Es ist wie bei dem Schuster, dessen Kinder barfuß laufen. Im Rahmen der Vorarbeiten zu *Verkaufe alles – nur nicht Deine Kunden* habe ich einen Softwareanbieter kennengelernt, dessen Erfolg darauf basierte, daß er anderen Firmen zeigte, wie sie einen engen Kundenkontakt pflegen konnten. *Auch sein eigenes Unternehmen richtete sich danach!* Beispielsweise benutzte er für den Geschäftsablauf ein Software-System, das er auch seinen Kunden verkaufte. In den vergangenen vier Jahren ist sein Umsatz jährlich um 37 Prozent gestiegen, und die Gewinne schnellten um 54 Prozent nach oben!

Richard Brock ist Gründer und Geschäftsführer des Software-Beratungsunternehmens Brock Control Systems in Atlanta. Richard meint, daß die Software nur der äußere Ausdruck des wahren

Geschäftsziels seiner Firma sei: die Partnerschaft mit den Kunden. Richard sagt:»Wenn jemand kein Interesse an einer partnerschaftlich orientierten Beziehung hat, wollen wir ihm auch keine Software verkaufen.« Brock sieht sein Unternehmen als einen Ort, an dem sich erfahrene Unternehmensberater für das Wohl ihrer Klienten einsetzen. Die zahlreichen Software-Module, die sie vertreiben, sollen die Art und Weise, wie Brocks Kunden ihr Geschäft betreiben, revolutionieren. Das fängt bei einem Modul namens »Database Marketing Activity Manager« an, führt direkt zum Telemarketing und zur Außendienstautomatisation und findet einen Höhepunkt in einem Modul für die Kundenpflege namens »Customer Care Activity Manager«. Bei der Entwicklung sämtlicher Module wurde großer Wert darauf gelegt, daß die Anwender ihrer Verantwortung gegenüber den Kunden gerecht werden können. Wer mit der Software von Brock arbeitet, kann sicher sein, daß von nun an weder Verkaufshinweise noch potentielle Kunden und auch keine langjährigen Kunden mehr unbemerkt durch die Maschen seines Netzes schlüpfen.

Es ist bemerkenswert, wie leichtfertig oder gar schlampig viele Anbieter mit ihren Absatzchancen umgehen. Brock hilft ihnen, Fuß zu fassen. In *The Wall Street Journal* beispielsweise erschienen die Ergebnisse einer Fünfjahresstudie, die von Performark in Minnesota, einem Spezialisten für Vertriebs- und Marketing-Dienstleistungen, durchgeführt wurde. Das Marktforschungsinstitut schickte Tausende von Antwortkarten als Reaktion auf Werbemaßnahmen für Waren und Dienstleistungen, die mindestens 5000 Dollar kosteten, ein. In Anbetracht der Preiskategorie sollte man meinen, daß die Werbenden sich alle Mühe gaben, jede Anfrage eines möglichen Kunden gewissenhaft und verantwortungsbewußt zu bearbeiten. Performark kam zu anderen Ergebnissen. Es dauerte durchschnittlich 58 Tage, bis die angeforderten Broschüren eintrafen, und knapp 25 Prozent der Anfragen wurden überhaupt nicht beantwortet. Nur auf eine von acht Anfragen folgte ein nachfassender Anruf... durchschnittlich 89 Tage nach Eingang der Anfrage!

Mit der Software von Brock soll diesen Zuständen ein Ende bereitet werden. Auch im eigenen Haus wird das Verantwortungsbewußtsein gegenüber dem Kunden ernst genommen. Bei Brock gelten strenge Richtlinien für die Bearbeitung von Verkaufshinweisen. Es werden detaillierte Folgeberichte erstellt, in denen festgehalten wird, was mit jedem Hinweis geschah und wer dafür verantwortlich war. Außerdem wird die Firma der Tatsache gerecht, daß die Verkaufsrepräsentanten im herkömmlichen Sinn für die Durchführung der Nachfaßaktionen nicht unbedingt geeignet sind.

Ein weiterer wichtiger Grundsatz der Marketingstrategien von Brock ist der, daß es Aufgabe der Firma ist, auf die menschliche Natur zu *reagieren,* nicht aber, sie zu verändern. Zur menschlichen Natur gehört es beispielsweise, daß Verkaufsrepräsentanten, die gute Arbeit in der Neukundenakquisition leisten, nicht in der Lage sind, die Kundenpflege so intensiv fortzuführen, wie es für beide Seiten gut wäre. Also wird das Kundenkonto an den Kundenentwicklungsmitarbeiter weitergegeben. Die Provision wird zwischen beiden aufgeteilt. Nur wenige andere Unternehmen haben bisher Konsequenzen aus der Tatsache gezogen, daß die Vertreter, die neue Kunden gewinnen, den Kontakt mit den Altkunden vernachlässigen. Sie wären mit der erforderlichen Betreuungsarbeit einfach überlastet. Bei Brock jedoch hat man das Problem erkannt, und die Lösung kann sich sehen lassen.

1991 setzte Brock probeweise ein Team von Verkaufsrepräsentanten ein, das ausschließlich für die Betreuung des Kundenstamms zuständig war. Diese Mitarbeiter wurden »Kundenentwicklungsrepräsentanten« genannt. Der Versuch verlief so erfolgreich, daß Brock Control Systems jetzt sieben Kundenentwicklungsrepräsentanten hat, denen die Kundenkonten übergeben werden, sobald die 14 Neukundenvertreter ihre Arbeit abgeschlossen haben. Dabei wird ein Teammodell praktiziert, an dem vier Personen beteiligt sind: ① der Akquisiteur, der den ersten Vertrag abschließt, ② der Kundenentwicklungsvertreter, der dafür sorgt, daß der Neukunde der Firma treu bleibt, ③ der Kunde und ④ der Service-Mitarbeiter, der die Implementierung der Software betreut. Häufig hat der Kunde das geringste Maß an Wissen und Erfahrung, was technisches Know-how angeht.

Nach der Installierung der Software haben die Kunden die Möglichkeit, einen Servicevertrag abzuschließen, der sie berechtigt,

Softwareaktualisierungen, Schulungen und Beratungsangebote in Anspruch zu nehmen. Sie bezahlen dafür 18 Prozent des ursprünglichen Softwarepreises. In einer jüngst durchgeführten Kampagne wollte Brock Control Systems herausfinden, warum manche Kunden ihren Servicevertrag gekündigt oder nicht verlängert hatten. Durch ein »Amnestie«- Programm gelang es ihnen, einige wichtige Kunden zurückzugewinnen. Dieses Programm ermöglichte es Kunden, die schon seit längerer Zeit keine Aktualisierungen mehr angefordert hatten, den Servicevertrag fortzusetzen und das gerade gültige System zu installieren. Die Aktualisierungen, die sie in der Zwischenzeit verpaßt hatten, wurden ihnen nicht in Rechnung gestellt.

Es ist interessant, wie Richard Brock sich über die abgesprungenen Kunden äußert: »Wenn sie den Servicevertrag nicht verlängert haben, dann deshalb, weil es *uns nicht gelungen* ist, ihnen den Nutzen glaubhaft zu machen.« An dieser Aussage wird sehr deutlich, daß Brock die Verantwortung dafür, daß ein Angebot nicht angenommen wird, bei sich selbst sucht.

Während das »Amnestie«-Programm durchgeführt wurde, stellte Richard fest, daß die meisten Kunden, die den Servicevertrag nicht verlängerten oder gar nicht in Anspruch nahmen, ihre Software weiterhin nutzten und völlig zufrieden damit waren. Das Versäumnis lag also bei ihm selbst, weil er nicht wirkungsvoll genug demonstriert hatte, welchen Sinn die Serviceverträge hatten. Er schloß daraus, daß er den partnerschaftlichen Aspekt der Beziehung zu seinen Kunden noch stärker betonen mußte.

Richard erkannte auch, daß durch einen Kauf nicht nur eine Beziehung zwischen dem Käufer und Brock Control Systems entstand, sondern auch zwischen Brock Control Systems und den Anwendern, zumal bei den Kunden eine relativ hohe Personalfluktuation zu verzeichnen war. Etwa 50 Prozent der Schulungsteilnehmer, die nach Atlanta in die Zentrale kamen, hatten mit der ursprünglichen Kaufentscheidung nichts zu tun gehabt. Sie verstanden beispielsweise nicht immer, welche marketingstrategischen Ziele der Software von Brock Control Systems zugrunde lagen. Manchmal wurden sie einfach »hingeschickt«, ohne die Partnerrolle zu verstehen, die Brock mit seinen Kunden aufbauen will.

Richard erkannte, daß er auch zu diesem Personenkreis eine persönliche Beziehung aufbauen mußte und sich nicht auf den Kunden beschränken durfte, der irgendwann einmal die Entscheidung getroffen hatte. Richard illustrierte diesen Gedanken mit einigen gelungenen Vergleichen: Ein guter Arzt verschreibt Ihnen nicht nur ein Rezept, sondern er sorgt auch dafür, daß Sie das Arzneimittel nehmen. Sie können ein Kind auch nicht essen lassen, was es will. Als Eltern sind Sie für eine gesunde Ernährung verantwortlich. Wenn Sie einen Fitneß-Club führen und ein Kunde zu Ihnen kommt, um 10 Pfund abzunehmen, während er in Wahrheit mindestens 40 Pfund Übergewicht hat, dann ist es Ihre Pflicht, ihm Wege zum Abnehmen aufzuzeigen und ihn dabei zu unterstützen. Analog dazu sieht Brock Control Systems seine Beziehung zu den Kunden. Die Firma ist Partner ihres Erfolgs.

»Je besser wir unsere Kunden kennen, desto stärker wird unsere Beziehung sein.« Richard findet es jedesmal peinlich, wenn er auf einer Konferenz als Redner auftritt und dann einem Kunden begegnet, den er nicht kennt. Auch aus diesem Grund ist es so wichtig, daß zumindest der Kundenentwicklungsvertreter einen engen Kontakt hält.

Empfehlungen durch Kunden sind für Brock Control Systems die wichtigste Ressource, um Neugeschäfte zu tätigen. Konsequenterweise wurde ein ausgezeichnetes Belohnungssystem aus der Taufe gehoben. Es ähnelt im Prinzip den Vielfliegerprogrammen. Die Kunden bekommen Punkte für ihre Empfehlungsadressen und erhalten vierteljährlich einen Statusbericht über ihre Gesamtpunktzahl zugeschickt. Diese Punkte können dann auf die Gebühren für Schulungen und Beratungen, die Dokumentation oder die Anmeldung zur jährlichen Anwenderkonferenz angerechnet werden.

Die Kunden sind begeistert von diesem Programm. Sie nennen gerne mögliche Interessenten, weil sie das Produkt und den Service uneingeschränkt weiterempfehlen können. Aber den größten Pluspunkt sehen sie darin, daß sie auch erfahren, was mit ihren Empfehlungen geschieht. Brock schickt nämlich an alle Kunden, die ihm Empfehlungsadressen geben, Berichte über deren Weiterverfolgung und das Ergebnis. Genau diese Art von positiver Bestärkung bewegt die Kunden dazu, weitere Interessenten zu nennen.

Richards Erfahrungen zufolge wissen die Kunden häufig nicht, welche Hardware- und Software-Konfigurationen sie verwenden sollten. Brock Control Systems erfüllt hier eine wichtige Rolle als Berater und Partner. Wechselt ein Kunde die Betriebssysteme, erhebt Brock keine Gebühren für den Austausch der Software. Es überrascht nicht, daß man bei Brock Control Systems eine jährliche Überprüfung der Kundenzufriedenheit als nicht ausreichend ansieht. Statt dessen wird wöchentlich eine repräsentative Zahl von Kunden befragt. Wer den Fragebogen über die Qualität der »Professional Services Organization« ausfüllt, erhält 10 Dollar Belohnung. Der Servicebereich ist nämlich der am schnellsten wachsende Teil des Geschäfts. Neuerdings werden die Kunden sogar zu den Anrufen der Telefonmitarbeiter befragt, um sicherzustellen, daß auch diese effektive Arbeit leisten.

Brock Control Systems ist besonders in der Bankbranche sehr erfolgreich. Viele Banken verwenden die Software von Brock Control Systems, um auf Kundenanfragen effektiver reagieren und zusätzliche Dienstleistungen verkaufen zu können. Die Bank of Montreal ist ein gutes Beispiel dafür. Ihrem Telefonteam ist es gelungen, 18 Prozent der Kunden, die ihre Einlagen kündigen wollten, zu einer Verlängerung zu bewegen.

Kreditgeber verwenden die Software auch dazu, Kreditnehmern die Refinanzierung ihrer Darlehen zu erleichtern. Da davon auszugehen ist, daß die Kunden ohnehin nach Refinanzierungsmöglichkeiten suchen, wartet Lincoln Services, eine in 48 Bundesstaaten vertretene Hypothekenbankgesellschaft, nicht erst darauf, daß die Kunden Kontakt zur Konkurrenz aufnehmen – sie rufen ihre Kunden zuerst an. Diese freuen sich darüber und bleiben Lincoln Services treu.

Was können Sie daraus lernen?

Verkäufer, die erfolgreich neue Geschäfte ankurbeln, erzielen wahrscheinlich weniger zufriedenstellende Ergebnisse, wenn es darum geht, die einmal geknüpfte Beziehung zu pflegen. In vielen Fällen ist Ihnen und Ihren Kunden besser gedient, wenn Sie die

Neukunden an Spezialisten weitergeben, deren primäres Interesse darin liegt, langfristige Beziehungen aufzubauen.
Die Kunden sind bereit, in die Partnerrolle zu treten, wenn sie das Gefühl haben, daß Sie an einer langfristigen Beziehung interessiert sind. Mit sporadischen Aktionen wird es Ihnen nicht gelingen, die Interessen beider Seiten dauerhaft zu befriedigen.

Fall 20   IBM wird aufmerksamer

Die hier vorgestellten Verkaufsmethoden führen oft zu Vorteilen auf beiden Seiten, mit denen man gar nicht gerechnet hätte. Manchmal werden Programme initiiert, die auf ein bestimmtes Ziel ausgerichtet waren und dann ganz anders, aber trotzdem erfolgreich, enden. Ein Beispiel dafür ist das Programm »After Market Group« von IBM. IBM stellte fest, daß es zu teuer war, einige der relativ unbedeutenden Kunden auf konventionelle Weise zu betreuen, nämlich durch persönliche Vertreterbesuche. Also wurden die kleineren IBM-Kunden probeweise nur noch telefonisch betreut. Das Experiment begann in der IBM-Niederlassung in Denver mit einem Kundenbetreuungsteam, das für mehrere Staaten im Westen zuständig war.

Ausgangspunkt für das Experiment war die Überlegung, daß es eine kostengünstigere Betreuungsstrategie für Kunden geben müßte, die nicht im oberen Umsatzdrittel lagen. Die Telefonpioniere machten sich also an die Arbeit und riefen die Kunden an, um herauszufinden, was sie von einer neuen Betreuungsform hielten, die durch häufigere, aber ausschließlich telefonische Kontakte gekennzeichnet war. Nach kurzer Zeit stellte sich heraus – und fast jede andere Firma, die sich die Mühe einer solchen Telefonaktion ebenfalls gemacht hätte, wäre zu denselben Ergebnissen gelangt –, daß viele Kunden das Förderband gerade verließen. Natürlich hatten die Außendienstrepräsentanten weiterhin engen Kontakt zu den Großkunden gehalten. Aber der Kontakt zu den kleineren und mittleren Kunden war bestenfalls sporadisch gewesen, und manchmal hatte man sogar ganz darauf verzichtet.

Die Telefonmitarbeiter von IBM erfuhren, daß manche Kunden

seit über einem Jahr *keinerlei* Kontakt mehr zu IBM gehabt hatten. Dabei ging es nicht um Käufer, die nur ein paar PCs orderten. Es handelte sich um gewerbliche Kunden mit Computern der mittleren Preisklasse, die einmal 25 000 bis 75 000 Dollar für ihre Hardware und Software bezahlt und dann den Kontakt zu den Außendienstmitarbeitern verloren hatten.

Alana James, ein Mitglied des IBM-Teams, erinnert sich an ihren ersten Anruf bei Wallace Vacuum, einem Staubsaugerhändler. Nun fragen Sie vielleicht:»Warum steht eine kleine Staubsaugerfirma überhaupt auf der Kundenliste von IBM?« Nun, diese relativ kleine Firma hatte einmal einen AS/400-Kleincomputer von IBM geleast, um die Betriebsführung in den Griff zu bekommen. Ironischerweise waren die Firmengründer, ein Ehepaar, ehemalige IBM-Angestellte.

Die Reaktion auf Alanas ersten Anruf verlief ungefähr nach dem Muster:»Sie wagen es, überhaupt bei uns anzurufen? Seit ich Kunde und nicht mehr Mitarbeiter von IBM bin, habe ich eine schlechte Erfahrung nach der anderen gemacht. Ich will nichts mehr mit Ihnen zu tun haben.« Dieser Kunde hat, wie er sagt,»40 000 Dollar in den Sand gesetzt«. Die Computerhardware war mit COBOL als Programmiersprache verkauft worden. Wallace hatte sie aber nie verwenden können. Er hatte beim Kauf den IBM-Außendienstmitarbeiter so verstanden, als seien nur minimale Anpassungen notwendig, um die Ausrüstung nutzen zu können. Tatsächlich aber mußte die Software in so vielen Punkten an die Bedürfnisse des Anwenders angepaßt werden, daß dieser den IBM-Computer einfach nicht mehr benutzte und statt dessen das System eines Konkurrenten kaufte. Am Tag von Alanas Anruf jedoch war dieser Computer gerade abgestürzt, so daß Wallaces Reaktion mehr als verärgert war.

Wallace Vacuum erteilte IBM natürlich nicht sofort einen Großauftrag für neue Soft- und Hardware. Aber Alanas Anruf führte trotzdem zu einem positiven Ergebnis: Sie konnte die Meinung eines deutlich negativ eingestellten Käufers revidieren, der möglicherweise viele andere Kunden und noch mehr Interessenten abgeschreckt hätte. Vielleicht war sogar noch wichtiger, daß IBM von derartigen Problemen, mit denen auch andere Kunden kämpften, erfuhr. Weil der Kontakt nach dem Kauf abgebrochen war, hatten die Benutzer für ihre Probleme keine Ansprechpartner und waren entsprechend wütend.

Die Kunden wollten nicht nur eine Lösung ihrer Probleme, sondern noch etwas anderes Grundlegendes: Aufmerksamkeit. Kendra Lee, Projektleiterin bei IBM, war überrascht, als sie erfuhr, welche Art des Kontakts sie vorzogen. Weniger als ein Prozent der Kunden wünschten persönliche Besuche, während 82 Prozent angaben, daß sie einen regelmäßigen Telefonkontakt sehr begrüßten. Die Kunden sagten also nicht:»Hören Sie endlich auf, mich mit Ihren Anrufen zu belästigen«, sondern:»Ich bin froh, daß Sie angerufen haben und hoffe, daß Sie beim nächsten Mal nicht mehr so lange damit warten.«

Kendra hat die Strategie der After Market Group entscheidend beeinflußt, indem sie betonte, daß man den Kunden das geben sollte, was sie wünschten. Natürlich mußte man zunächst einmal *herausfinden*, was sie wollten. Deshalb begannen die Telefonmitarbeiter ihre Kontakte stets mit der Frage:»Wir rufen an, um herauszufinden, wie wir Sie in Ihrer Firma unterstützen können. Vielleicht haben Sie gerade ein spezielles Problem?«

Die Telefonmitarbeiter begannen mit einem Basiskatalog von Fragen. Sie erkundigten sich, wie häufig der Kunde von seinem IBM-Vertreter angerufen werden wollte, welche Art von Kontakt er vorzog, wie zufrieden er mit IBM wäre und ob er IBM weiterempfehlen würde. IBM geht zwar davon aus, daß jeder Kunde mindestens alle 70 Tage kontaktiert werden sollte, überläßt aber dem Kunden die Entscheidung, ob dieser Zeitraum verkürzt oder verlängert werden soll. Etwa 35 Prozent der Kunden wollten tatsächlich häufiger angerufen werden.

In der Regel waren die Kunden überrascht, wenn sie einen Anruf von IBM bekamen, und fügten dann schnell hinzu, daß sie sich darüber freuten. Sie wollten *kommunizieren*.

Glücklicherweise wollten sie auch kaufen. Das vorrangige Ziel der Telefonmitarbeiter war es zwar, den Kontakt zu den Kunden zu intensivieren und ihnen eine Gelegenheit zu geben, mögliche Probleme oder Bedürfnisse anzusprechen, doch gleichzeitig boten sich zahlreiche Möglichkeiten, zusätzliche Produkte und Dienstleistungen zu verkaufen. Bemerkenswerterweise hatten die Kunden keine Vorbehalte, größere Käufe am Telefon, ohne direkten Kontakt mit dem Verkäufer, zu tätigen. Die Aufträge reichten von preiswerten Terminals für 800 bis 2000 Dollar über leistungsfähige Drucker für 5000 bis 10 000 Dollar bis hin zu AS/400-Aktualisierungspaketen für bis zu 50 000 Dollar. All diese Aufträge wurden ausschließlich über das Telefon abgewickelt. Dabei hatte IBM nichts anderes getan, als die Kunden nach ihren Wünschen und Bedürfnissen zu fragen und sich danach zu richten.

Wie kaum anders zu erwarten, stellte auch IBM fest, daß der Telefonverkauf Kosten spart und die Kundenbedürfnisse auf profitablere Weise befriedigt. Selbst wenn man die langfristigen Vorzüge ausklammert – die Stärkung der Kundenbeziehung, Lösung von Problemen und Befriedigung von Bedürfnissen –, sind alleine die reduzierten Absatzkosten Grund genug, schon gewonnene Kunden häufiger anzurufen. Die Nettogewinnspanne liegt bei einem Abschluß, den ein Außendienstrepräsentant mit einem »industriellen Wiederverkäufer« (oder »Geschäftspartner«) tätigt, nur bei 4 Prozent (bis zu 11 Prozent bei den seltenen »Traumabschlüssen«), je nach den spezifischen Besonderheiten des Verkaufs und der benötigten technischen Betreuung. Bei der After Market Group stieg der Nettogewinn auf bis zu 17 Prozent.

Was können Sie daraus lernen?

Die Lektionen, die IBM gelernt hat, treffen mit hoher Wahrscheinlichkeit auch auf Ihr Unternehmen zu.

- Kleine und mittlere Kunden werden von Ihrer Außendiensttruppe vermutlich zuwenig oder gar nicht beachtet.
- Genau diese Kunden jedoch begrüßen jede zusätzliche Aufmerksamkeit und fühlen sich derzeit vernachlässigt.
- Wenn sie die Wahl haben, ziehen die meisten Kunden regelmäßige Telefonanrufe den persönlichen Gesprächen mit dem Vertreter vor.
- Diese Kunden tendieren dazu, mehr Produkte und Dienstlei-

stungen zu kaufen, wenn Sie erst einmal einen kontinuierlichen Telefondialog eingerichtet haben.
- Mit dem Telefonverkauf erzielen Sie einen weit höheren Nettogewinn als mit Ihren traditionellen Dircktvertriebsmethoden.

Das heißt also: Sie profitieren davon, wenn Sie den Kunden geben, was diese sich wünschen. Der erste Schritt heißt aber immer, Kontakt zu ihnen aufzunehmen, um ihre Bedürfnisse überhaupt feststellen zu können.

Kunden freuen sich über mehr Aufmerksamkeit

In den verschiedensten Branchen kann man immer wieder die Erfahrung machen, daß Kunden positiv auf häufigere Kontakte reagieren – vorausgesetzt, sie haben auch einen Nutzen davon. Alle bisher besprochenen Beispiele von Firmen und Organisationen wie Washington Mutual Savings Bank, AAA, Graphic Controls, Thorndike Press und andere haben eindeutig in diese Richtung gewiesen. Ihren Erfolg kennzeichnet ein gemeinsames Merkmal: Je enger die Beziehung zum Kunden ist, desto größer ist der beiderseitige Nutzen.

Wann ist es zuviel?

Aber wo liegt die Toleranzgrenze? Muß der Kunde unsere Aufmerksamkeit nicht irgendwann als lästig empfinden? Natürlich kann man alles übertreiben. Aber derzeit wird in punkto Kundenbetreuung derart *untertrieben,* daß ich keinerlei Befürchtungen hege, daß ein Kunde sich über ein zu hohes Maß an Beachtung beschweren könnte. An der Häufigkeit des Kontaktes sollte man die Intensität Ihrer Beziehung und Ihre Fähigkeit, den Kunden zu unterstützen, ablesen. Wenn Sie also nicht viel für einen Kunden tun können und durchschnittlich eine Bestellung pro Jahr von ihm erhalten, könnten zwei Kontakte jährlich ausreichend sein. Ein anderer Kunde ordert vielleicht regelmäßig und freut sich über alle

Tips, die Sie für ihn haben. Hier könnten durchaus zwei Kontakte monatlich angebracht sein. Als Faustregel sollten Sie mindestens einen vierteljährlichen Kontakt vorsehen. Geben Sie speziell auf die Situation des Kunden zugeschneiderte Tips, und sondieren Sie nach bisher unerfüllten Bedürfnissen. Auf diese Weise werden Sie bestimmt nicht übertreiben.

Keine Beschwerden? Höchste Zeit zum Handeln!

An sämtlichen Beispielen ist nun deutlich geworden, daß Kunden einen häufigeren Kontakt begrüßen und ihn zum Anlaß nehmen, mehr Aufträge und Bestellungen zu erteilen. Eines steht fest: Sollten Ihre Kunden tatsächlich zuviel Aufmerksamkeit erhalten, dann werden sie es Sie wissen lassen. Eine starke Kundenbeziehung vorausgesetzt, können Sie genügend Methoden anwenden, um ein Feedback zu erhalten: Diskussionsgruppen, Umfragen durch Marktforschungsexperten und »MBCC«-Programme.

Halten Sie durch!

Ein weiterer wichtiger Aspekt in der Beziehung zwischen Käufer und Verkäufer ist ihre Unbeständigkeit: Das Verhältnis ist den verschiedensten äußeren Einflüssen unterworfen. Manchmal braucht uns der Kunde mehr, manchmal weniger. Das Kriterium für das Maß unserer Aufmerksamkeit darf also nicht alleine die Häufigkeit der eingehenden Aufträge sein. Oft dauert es sehr lange, bis Beziehungen sich optimal eingespielt haben, und zwischendurch wird es immer wieder schwache Kaufphasen geben.

Ich habe mich schon immer dafür interessiert, wie Immobilienmakler die Beziehung zu ihren Kunden – den Käufern und Verkäufern – gestalten. Während der Arbeiten zu diesem Buch beispielsweise wollte ich acht Eigentumswohnungen verkaufen und war am Erwerb von Immobilien in einer Ferienanlage interessiert. Ich hatte keine Ahnung, wen ich dabei einschalten sollte. In den vorangegangenen fünf Jahren hatte ich mit sechs verschiedenen Maklern zusammengearbeitet, doch kein einziger hatte sich die Mühe gemacht, den Kontakt zu mir aufrechtzuerhalten, nicht einmal durch einen Newsletter. Sollte ein Makler nicht davon ausgehen, daß jemand, der in Immobilien investiert, dies wiederholt tun wird? Würde er sich nicht selbst die Arbeit erleichtern, wenn er mich enger an seine Firma binden würde, so daß ich ihm bereitwillig sämtliche anfallenden Aufträge erteilen könnte? Ich habe jedoch den Eindruck, daß diejenigen Makler, die nach diesen einfachen Grundsätzen denken und handeln, noch große Ausnahmen sind.

Kundenbeziehungen sind nicht nur Geldbeziehungen

Eine lebendige Beziehung zu Kunden und Klienten besteht auch dann weiter, wenn einmal keine Geschäfte abgewickelt werden. Die erwähnten Immobilienmakler dagegen legten ihre Hände in den Schoß, kaum daß sie ihre Provision kassiert hatten. Warum sollte ich in ihnen langfristige Partner sehen, wenn sie nur auf ihre Schecks warteten und dann verschwanden? Gesunde Beziehungen basieren auf einem langfristigen Service und auf einer Kommunikation, die nicht einschläft, sobald keine Provision mehr in Aussicht steht.

Fall 21	Ein Extra von Celestial Seasonings

Woran denken Sie, wenn Sie einen Teebeutel von Celestial Seasonings aus der Packung nehmen? Vermutlich freuen Sie sich auf den hervorragenden Tee, mehr erwarten Sie nicht.
So war es seit Beginn der siebziger Jahre bis 1994. Wenn Sie demnächst wieder eine der 40 Millionen Teepackungen von Celestial Seasonings öffnen, die jährlich in den USA verkauft werden, bekommen Sie vielleicht mehr als Tee. Der Grund: T Taylor wollte Mo Siegel, dem Gründer von Celestial Seasonings, eine gute Idee nicht vorenthalten – obwohl sich ihre Wege schon längst getrennt hatten.

T Taylor (T ist der vollständige Vorname, seit »Robert« in der 5. Klasse feststellte, daß er noch fünf Namensvettern hatte) ist bekannt für seine außergewöhnlich kreativen Talente, seine Prinzipientreue und seine Gabe, Chancen im richtigen Augenblick zu nutzen. Er war Mitbegründer von CareerTrack Seminars und arbeitete dort in einem Team von 32 Kollegen elf Jahre lang als Creative Director. Dann trieb es ihn zu neuen Taten, und er gründete eine eigene Agentur, The Creative Alliance. Er hatte nie zu den Menschen gehört, die sich nach ihrem Erfolg zufrieden zurücklehnen, sondern zog es vor, das sichere Nest zu verlassen und sich als freier Unternehmer zu versuchen. Dazu gehörte einiger Mut.

Ganz anders dagegen die Geschichte von Mo Siegel: Schon als Hippie hatte er in den siebziger Jahren seine Leidenschaft für Kräuter und Tees entdeckt. Er baute seine Gewächse an, erfand die ungewöhnlichsten Tee- und Kräutermischungen und verkaufte sie an Gesundheitsläden in seiner Heimat Colorado. Er hätte im Traum nicht daran gedacht oder sich gar vorgenommen, ein Branchenriese zu werden, aber die Geschäfte liefen einfach glänzend. 1988 schließlich bezahlte ihm die Philip-Morris-Tochter Kraft 55 Millionen Dollar für seine Firma. Mo suchte eine Herausforderung und fand sie in »Earthwise«, einem Unternehmen, das biologisch abbaubare Geschirrspülmittel und andere umweltfreundliche Haushaltsreinigungsmittel herstellte.

Die Wege dieser beiden Persönlichkeiten kreuzten sich im Jahr 1990, als ein gemeinsamer Freund sie einander vorstellte. Bald entdeckten Mo und T Gemeinsamkeiten, etwa ihr Faible für das Marketing. Ts neue Agentur The Creative Alliance übernahm Kreativprojekte für Mo, so daß Earthwise schnell zum wichtigsten Kunden wurde.

In der Zwischenzeit war Celestial Seasonings jedoch weiterveräußert worden, und der neue Inhaber erkannte, daß in dem Unternehmen noch viele ungenutzte Chancen steckten. Um dieses Potential auszuschöpfen, benötigte er eine herausragende Führungspersönlichkeit, mit anderen Worten: Mo mit seiner Fähigkeit zum visionären Denken. Tatsächlich ließ er sich überreden, als CEO in seine frühere Firma zurückzukehren. T dachte: »Großartig

für Mo, aber was geschieht mit Earthwise? Für meine Agentur bedeutet das nichts Gutes.«
T hatte zum damaligen Zeitpunkt drei kleine Kinder und 38 000 Dollar Schulden. Er wußte, daß die Zukunft von The Creative Alliance jetzt auf dem Spiel stand. Der persönliche Kontakt zu Mo war bei Earthwise sehr gut gewesen. Nun brauchte T dringend einige Großaufträge, um seine Agentur über Wasser zu halten. Was lag also näher, als sein Glück bei Mo zu versuchen, der jetzt wieder am Ruder von Celestial Seasonings war? Er mußte Verbindung zu ihm aufnehmen.
Als vielbeschäftigter CEO eines Großunternehmens war Mos Zeit natürlich völlig verplant. Seine Sekretärinnen und Assistentinnen schirmten ihn ab, damit er sich möglichst ungestört auf das Tagesgeschäft konzentrieren konnte, und so weigerten sie sich standhaft, Ts Anrufe durchzustellen. Da besann sich T wieder auf die Gemeinsamkeiten, die sie verbanden, beispielsweise ihre Verknüpfung von religiösen Überzeugungen mit geschäftlichen Entscheidungen. T hatte die christlichen Werte seines Elternhauses verinnerlicht und faßte seine Unternehmensphilosophie folgendermaßen zusammen: »Glaube und tue Gutes. Das Geld kommt dann von alleine.«
T beschloß also, Mo auf jede nur mögliche Weise zu helfen. Wenn er einen besonders gelungenen Katalog, eine Anzeige oder eine Werbeaktion der Konkurrenz von Celestial Seasonings fand, schickte er das Material sofort an Mo und fügte Vorschläge hinzu, wie Celestial Seasonings ein noch besseres Marketing betreiben könnte.
Ts Kollege und neuer Partner Russ Minary stieß in der *New York Times* eines Tages auf einen Artikel über die wachsende Beliebtheit von Eistee. Natürlich erhielt Mo den Zeitungsausschnitt, und in einer kleinen Anmerkung las er: »Warum wird Celestial Seasonings nicht in dem Artikel erwähnt?« Als Mos erfolgreiche Karriere Gegenstand einer Reportage in einem Lokalblatt war, faxte T ihm den Artikel mit einem Glückwunsch zu.
Mit anderen Worten, T hielt den Kontakt aufrecht. Er erzwang nichts und trat auch nicht als Bittsteller auf. Obwohl Mo nicht mehr sein Kunde war, kümmerte er sich um ihn – durch Ideen, Vorschlä-

ge, Glückwünsche. Er hielt sich an die goldene Regel und tat, was er sich von anderen auch gewünscht hätte. Er konzentrierte sich aufs Geben.

Eines schönen Tages wollte T einige Unterlagen bei Celestial Seasonings in Boulder, Colorado, abgeben. Auf dem Parkplatz herrschte ein großes Durcheinander, weil ein Fototermin stattfand. T wollte über den Platz gehen, als er sah, daß ein Mann auf Rollschuhen sich aus der Menge löste und zu ihm kam. Es war Mo. Er sagte: »Ich habe Sie vermißt.« Schnell vereinbarten sie einen Termin für ein Treffen in Mos Büro. In den nächsten Tagen arbeitete T fieberhaft an einem ganzen Feuerwerk neuer kreativer Ideen, die er Mo bei dem Treffen unterbreiten wollte.

Als sie sich gegenübersaßen, begann T zu fragen: »Mo, wie viele Packungen Tee verkaufen Sie jedes Jahr?«

»Etwa 40 Millionen.«

»Und was ist in den Schachteln drin?«

»Tee.«

»Sonst nichts?«

»Nein, ausgezeichneter Tee, was denn sonst?«

»Was halten Sie davon, wenn Ihre Kunden in jeder Teepackung mehr als nur Tee finden würden?«

T legte ihm einen Plan vor, wie Celestial Seasonings den Absatz vervierfachen könnte – ohne daß dazu Produktveränderungen, zusätzliche Kunden oder mehr Mittel nötig wären. Man brauchte nur jeder Teepackung eine kleine Beipackidee hinzuzufügen.

T findet, daß seine Beziehung mit Mo und anderen Geschäftspartnern alle Merkmale einer Werbung aufweist. In zwischenmenschlichen Beziehungen ist es üblich, daß die Menschen einander in den ersten Stadien sehr viel geben. Sie möchten einander beeindrucken und schicken deshalb Blumen und Briefe, haben originelle Ideen und konzentrieren sich im allgemeinen mehr aufs Geben denn aufs Nehmen. In den meisten Beziehungen schwindet im Laufe der Zeit die Bereitschaft zu geben, und die Partner denken mehr darüber nach, was sie bekommen möchten. An diesem Punkt fängt es dann an zu kriseln.

Was können Sie daraus lernen?

Ihre privaten zwischenmenschlichen Beziehungen funktionieren besser, wenn Sie mehr geben. Dasselbe gilt für Geschäftsbeziehungen. Auch hier müssen Sie in der Lage sein, etwas zu geben, ohne sofort etwas zurückzuerwarten. Irgendwann zahlen sich Ihre Bemühungen bestimmt aus, doch die dazwischenliegende Durststrecke darf Sie nicht entmutigen. Ihr Instinkt wird Ihnen in den meisten Fällen sagen, ob sich die Beziehung langfristig positiv entwickeln wird, auch wenn sie Ihnen keine unmittelbaren Umsatzsteigerungen einbringt. Wenn Sie also das nächste Mal eine Packung Tee von Celestial Seasonings öffnen, schauen Sie hinein. Natürlich ist ausgezeichneter Tee drin. Aber Sie werden noch etwas anderes darin finden: eine kleine Aufmerksamkeit von Mo Siegel und T Taylor.

Bindungsfaktoren im Geschäftsablauf

Natürlich wollte ich Ihnen mit meinen Ausführungen nicht nahelegen, Ihre eigenen Interessen zu vergessen und sich ausschließlich um die Ihrer Kunden zu kümmern, oder Ihre Umsatzzahlen nicht mehr wichtig zu nehmen. Die Befriedigung dieser Interessen ist nicht nur wichtig, sondern auch ein Zeichen dafür, daß die Beziehung gesund ist und dem Kunden Vorteile bringt.

Die folgenden drei Bindungsfaktoren im Geschäftsablauf stärken die Kundenbeziehung und steigern gleichzeitig Ihre Gewinne. Leider finden sie derzeit noch viel zu wenig Beachtung.

① **Die Erhöhung des Auftragsvolumens zum Vorteil des Kunden**
Von einer Erhöhung des Auftragsvolumens profitieren oft beide Seiten. Nehmen wir an, Sie betreiben eine Baumschule und sind einer von mehreren Lieferanten einer Landschaftsgärtnerei. Sie schlagen deren Inhaberin vor, Ihnen größere Aufträge zu erteilen. Wenn Sie eine vernünftige Preispolitik betreiben, können Sie größere Mengen zu einem günstigeren Preis anbieten. Also profitieren beide Seiten. Aber die Vorteile sind nicht nur auf die niedrigeren

Stückkosten begrenzt. Mit jedem zusätzlichen Lieferanten entstehen Ihrer Kundin ein erhöhter Verwaltungsaufwand und höhere Gemeinkosten.

② Reduzierung der Bestellkosten
Einige meiner größeren Kunden haben den Bleistift gespitzt und ausgerechnet, daß sich ihr interner Verwaltungsaufwand für die Abwicklung einer einzigen Bestellung auf 40 bis 100 Dollar beläuft. Jemand bereitet den Bestellauftrag vor, dieser geht dann über mehrere Schreibtische, die Wareneingangsstelle kontrolliert die Lieferung, sie wird an die richtige Abteilung weitergeleitet, die Unterlagen werden an die Buchhaltung geschickt, die Rechnung wird überprüft und so weiter. Mit jeder beteiligten Person, mit jedem Schritt summieren sich die Bestellkosten. Verwaltungstechnisch gesehen spielt es keine Rolle, ob eine Packung oder eine Lastwagenladung Kopierpapier gekauft wird. Je größer jedoch das Bestellvolumen, desto geringer der Kostenanteil, der in den Verwaltungsgemeinkosten versickert. Wenn Ihr Kunde bei Ihnen für 5 Dollar Papier kauft und dafür 50 Dollar Verwaltungskosten aufwendet, tragen Sie dazu bei, sein Geschäft zu ruinieren. Können Sie ihn dagegen zu einer Bestellung für 500 Dollar bewegen, helfen Sie ihm, rentabler zu arbeiten. (Umgekehrt gilt das natürlich auch für Sie, weil Ihnen hohe Kosten für die Bearbeitung jedes Auftrags entstehen.) Gelingt es Ihnen schließlich noch, den Kunden zu einem »langfristigen Dauerauftrag« zu bewegen, den er nur abrufen muß, reduzieren Sie seine Verwaltungskosten weiter, und Sie können darüber hinaus noch den Kostenvorteil durch die niedrigeren Stückpreise weitergeben.

③ »Staffelpreise«
Versuchen Sie im beiderseitigen Interesse immer, das Volumen der Aufträge und Bestellungen, die bei Ihnen eingehen, zu erhöhen. Ein sehr effektives Instrument sind Staffelpreise. Neulich bat mich ein Kunde, den Teilnehmern eines Seminars verschiedene Kassetten- und Videoprogramme mit einem Nachlaß anzubieten. Auf meinem Bestellformular sind sieben verschiedene Programme aufgeführt, die regulär jeweils 79,95 Dollar kosten. Für die Seminar-

teilnehmer senkte ich den Preis um 24 Prozent auf 60 Dollar. Für jedes zusätzliche Programm, das bestellt wurde, galt ein weiterer Nachlaß. Vier Programme beispielsweise kosteten insgesamt 205 Dollar, fünf Programme 240 Dollar. Wenn Sie derartige Staffelpreise *nicht* anbieten, können Sie nur folgendermaßen argumentieren: »Vier Programme kosten jeweils 51,25 Dollar; fünf Programme sind für einen Einzelpreis von 48 Dollar zu haben.« Im Gegensatz dazu sind Staffelpreise viel überzeugender, weil es sich lohnt, das Bestellvolumen zu erhöhen: »Jedes fünfte Programm kostet nur 35 Dollar.« Ein Käufer, der vier Programme zu jeweils 51,25 Dollar bestellt, investiert schon 205 Dollar. Mit einem fünften Programm liegt er bei 240 Dollar (5 mal 48 Dollar). Es liegt also im Kundeninteresse, nach Staffelpreisen Ausschau zu halten. Sehen Sie es einmal so: Wenn der Kunde schon findet, daß ihm ein Programm 51,25 Dollar wert ist, und wenn Sie bereit sind, ihm ein weiteres Programm für nur 35 Dollar anzubieten, erweisen Sie Ihrem Kunden dann nicht einen schlechten Dienst, wenn Sie ihn nicht zu einer Erhöhung des Bestellvolumens zu bewegen versuchen?

Führen Sie deshalb immer Staffelkosten ins Feld, wenn Sie das Bestellvolumen Ihrer Kunden erhöhen wollen. Machen Sie deutlich, daß sie durch die Staffelung für vergleichsweise wenig Geld in die nächsthöhere Rabattstufe gelangen. Gleichzeitig spart Ihr Kunde Verwaltungskosten.

Es gibt noch einen weiteren, weniger offensichtlichen Grund dafür, das Volumen der einzelnen Aufträge zu erhöhen: Jede einzelne Bestellung erfordert Zeit. Ihr Kunde muß einen zuverlässigen Lieferanten suchen, Vertrauen zu ihm entwickeln und sich an die spezifischen Geschäftsgepflogenheiten gewöhnen. Was liegt also näher, als es ihm zu erleichtern, möglichst viele seiner Aufträge bei Ihnen zu plazieren? Die Zeit, die er dadurch spart, daß er keine weiteren Lieferanten suchen muß, kann er gewinnbringender anlegen.

Beiden Seiten erwachsen also zahlreiche Vorteile daraus, daß die Bestellmenge erhöht wird. Hier gilt ausnahmsweise einmal der Grundsatz: Mehr Quantität bringt mehr Qualität.

Cross Selling

John Bartholomew stellte fest, daß es sich lohnte, seinen Bankkunden im Rahmen ihrer Betreuung auch Kreditkarten anzubieten. Die Gebühren- und Zinseinnahmen spielen jedoch eine relativ untergeordnete Rolle. Die Teams von Tom Boys bei der Washington Mutual möchten ihren Kunden nicht nur das traditionelle Girokonto anbieten, sondern zusätzliche Produkte und Dienstleistungen. Auch hier erschöpfen sich die Vorteile des Cross Selling nicht in den unmittelbaren Gewinnen. Viel wichtiger ist der Aspekt, daß jedes neue Produkt in der Angebotspalette die Kundenbindung weiter verstärkt. Wenn ein Kunde bei einer Bank ein Girokonto führt, bei einer anderen ein Darlehen aufnimmt und bei einer dritten Spareinlagen hat, unterhält er zu keinem Institut eine stabile Beziehung. Würde er dagegen sämtliche Geschäfte bei einer einzigen Bank abwickeln, wäre die Beziehung weit gefestigter.
Daraus folgt, daß Sie die Beziehungen zu Ihren Kunden stärken können, indem Sie Ihr Angebot erweitern. Suchen Sie zusätzliche Produkte und Dienstleistungen, die Sie anbieten können. Die besten Ideen dafür haben natürlich Ihre Kunden. Ob Sie direkten Kontakt zu Ihnen aufnehmen, Marktforschungsinstitute mit der Kundenbefragung beauftragen oder Diskussionsgruppen einsetzen – Sie sollten stets versuchen herauszufinden, welche zusätzlichen Dienstleistungen und Produkte Ihre Kunden gerne von Ihnen hätten. Je mehr Schnittstellen eingerichtet werden, desto beständiger wird Ihre Beziehung sein.

Empfehlungen

Ob Sie ein beliebiges Verkaufsseminar besuchen oder ein Buch über Verkaufstechniken lesen, man wird Ihnen garantiert dringend nahelegen, Ihre Kunden um die Angabe von Interessenten zu bitten. Aber wann haben Sie zuletzt jemanden um eine Empfehlung gebeten? So sinnvoll und einfach diese Methode ist, so selten wird sie in die Praxis umgesetzt. Und wenn es doch einmal vorkommt, dann wird der Vorteil für den Verkäufer betont, der sicherlich beträchtlich ist. Aufgrund von Empfehlungen angesprochene Interessenten gehen viel bereitwilliger auf eine Anfrage des Verkäufers ein, sie kaufen mit höherer Wahrscheinlichkeit und gehen meist eine längerfristige Verbindung ein. Aber dies sind nicht einmal die wichtigsten Vorteile. Der größte Vorteil ist der, daß Empfehlungen ein wirkungsvolles Instrument sind, um Beziehungen mit laufenden Kunden zu stärken und sie länger auf dem Förderband zu halten.

Ein gutes Beispiel dafür ist eine Versicherungsgesellschaft, bei der ich meinen Wagen versichert hatte, als ich noch in Kalifornien lebte. Die Gesellschaft schloß ausschließlich mit Kunden ab, die jahrelang schadensfrei gefahren waren und Autos mit geringem Unfallrisiko besaßen. Wer also schon in mehrere Unfälle verwickelt war und einen Porsche fuhr, wurde abgelehnt. Daraus resultierten konkurrenzlos günstige Prämien. (Leider darf die Gesellschaft nur in Kalifornien wohnhafte Fahrer versichern, so daß ich jetzt, seit ich in Seattle wohne, das Nachsehen habe.) Eines Tages rief mich ein Vertreter an und sagte:

»Mr. Walther, Sie gehören zu den Fahrern, die unsere niedrigen Prämien erst möglich machen. Sie haben allen Grund, auf Ihr Fahrkönnen stolz zu sein. Heutzutage gibt es nicht mehr viele Fahrer, die das von sich behaupten können. Wir möchten Ihnen und anderen unfallfreien Fahrern weiterhin möglichst niedrige Prämien anbieten. Ich würde mich deshalb freuen, wenn ich einige Ihrer Freunde anrufen dürfte, die so sicher wie Sie fahren. Damit unterstützen Sie unsere Bemühungen, Ihnen auch weiterhin gute Dienste zu leisten, weil wir nur Fahrer mit geringem Schadensrisiko versichern. Gibt es unter Ihren Freunden zwei oder drei gute Fahrer, die Autos mit einem geringen Unfallrisiko fahren?«

Die Art und Weise, wie er sein Anliegen vorbrachte, beeindruckte mich, und ich nannte ihm bereitwillig einige Namen. Gleichzeitig bekam ich das Gefühl, ein »Partner« meiner Versicherungsgesellschaft zu sein. Auch Sie haben die Möglichkeit, ähnliche positive Ergebnisse bei Ihren Kunden zu erzielen. Mit den folgenden drei Schritten wird es Ihnen gelingen:

① **Sagen Sie dem Kunden, warum Sie ausgerechnet ihn um Empfehlungen bitten**
Wenn wir ehrlich sind, müssen wir uns eingestehen, daß es auch ungeliebte Kunden gibt, denen wir keine Träne nachweinen würden, wenn sie zur Konkurrenz gingen. Sie sorgen regelmäßig für Ärger, lassen sich erst nach mehreren Mahnungen zur Begleichung Ihrer Rechnung herab und erwecken nicht den Eindruck, als seien sie an einer befriedigenden Beziehung überhaupt interessiert. Diese Kunden sollten Sie möglichst nicht um die Angabe von Interessenten bitten, weil ihre Freunde und Partner wahrscheinlich ebenso schwierig im Umgang sind. Fragen Sie deshalb nur Ihre allerbesten Kunden, wenn Sie neue, profitable Beziehungen knüpfen wollen.
Aber wie erklären Sie Ihrem Kunden, warum Sie gerade ihn ausgewählt haben? Nichts spricht dagegen, ihm den Grund einfach zu nennen. Beginnen Sie das Gespräch, indem Sie Ihre Anerkennung aussprechen. So wie der Versicherungsvertreter mir zu meinem unfallfreien Fahren gratulierte, können auch Sie Ihrem Kunden sicherlich darlegen, warum er für Ihre Firma so wertvoll ist. Das hat weder mit Unterwürfigkeit noch mit Einschmeichelei etwas zu tun. Sagen Sie ihm ehrlich, warum Sie gerne mit ihm zusammenarbeiten.

»Mr. Olson, ich habe mit den verschiedensten Kunden zu tun, aber mit den wenigsten ist der Umgang so erfreulich wie mit Ihnen. Ich habe Ihnen wahrscheinlich nicht oft genug gesagt, warum ich Sie als Kunde sehr schätze. Sie haben immer ein offenes Ohr für meine Vorschläge, Sie sind bis in alle Einzelheiten vorbereitet, wenn Sie anrufen, um Ihre Bestellungen aufzugeben, und Sie zahlen pünktlich. Für die Firma sind Sie ein wichtiger Kunde, und ich persönlich freue mich, Sie betreuen zu dürfen.«

Natürlich ist Ihr Kunde nun positiv eingestimmt und wird interessiert zuhören.

② **Erklären Sie, warum Empfehlungen auch dem Kunden nützen**
Der Versicherungsvertreter hatte mir erklärt, daß meine Prämien nur dann auf ihrem niedrigen Niveau gehalten werden könnten,

wenn er ständig neue Fahrer mit geringem Unfallrisiko versicherte. Ich hatte aber noch einen weiteren Vorteil, auf den er nicht hinwies, den ich aber später erkannte: Meine Freunde und Bekannten waren mir dankbar, daß sie durch meine Vermittlung in den Genuß einer günstigen Versicherung kamen. Sie sparten viel Geld, während ich dafür gesorgt hatte, daß meine Prämien weiterhin niedrig blieben.
Wenn Sie also einen Kunden um Empfehlungen bitten, sollten Sie ihm die Vorteile aufzeigen, die er davon hat.

»Ich denke, wir haben eine gute Geschäftsbeziehung entwickelt, und ich werde Ihnen stets so weit wie möglich behilflich zu sein. Was ich für Sie tue, möchte ich auch gerne für einige Ihrer Kollegen tun. Bei meiner Arbeit konzentriere ich mich auf eine kleine Auswahl von Kunden, denen ich meine ganze Aufmerksamkeit widmen kann. Ich möchte einigen Ihrer Kollegen dieselbe anspruchsvolle Betreuung ermöglichen.«

③ Spezifizieren Sie Ihre Wünsche
Der Versicherungsvertreter rief nicht an und sagte: »Hallo, kennen Sie zufällig jemanden, dem ich eine Versicherung verkaufen könnte?« Statt dessen stellte er eine sehr spezifische Frage. Er suchte »zwei oder drei sehr gute Fahrer..., die gleichzeitig Autos mit niedrigem Unfallrisiko fahren«. Damit erleichterte er es mir, ihm genau die richtigen Namen zu nennen.
Stellen Sie deshalb Ihren Kunden spezifische, eindeutige Fragen:

»Unter Ihren Kollegen in anderen Firmen gibt es wahrscheinlich einige Einkäufer, die Sie als sehr gewissenhaft und zuverlässig kennengelernt haben. Ich möchte sie gerne anrufen und feststellen, ob ich etwas für sie tun kann. Wer sind die zwei oder drei Personen, die Sie mir empfehlen könnten?«

Empfehlungen sind ein sehr profitabler und lohnender Weg zu Neuabschlüssen. Gleichzeitig stärken sie die bestehende Kundenbeziehung, weil ihre partnerschaftlichen Aspekte betont werden.

Das Resultat Ihrer Bemühungen hängt wesentlich von der Art und Weise ab, wie Sie um die Empfehlungen bitten. Der kontinuierliche Kontakt zu Ihren Kunden schafft starke, dauerhafte Bindungen, die für beide Seiten langfristig wertvoll sind.

Was Sie SOFORT tun können

- Setzen Sie das Urteil Ihrer Kunden über die Qualität Ihrer Dienstleistungen in Beziehung zu der Häufigkeit der Kontakte. Sie werden feststellen, daß ein enger Zusammenhang besteht.
- Überlegen Sie vor jedem Kontakt, ob Sie dem Kunden einen nützlichen Vorschlag unterbreiten oder einen guten Tip geben können, damit er Ihre Anrufe in guter Erinnerung behält.
- Bereiten Sie »Tips des Tages« für Ihre Kunden vor. Führen Sie für Ihre Angestellten ein internes Belohnungssystem ein, damit sie Ihre Bemühungen unterstützen.
- Auf die richtige Mischung kommt es an: Achten Sie darauf, daß nicht alle Vorschläge, die Sie unterbreiten, der eigenen Umsatzsteigerung dienen.
- Überlegen Sie gemeinsam mit Ihren Mitarbeitern, welche Firmen Ihnen eine qualitativ hochwertige und kontinuierliche Betreuung bieten. Sollten Sie fündig werden, nehmen Sie sich die Methoden dieser Firmen zum Vorbild für eigene Programme.
- Überprüfen Sie einmal kritisch, wie Ihre eigene Firma auf Verkaufshinweise reagiert, und vergleichen Sie die Ergebnisse mit der Performark-Studie.
- Überprüfen Sie die Organisation Ihres Vertriebsteams. Haben die Verkäufer, die für die Akquisition zuständig sind, genügend Anreize, den Kontakt nach dem ersten Abschluß intensiv zu pflegen? Überlegen Sie, ob es nicht besser wäre, diese Aufgabe einem speziellen Team von »Kundenentwicklungsvertretern« zu übertragen.
- Wenn Sie Serviceverträge anbieten, könnte ein »Amnestie«-Programm dazu beitragen, daß Kunden auf Ihr Förderband zurückkehren.

- Vermitteln Sie durch Ihre Ausdrucksweise, daß Sie die Verantwortung bei sich selbst oder Ihrer Firma sehen, wenn die Kunden sich von Ihren Angeboten nicht überzeugen ließen.
- Bauen Sie auch Beziehungen zu den Anwendern Ihrer Produkte auf, die nicht an der Kaufentscheidung beteiligt waren.
- Belohnen Sie Ihre Kunden für die Nennung von Interessenten.
- Richten Sie ein Feedbacksystem ein, damit Ihre Kunden erfahren, was mit ihren Hinweisen geschehen ist.
- Wenn Sie schriftliche Kundenbefragungen durchführen, sollten Sie den Kunden stichhaltige Anreize geben, um daran teilzunehmen.
- Rechnen Sie aus, welche Kosten die traditionellen Verkaufsmethoden im Bereich der kleinen und mittleren Kunden verursachen. Wie teuer wären im Vergleich dazu Telemarketingmethoden?
- Vermutlich ist auch Ihnen noch keine Beschwerde eines Kunden untergekommen, der beklagt, daß man sich zu intensiv um ihn bemüht. Finden Sie heraus, wie viele Kunden häufigere Kontakte mit Ihren Vertretern wünschen.
- Fragen Sie die Kunden, die von Vertretern besucht werden, ob sie eine andere Form des Kontakts vorziehen würden.
- Sorgen Sie dafür, daß die Kontakte zu Ihren Kunden auch dann nicht eingestellt werden, wenn eine Zeitlang keine Bestellungen mehr eingehen.
- Berechnen Sie die Kosten für die Bearbeitung von Bestellungen, und schätzen Sie, welche Verwaltungskosten dem Kunden entstehen. Senken Sie die Stückkosten, indem Sie den Kunden anregen, das Bestellvolumen zu erhöhen.
- Bieten Sie »gestaffelte Preise« an, um Ihre Kunden zu höheren Bestellzahlen zu bewegen.
- Suchen Sie ständig nach Möglichkeiten zum Cross Selling, damit der Kunde Sie als zuverlässigen Partner schätzt, der bestrebt ist, ein breites Feld von Bedürfnissen abzudecken.
- Suchen Sie geeignete Anknüpfungspunkte, die Ihnen helfen, Empfehlungen von Kunden zu erhalten, und beachten Sie dabei die Drei-Punkte-Technik.

6. Die Bedürfnisanalyse

Wenn Sie dauerhafte, langfristige Beziehungen mit Ihren Kunden anstreben, sollten Sie ständig bestrebt sein, Anknüpfungspunkte zu finden und zu intensivieren. Je mehr Bedürfnisse Sie erfüllen, desto mehr wird Ihr Kunde einen Partner in Ihnen sehen und sich auf Sie verlassen. Da aber auch Bedürfnisse sich im Lauf der Zeit ändern, müssen Sie immer wieder neu analysieren, womit Sie Ihren Kunden dienen können. Im Versicherungsgeschäft gibt es eine Faustregel, die illustriert, was ich damit meine. Wenn ein Versicherungsvertreter Ihnen eine Police verkauft, etwa eine Lebensversicherung mit festem Auszahlungstermin, liegt die Chance etwas über 50 Prozent, daß Sie die Versicherung im nächsten Jahr erneuern. Wenn er Ihnen jedoch zwei Policen verkauft, etwa eine Lebensversicherung und eine verbundene Hausratversicherung, stehen die Chancen, daß beide Policen im folgenden Jahr erneuert werden, bei 75 Prozent. Und verkauft er Ihnen drei Policen, etwa Lebensversicherung, Hausratversicherung und Erwerbsunfähigkeitsversicherung, erhöhen sich die Chancen wiederum auf etwa 95 Prozent. Es zeigt sich also: Je mehr Bedürfnisse Sie befriedigen, desto fester und dauerhafter wird die Bindung.
Aber eigentlich ist diese Faustregel der Versicherungsbranche gar nicht so überraschend. Wie frühere Beispiele gezeigt haben, handelt auch die Bankbranche nach diesem Grundsatz. Wenn Sie bei einer Bank ein Girokonto führen, bei einer anderen Sparbriefe haben und bei einer dritten Ihr Sparkonto, ist die Beziehung mit jeder einzelnen Bank sehr instabil. Wenn Sie auf den Gedanken kämen, eines der Konten einer anderen Bank anzuvertrauen, würden Sie sich vermutlich durch keinerlei Loyalität gebunden fühlen. Wenn jedoch alle Ihre Geldangelegenheiten bei einer einzigen Bank konzentriert sind, ist ein Wechsel viel unwahrscheinlicher,

und sei es nur deshalb, weil Sie den damit verbundenen Aufwand scheuen würden. Je mehr Bedürfnisse erfüllt werden, desto stärker ist die Beziehung. Diese Prinzipien aus dem Banken- und Versicherungsgewerbe gelten auch für *Ihre* Branche. Wenn ein Verkäufer viele verschiedene Bedürfnisse eines Kunden erfüllt, wird die Beziehung tiefer. Nehmen wir an, Sie betreiben ein Reisebüro und haben einen Kunden, der viel auf Reisen ist, Sie jedoch nur gelegentlich in Anspruch nimmt, wenn er in bestimmten Hotels absteigen möchte. Die Beziehung zu diesem Kunden ist schwach und instabil. Bittet er Sie jedoch darum, sämtliche Hotelbuchungen vorzunehmen, bucht er die Flüge bei Ihnen und läßt sich dann noch seinen Mietwagen reservieren, dann ist die Beziehung schon viel stärker.

Warum bleiben aber so viele Kundenbeziehungen schwach, obwohl sie ein enormes Potential bergen? Der Hauptgrund ist der, daß die Anbieter es versäumen, die Bedürfnisse ihrer Kunden überhaupt aufzudecken. Wirklich starke und langfristige Beziehungen sind nur möglich, wenn Sie nachforschen, in welcher Hinsicht Sie Ihre Kunden unterstützen können, und ihnen dann entsprechende Angebote machen.

Fragen Sie nur, wenn Sie auch handeln werden

Der effektivste Weg, um herauszufinden, was Ihre Kunden brauchen, besteht natürlich darin, sie direkt zu fragen. Dazu können Sie Diskussionsgruppen einrichten, Fragebögen versenden oder Telefonaktionen starten. Auf jeden Fall müssen Sie aktiv werden, wenn Sie Ihren Kunden ein unverzichtbarer, langfristiger Partner werden wollen. Allerdings ist die Analyse ihrer Bedürfnisse wertlos, oder Sie schneiden sich gar ins eigene Fleisch, wenn Sie nicht auch Taten folgen lassen. Jeder Kunde wird es Ihnen sehr übelnehmen, wenn Sie ihm zuerst Versprechungen machen, dann aber keine effektiven Maßnahmen initiieren.

Eine ständige Aufgabe

Es reicht nicht aus, wenn Sie gelegentlich einmal nachfragen, was Ihr Kunde gerade für Wünsche hat. Sie müssen sich kontinuierlich darum bemühen, seine Bedürfnisse zu analysieren, schon alleine deshalb, weil diese sich laufend verändern. Vielleicht gelingt es Ihnen ja sogar, neue Anforderungen und Trends vorauszuahnen.

Wer ist zuständig?

Sie! Die kontinuierliche Analyse der Kundenbedürfnisse und ihre Befriedigung ist genau das, worum es im Marketing geht. Jeder einzelne Mitarbeiter einer Firma ist daran beteiligt. Selbst Beschäftigte, die keinen direkten Kundenkontakt haben, können einen Beitrag leisten, indem sie ihre eigenen persönlichen Bedürfnisse als Kunden hinterfragen. Dabei können sie durchaus zu Ergebnissen kommen, die für die Firma von Bedeutung sind und umgesetzt werden könnten. Schließlich hat jeder Mensch das Bedürfnis, Spaß bei seiner Arbeit zu haben und zu wissen, welchen Sinn sie hat: die Entdeckung und Befriedigung der Kundenbedürfnisse. Wenn Sie dieses Ziel aus den Augen verlieren, wird bald niemand mehr Arbeit haben.

Airborne: Größenvorteile schließen eine individuelle Kundenorientierung nicht aus — Fall 22

Die Firma Airborne Express hat sich auf die Anforderungen schnell wachsender Firmen mit einem hohen Versandauftragsvolumen spezialisiert. Das hat zwei Vorteile: Die Kosten bleiben niedrig, und die Bedürfnisse der Kunden können individuell befriedigt werden. Das Unternehmen hat genau die richtige Größe erreicht: Einerseits profitiert es von den Größenvorteilen, andererseits ist es klein genug, um eine individuelle Betreuung der Kunden zu bieten ... *und ihre Vorschläge und Wünsche zu berücksichtigen.* Nicht von ungefähr lautet die wichtigste Marketingstrategie von Airborne: Wir wollen herausfinden, was unsere Kunden brauchen, und ihnen dann einen besseren Service bieten als alle anderen in der Branche.

Funktioniert diese Strategie? Airborne ist die am schnellsten expandierende Luftexpreßgesellschaft in den USA. Seit fünf Jahren ist das Unternehmen international tätig und liefert in 200 Länder. Airborne schaffte es als erster Transportdienstleister der Vereinigten Staaten, eine Frachtstation zu errichten, die den strengen Anforderungen der internationalen Qualitätsnorm »ISO 9000« entsprach. Airborne hat sich zum Ziel gesetzt, nach und nach sämtliche Frachtstationen des Verladesystems auf den Standard der »ISO 9000« zu bringen.

Die Mitarbeiter aller Ebenen wissen, daß sie Partner ihrer Kunden sind. »Bedürfnisanalyse« heißt konsequenterweise auch die wichtigste Säule der Unternehmenskultur. Verkaufsrepräsentanten und Regionalleiter treffen sich regelmäßig mit den Schlüsselkunden und fragen: »Was brauchen Sie von uns? Was können wir tun, um unsere Partnerschaft zu stärken? Wie können wir Ihnen helfen?«

Ein Telefonteam, »TeleSales-Group« genannt, soll nicht nur Aufträge akquirieren, sondern auch neuen Trends auf die Spur kommen. Deshalb fragen die Mitarbeiter immer wieder nach, ob Airborne sein Angebot erweitern oder verändern sollte.

Airborne bietet eine Vielfalt von Innovationen an, die von den Kunden initiiert wurden. Ein Beispiel dafür ist einer der Großkunden von Airborne, der Betreiber eines medizinischen Testlabors, das auf die schnelle Analyse von Blut- und Urinproben spezialisiert ist. Die Proben müssen »frisch« sein und gleichzeitig alle Qualitätsanforderungen hundertprozentig erfüllen. Eine lückenlose Qualitätsüberwachung ist daher unabdingbar. Man denke nur an die Auswirkung eines AIDS-Tests, mögliche Verunreinigungen des Testmaterials oder die gesetzliche Bedeutung von Arzneimitteltests. Deshalb waren diesem Kunden die herkömmlichen Sicherheitsmaßnahmen während des Transports zu unsicher. Er wies beispielsweise darauf hin, daß die üblichen Versandtaschen für die Proben nicht geeignet wären. Airborne hörte genau zu und entwikkelte dann eine neue, gegen jedes unbefugte Öffnen geschützte Verpackung namens »Lab Pack«. Aber damit nicht genug: Die sensiblen Sendungen wurden in ein ausgeklügeltes Kontrollsystem eingebunden, mit dem der Transport von der ersten bis zur letzten Minute überwacht wurde.

Ein anderes Beispiel: IBM schloß mit Airborne einen Exklusivvertrag über sämtliche Sendungen ab, die bis zu zweieinhalb Kilo wogen. Airborne informierte sich sorgfältig darüber, welche Anforderungen der Kunde stellte, und setzte dann an den wichtigsten Logistikzentren von IBM zusätzliche Flugzeuge im Nachtflugplan ein, damit kein einziges Paket zurückblieb.

Auf Vorschläge von Kunden, aber auch auf veränderte Marktbedingungen ist es zurückzuführen, daß Airborne die Logistiktochter Advanced Logistics Services (ALS) gründete. Ein Großteil ihrer Dienstleistungen wird im expandierenden Airborne Commerce Park abgewickelt. Dabei handelt es sich um einen 180 Hektar großen Industriepark, der in direkter Nachbarschaft zum Frachtflughafen der Muttergesellschaft in Wilmington, Ohio, entsteht. Bis 1994 sollen fast eine Million Quadratmeter Lagerfläche zur Verfügung stehen. ALS steuert dann die Lagerung und Verteilung mit modernsten Methoden und bietet technische Unterstützung an. Wenn beispielsweise Ihre Ölförderanlage in Java technische Mängel aufweist, können Sie die defekten Geräte in die »Freihandelszone« des Commerce Park schicken und Ihre Techniker einfliegen lassen, die den Fehler diagnostizieren und beheben. Dann werden die Geräte nach Indonesien zurückgeschickt. Die Vorteile: Sie müssen sich weder um die üblichen Zollformalitäten kümmern, noch Zollgebühren bezahlen. Zum Industriepark gehört sogar ein »Central Print«-Service, der es dem Reisebüro Lifeco Express ermöglicht, bis zwei Uhr morgens Flugzeugtickes und Reiserouten ausdrucken zu lassen, die noch am selben Morgen zugestellt werden.

Auch bei den Herstellern von Industrieanlagen stieß Airborne auf spezielle Bedürfnisse. Sie standen oft vor dem Problem, daß sie in kürzester Zeit Ersatzteile versenden mußten, wenn die Anlagen vor Ort ausfielen. Airbornes Antwort: In Lagerhallen im ganzen Land werden kodierte Ersatzteile dieser Kunden bereitgehalten, damit sie im Bedarfsfall ohne Verzögerung versandt werden können.

Zur Angebotspalette von Airborne gehören nicht nur die Lieferungen über Nacht bis zum nächsten Vormittag oder Nachmittag, sondern auch ein preisgünstiger Zweitage-Service sowie ein spezieller Service für große Sendungen. Aber manchen Kunden war der »nächste Vormittag« nicht schnell genug. Prompt gründete Airborne die Tochterfirma »Sky Courier«, die einen Tür-zu-Tür-Expreß-Service anbot, damit besonders eilige Sendungen den Empfänger noch *am gleichen Tag* erreichten. Und warum wird dieser Aufwand betrieben? Weil die Kunden diese Dienstleistung benötigten, weil Airborne ein offenes Ohr für ihre Wünsche hatte... *und handelte.*

Andere Kunden fanden, daß die Verwaltungsgemeinkosten, die durch die Bearbeitung der Frachtrechnungen und Zahlungsanweisungen entstanden, zu hoch waren. Airborne beschloß daraufhin, diesen Kunden keine Rechnungen mehr zu schicken. Statt dessen werden ihre Versandaufträge elektronisch verarbeitet; auch die Rechnungsbeträge werden elektronisch an die Buchhaltung von Airborne überwiesen, so daß niemand mehr Zeit mit dem lästigen Ausstellen und Versenden von Schecks verschwenden muß. Vielleicht fragen Sie sich, was Innovationen wie dieses elektronische Fakturierungs- und Zahlungssystem mit dem primären Geschäftszweck von Airborne zu tun haben, nämlich Frachtaufträge pünktlich zu erledigen. Aber Airborne sieht sich nicht nur als Frachtunternehmen. Das Unternehmensziel lautet, starke Partnerschaften mit den Kunden zu entwickeln und ihre Bedürfnisse optimal zu erfüllen. Dazu gehört es eben auch, verwaltungstechnische Veränderungen vorzunehmen, wenn dies dem Kunden nützt.

Was können Sie daraus lernen?

Es zahlt sich aus, Ihren Kunden zuzuhören, aber dann müssen Sie auch handeln. Bei Airborne ist dieses Prinzip eine tragende Säule der Unternehmenskultur. Es wird auf allen Ebenen praktiziert. Wie sieht es mit Ihrer Einstellung zum Partnerschaftsverhältnis zwischen Anbieter und Kunde aus? Airborne hätte es sich auch leicht machen können: »Unsere Aufgabe ist es, Dokumente und

Pakete abzuholen, ins richtige Flugzeug zu laden und pünktlich abzuliefern. Wir haben keine Lust, für unsere Kunden auch noch Ersatzteile zu lagern oder ihre Flugtickets auszudrucken.« Mit einer solchen Einstellung wären die erfolgreichsten Innovationen im Commerce Park unmöglich gewesen. Machen auch Sie sich nicht zum Sklaven der herkömmlichen Definitionen Ihrer Geschäftsziele, sondern öffnen Sie sich den Bedürfnissen Ihrer Kunden.

Nur wer zuhört, erfährt etwas

Die meisten Kunden sind gerne bereit, Lieferanten und Dienstleistern zu sagen, wie sie ihr Angebot verbessern können. Man muß sie nur fragen. Ich kenne keine einzige Firma, die sich ernsthaft um die Meinung ihrer Kunden bemühte und am Ende sagte:»Schade, sie hatten gar keine Ideen.«

Wo findet die Produktentwicklung statt?

Ganz einfach: Im Idealfall bei Ihren Kunden. Wenn Sie Ihren Kunden ein langfristiger Partner sein wollen, dann holen Sie ihre Meinungen ein.
Es gibt schon heute Unternehmen, die ausgefeilte Methoden entwickelt haben, um herauszufinden, wie ihre Kunden ihre Produkte verbessern würden. Eine der größten Erfolgsgeschichten wurde in der Softwarebranche geschrieben, nämlich bei Intuit, Inc. mit den Produkten Quicken und QuickBooks. Mit beiden Programmen ist Intuit, Inc. Marktführer im jeweiligen Anwendungsbereich: der Haushaltsbuchführung und der Buchführung für Kleinunternehmen. Neben den traditionellen Instrumenten der Telefonbetreuung, Diskussionsgruppen und Kundenumfragen setzt Intuit noch ein ganz besonderes Mittel ein: das »Follow-me-Home«-Programm. Intuit erfragt bei den Einzelhändlern die Namen von Kunden, die Computerprogramme der Firma gekauft haben. Dann besucht ein Mitarbeiter diese Kunden, um sie bei der Anwendung

zu beraten und herauszufinden, in welchen Punkten die Produkte verbessert werden müssen. Firmenmitbegründer und CEO Scott Cook erläutert:
»In einem verbraucherorientierten Unternehmen wie dem unsrigen setzt das, was gemeinhin F&E genannt wird, beim Kunden an. Man kann die Bedürfnisse der Kunden nur befriedigen, wenn man auf dem neuesten Stand der technischen Entwicklung bleibt... aber die Richtung der technischen Entwicklung erfahren Sie nur, wenn Sie engen, persönlichen Kontakt pflegen.«

Fall 23 **High-Tech-Firmen bleiben ihren Kunden auf den Fersen**

Sie sind Pilot und befinden sich mit ihrer 747-400 im Landeanflug auf den Kai Tak-Flughafen in Hongkong und denken: »Eigentlich würde ich jetzt lieber mit meiner Cessna 182 in Renton landen.« Nichts leichter als das! Denn die Firma, von der Sie Ihre Software bezogen haben, hat auf ihr Produktentwicklungsteam gehört: auf Sie und alle anderen begeisterten Fans ihres Flugsimulatorenprogramms. Die Flughäfen und Flugzeugmodelle der Software werden nicht von irgendeinem Produktdesigner ausgewählt, sondern von den Benutzern, die zu ihren Ideen und Vorschlägen befragt wurden.

Einige international führende Hochtechnologieunternehmen nutzen jede Möglichkeit, um mit den Bedürfnissen und Wünschen ihrer Kunden in Tuchfühlung zu bleiben. Besonders wirkungsvoll ist beispielsweise die Zusammenarbeit von ATTUNE, einer Agentur für Marketingdienstleistungen in Bellevue, Washington. Diese Agentur hält für ihre Kunden ständig Augen und Ohren offen. (Die Kunden von ATTUNE schweigen sich verständlicherweise über ihr »geheimes« Marketinginstrument aus, so daß sie hier anonym bleiben.) Wie sieht nun die Zusammenarbeit aus? Nehmen wir an, eine bekannte Computerfirma an der Westküste bringt ein neues Softwareprogramm oder ein wichtiges Aktualisierungspaket auf den Markt. Vom ersten Tag der Auslieferung an treffen sich die Produktmanager mit ihren Mitarbeitern täglich zu einer Lagebesprechung. Sie findet um 16 Uhr statt, und jeder Anwesende weiß zu diesem Zeitpunkt, wie Kunden in allen Teilen des Landes bis um 15 Uhr am gleichen Tag das neue Produkt beurteilt haben! Die Marktforscher von ATTUNE haben nämlich bis 15 Uhr (an der Ostküste bis 18 Uhr, wo die meisten gewerblichen Anwender die Software also schon einen ganzen Tag lang »testen« konnten) die Kunden angerufen und um ein Feedback gebeten. Die Daten werden sofort in modernsten Computersystemanlagen weiterverarbeitet, quantitative Analysen werden erstellt, die Ergebnisse werden interpretiert und qualitativ bewertet. Täglich um 15.45 Uhr werden die zusammenfassenden Berichte dann per Modem an die Produktmanagementteams übermittelt, so daß sie pünktlich für die Besprechung um 16 Uhr zur Verfügung stehen.

Könnte hier ein Grund dafür liegen, daß viele High-Tech-Firmen im vergangenen Jahrzehnt ein erstaunliches Wachstum verzeichneten, während das Gros der Low-Tech-Firmen relativ mittelmäßige Ergebnisse erzielte? Vergleichen Sie einmal die Aussagen der jeweiligen Marketingmanager. Der Marketingstratege eines High-Tech-Unternehmens wirft vielleicht einen Blick auf seine Uhr und schimpft: »Es ist 15.47 Uhr, und die nationale Forschungsanalyse ist immer noch nicht da. In 13 Minuten beginnt unsere Besprechung, wir müssen wissen, was die Kunden denken!« Sein Pendant im Low-Tech-Unternehmen sinniert währenddessen vielleicht: »Was wohl die neueste nationale Forschungsanalyse ergeben wird? Es ist schon Mai, und im Juni soll die Planung für die Produkte des kommenden Jahres endlich stehen.« Es dürfte deutlich erkennbar sein, daß der Erfolg der High-Tech-Firmen in hohem Maß auf die kontinuierliche und intensive Erforschung der Kundenmeinung zurückzuführen ist.

Während die PC-Anwender in der ganzen Welt noch Version X.0 ihres Betriebssystems installieren, steht ATTUNE schon täglich in telefonischem Kontakt zu Beta-Testern, die die Version X.1 anwenden und helfen, Version X.2 zu planen. Ein schnell expandierendes Softwareunternehmen kann unmöglich jede nur denkbare Verwendung seiner Produkte erahnen und testen. Dafür sind zu viele verschiedene Computersysteme und Softwarepakete auf dem Markt. Also verlassen sie sich nicht nur auf die Qualität der internen Entwicklungsabteilung, sondern sie wenden sich auch an ihr externes Forschungsteam: *ihre Kunden.*

Ein anderer Kunde von ATTUNE vertreibt ein Grafikprogramm, das marktführend ist. BOEING-Ingenieure verwendeten es für die Konstruktion der 777, Michael Jacksons Videoproduzenten für die Erzeugung ihrer faszinierenden Effekte und Steven Spielberg für die Computersimulationen in *Jurassic Parc.* Da die Systemingenieure regelmäßig die Kunden besuchten, um technische Fragen vor Ort zu klären, überlegte man im Unternehmen, daß man die Kunden gezielt zu ihrer Meinung über den Kundendienst befragen könnte. Am Anfang versuchten die Mitarbeiter noch, diese Aufgabe in ihren Tagesablauf zu integrieren oder sie blieben länger, um die Telefonate abends zu erledigen. Vor allem die Kunden, die sehr hohe Ansprüche an die Produkte stellten, waren sehr erfreut darüber, daß man sich für ihre Meinung interessierte. Heute gilt in dem Unternehmen der Grundsatz: »Für uns ist ein Auftrag erst erledigt, wenn der Kunde angerufen und gefragt wurde, wie er den Besuch des Technikers bewertete.« Was für die Automobilindustrie J. D. Powers ist, der Kundenurteile sammelt, auswertet und veröffentlicht, ist in der Computerbranche Dataquest. Bei Dataquest rangiert dieser Kunde von ATTUNE noch vor Sun, IBM, Digital Equipment und Hewlett Packard. Und er ist entschlossen, seine führende Stellung auf dem Markt für Grafik-Workstations zu verteidigen.

Diese Firma geht vom Grundsatz aus, daß das Kundenurteil über die Qualität der technischen Betreuung vor Ort ein Produkt jeder einzelnen Begegnung ist. Deshalb liegt es nahe, die Leistungen der Techniker einer Kontrolle zu unterwerfen. An diesem Punkt setzen die Anrufe von ATTUNE ein. So erfährt jeder Servicemitarbeiter, wie er im Vergleich zu seinen Kollegen abschneidet, in welche Richtung die Ergebnisse der vergangenen neun Monate weisen und wie die Prognose für die kommenden drei Monate aussieht. Jeder einzelne Systems Support Engineer erhält einmal monatlich einen Bericht, der die quantitativen Ergebnisse der Kundenbeurteilungen (»Wie würden Sie die technischen Fähigkeiten des Technikers einschätzen?«) sowie zusammengefaßte qualitative Kommentare enthält.

Was können Sie daraus lernen?

Unternehmen, die expandieren und ständig auf veränderte Marktbedingungen reagieren müssen, tun gut daran, nicht auf das Feedback der Kunden zu warten, sondern selbst die Initiative zu ergreifen, und zwar schnell. Sie verschaffen sich einen enormen Wettbewerbsvorteil, wenn Sie einen engen Kontakt zu Ihren Abnehmern halten. Je schneller Sie Ihr Urteil erfahren, desto besser wird die Qualität Ihrer nächsten Produktentscheidungen sein. Gehen Sie auf Ihre Kunden zu, und sehen Sie in ihnen Produktentwicklungspartner. Vielleicht kommt auch eine langfristige, kontinuierliche Beziehung mit einer erfahrenen Marketingagentur in Frage. Manche Kunden äußern ihr Urteil nämlich bereitwilliger und offener, wenn sie von einem Dritten befragt werden.

Über das Produkt hinausdenken

Gehen Sie davon aus, daß Ihre derzeitige Produktpalette nicht ausreicht, um alle Bedürfnisse Ihrer Kunden zu erfüllen. Wie das Beispiel von Airborne Express gezeigt hat, kann es durchaus erforderlich sein, daß Sie ganz neue Wege gehen, die mit Ihrer Branche nur indirekt zu tun haben.
Betrachten Sie Ihr laufendes Geschäft einmal mit Abstand, und fragen Sie:»Was kaufen meine Kunden wirklich? Warum machen sie überhaupt mit mir Geschäfte?« Anfang der achtziger Jahre stellte man diese Frage auch bei Toyota. Daraufhin wurden Kundenbefragungen durchgeführt, die zu wichtigen Erkenntnissen führten: Die Käufer wollten nicht nur ein gutes Auto fahren, sondern ein umfassendes Gefühl der Zufriedenheit darüber erlangen, daß sie ein Produkt von Toyota erworben hatten.

Lexus – mehr als ein Auto   **Fall 24**

»Lexus« ist nicht nur die Bezeichnung für ein Automodell. Lexus verkörpert ein Marketingkonzept, das auf eine optimale Kunden-

zufriedenheit abzielt: Die Käufer sollen begeisterte Kunden werden, die dem Hersteller aus Überzeugung treu bleiben. Das Konzept wurde von einem Amerikaner namens John French aus der Taufe gehoben. Begonnen hatte alles damit, daß er bei Toyota vorschlug, nur ein einziges, aber ein wichtiges Wort zu verändern.
Vermutlich glauben Sie, daß der Lexus in Japan entwickelt wurde. Das stimmt. Für die Entwicklung des *Autos* zeichnete ein Japaner namens Suzuki verantwortlich. Karosserie, Motor, Innenraum und Armaturenbrett stammen aus Japan. Aber darin unterscheidet sich der Lexus nicht von anderen guten Wagen.
Mehr als alles andere verkörpert der Lexus ein *Konzept* zur Kundenbefriedigung. Der Käufer ist zufrieden, weil er mehr als nur ein Auto bekommt: Er weiß, daß sein Händler sich nach dem Kauf weiter um ihn kümmern wird; er weiß auch, daß der Lexus in der Kundenbeurteilung kontinuierlich ganz vorne liegt; und er weiß, daß der Grundsatz »Das Beste ist gerade gut genug« nicht nur für die technische Ausstattung seines Autos, sondern auch für seine persönliche Kundenbetreuung gilt. Vielleicht hat ihm ein Freund erzählt, daß sein Händler den Wagen – kostenlos – wäscht und einwachst, wenn er ihn zum Ölwechsel bringt. Einer meiner Kollegen hatte seinen Lexus einmal zur Inspektion gebracht und beim Abholen festgestellt, daß der Händler eine kleine Delle in der Fahrertür repariert hatte – ein kostenloser Zusatzservice. Das Auto selbst erfüllt gewiß hohe technische Qualitätsanforderungen, doch unübertroffen wird es erst durch die Art und Weise, wie man sich um seine Besitzer kümmert.
Auf einem Flug von Los Angeles nach Dallas saß ich zufällig einmal neben John French, dem Erfinder des Lexus-Konzepts. Er erzählte mir, wie es dazu gekommen war.
John war gleich zu Beginn seines Berufslebens in die Autobranche eingestiegen und hatte für Ford Motor Company und bei einem Ford-Händler in Portland in Oregon gearbeitet. Später wechselte er zu Toyota, wo er erneut in verschiedenen Bereichen Erfahrungen sammelte: im Außendienst, der Organisation der Händlernetze und in der nationalen Zentrale. Er erzählte mir von einer bahnbrechenden Veränderung bei Toyota, die damit begann, daß ein einziges Wort in den Leistungsverzeichnissen für die Händler ge-

ändert wurde. Sie führte direkt zur Entstehung des Lexus-Konzepts.

Anfang der achtziger Jahre leitete John die Kundenverwaltungsabteilung bei Toyota und war damit auch für das sogenannte »Zufriedenheits-Budget« zuständig. Dabei handelte es sich um vom Management genehmigte Mittel, die an die Händler gezahlt wurden, wenn sie Reparaturen vornahmen, die nicht mehr unter die Garantiebestimmungen fielen, die der Kunde aber aus verschiedenen Gründen ebenfalls nicht übernehmen wollte, beispielsweise weil ein technischer Mangel unmittelbar nach Ablauf der Garantiezeit aufgetreten war. Wenn dieser Kunde nachdrücklich genug auf seinem Standpunkt beharrte, erklärte sich der Händler möglicherweise bereit, die Reparatur nicht in Rechnung zu stellen. In diesem Fall konnte der Händler seine Rechnung bei Toyota einreichen, wo der Betrag seinem »Zufriedenheits-Budget« zugeschlagen wurde.

Toyota hatte die Kosten für diese Reparaturen 1982 in den Finanzplan aufgenommen. Die Händler wurden danach beurteilt, ob sie ihren finanziellen Rahmen unter- oder überschritten. Um ihre Kunden zufriedenzustellen, konnten sie in Grenzfällen auch nach Ablauf der Garantiezeit noch kostenlose Reparaturen vornehmen und ihr »Zufriedenheits-Budget« damit belasten. Waren die Mittel jedoch aufgebraucht, ging ein anderer Kunde mit dem gleichen Problem möglicherweise leer aus. John erinnerte sich: »Wer es schaffte, mit den vorhandenen Mitteln auszukommen, wurde beglückwünscht.«

John überlegte, daß so eigentlich das falsche Verhalten belohnt wurde. Die Händler wurden dafür gelobt, daß sie Kunden wegschickten, die den zukünftigen Erfolg von Toyota in der Hand hatten. Die kurzfristigen Einsparungen schadeten dem Unternehmen auf lange Sicht erheblich. Um der Tendenz entgegenzuwirken, daß die Händler sich mehr um die Verwaltung ihres Budgets als um die Kunden kümmerten, führte John 1984 das »The Toyota Touch«-Konzept ein. Von nun an traten die Kundenbetreuer von Toyota auf den Plan, wenn ein Kunde nicht zufrieden war. Der Schwerpunkt hieß nun, die Nummer eins in puncto Kundenzufriedenheit zu sein.

John begann, über die Bedeutung des Wortes »Budget« nachzudenken. Im Wirtschaftsleben assoziiert man mit dem Begriff »Budget« gemeinhin den maximalen Betrag, den man ausgeben kann. Aber John wollte nicht, daß die Händler »ausgaben«, sondern er wollte, daß sie »investierten«, nämlich in die Zufriedenheit der Kunden. Von nun an hieß der Fonds nicht mehr »Zufriedenheits-Budget«, sondern »Zufriedenheitsbeihilfe«. Die Rolle des Herstellers, so fand John, sei es, den Händlern zu helfen, ihre Kunden zufriedenzustellen, damit sie auch ihr nächstes Auto bei ihm kauften und ihren Freunden empfahlen, dasselbe zu tun.

Es funktionierte. Die Händler konzentrierten sich darauf, in die Zufriedenheit ihrer Kunden zu »investieren«, statt nur darauf, das Budget nicht zu überschreiten. Bald verbesserten sich die Kundenbeurteilungen der Toyota-Modelle, verglichen mit anderen Autos derselben Klasse. Die Managementteams in Japan und den Vereinigten Staaten stellten fest, daß die Kundenzufriedenheit stieg und immer mehr Kunden die Absicht äußerten, in Zukunft wieder einen Toyota zu kaufen, obwohl die Autos selbst sich nicht dramatisch verbessert hatten.

Diese Entwicklung führte zu einigen wichtigen »Was-wäre-wenn«-Fragen: Was wäre, wenn Toyota eine neue Marke kreieren würde, um ein technisch hervorragendes Auto zu bauen, das mit einer unübertroffenen Kundenbetreuung verknüpft würde? John French übernahm die Leitung des Projekts und beauftragte eine New Yorker Werbeagentur mit der Suche nach einem Namen für ein neues Unternehmen und ein neues Produkt. Die Spezialisten schlugen eine Liste von 30 möglichen Namen vor, die später auf 24 schrumpfte. Einer der Namen, den die Agentur präsentierte, war »Alexis Motorcars«. »Alexis« schien John nicht hundertprozentig zu sein, da der Name nicht die Assoziationen weckte, die ihm vorschwebten. Also strich er das A und ersetzte das I durch ein U. Nun hatte er einen Namen, der an High-Tech denken ließ und gleichzeitig an ein Luxusprodukt erinnerte. Nach vielen Tests und Diskussionsgruppen einigte sich das Projektteam schließlich auf »Lexus« und erhielt auch das O.K. vom Management. 1989 wurde der erste Lexus in Amerika verkauft, und wenn ein Freund von Ihnen einen solchen Wagen besitzt, dann wissen Sie schon, daß Lexus-Kunden von ihrem Kundendienst ebenso schwärmen wie vom Auto selbst.

Der Erfolg des Lexus-Projekts ist weniger auf die technische Überlegenheit des Wagens zurückzuführen, als darauf, daß es Toyota hervorragend gelungen ist, die Bedürfnisse der Autobesitzer zu analysieren, zu verstehen und zu erfüllen.

Was können Sie daraus lernen?

Wenn Sie Ihre derzeitigen Systeme überprüfen, die der Befriedigung der Kundenbedürfnisse dienen, sollten Sie auch auf scheinbare Nebensächlichkeiten achten, etwa auf das Wort »Budget«. Auf subtile Weise wirken derartige Begriffe darauf hin, daß Ihre Mitarbeiter und Kollegen das Ziel, zufriedene Kunden zu schaffen, aus den Augen verlieren. Vielleicht stellen Sie sogar fest, daß Sie eine völlig neue Dienstleistung, eine neue Produktlinie oder sogar eine neue Marke einführen müßten, um den Bedürfnissen Ihrer Kunden gerecht zu werden. Flickschusterei ist nicht angebracht, wenn Sie wirklich dauerhafte Beziehungen schaffen wollen, vor allem dann nicht, wenn Ihr derzeitiger Ruf nur mittelmäßig sein sollte. Bei der Analyse der Kundenbedürfnisse und der Suche nach geeigneten Methoden, um sie zu befriedigen, sollten Sie auch in Dimensionen denken, die über Ihre derzeitige Produktpalette hinausgehen. Suchen Sie neue Wege, wie Sie Ihre Ressourcen nutzen können. Am Ende steht vielleicht ein völlig neues Produktkonzept oder sogar eine neue Firma.

Versprochen ist versprochen

Gehen Sie vorsichtig mit Versprechen um, wenn Sie die Bedürfnisse Ihrer Kunden einmal herausgefunden haben. Ein Versprechen zu brechen, ist viel schlimmer, als es erst gar nicht zu geben.
Wenn Sie Ihre Kunden nicht enttäuschen wollen, müssen Sie deshalb lernen, mit ihren Erwartungen umzugehen. Wie Kunden unsere Leistungen beurteilen, hängt davon ab, welche Erwartun-

gen sie haben, und diese werden häufig durch unsere Versprechen erst geweckt. Nehmen wir an, ein Kunde gibt spätnachmittags eine Bestellung bei seinem Lieferanten auf. Wenn der zuständige Sachbearbeiter auch nur eine geringe Chance sieht, sie noch am gleichen Tag zu bearbeiten, läßt er sich möglicherweise dazu hinreißen, ihm dies in Aussicht zu stellen. Der Kunde sieht darin eine feste Zusage. Kommt nun etwas dazwischen, so daß die Lieferung doch erst am folgenden Tag abgeschickt wird, ist er enttäuscht, weil seine Erwartungen nicht erfüllt wurden. Der Sachbearbeiter sollte also besser zusichern, daß der Auftrag innerhalb von 48 Stunden abgeschickt wird. Dann kann er sich immer noch bemühen, schneller zu liefern. Der Kunde wird vielleicht etwas ungehalten sein, wenn er erfährt, daß er 48 Stunden warten muß, aber um so begeisterter, wenn die Lieferung dann doch früher eintrifft.

Geben Sie also nur Zusicherungen, die Sie mit Sicherheit einhalten können. Dann hat Ihr Kunde realistische Erwartungen und wird nicht enttäuscht, und Sie haben die Chance, ihn positiv zu überraschen.

Fall 25 Wie Apple wenig versprach und viel hielt

In der Fotobranche haben sich in den letzten Jahren revolutionäre Veränderungen vollzogen, hauptsächlich infolge der technischen Neuerungen, die eine computergestützte Manipulation von Fotos ermöglichen. Ein versierter Fotograf kann heute fast alles in ein Foto verwandeln, vorausgesetzt, er benutzt und beherrscht die richtige Kombination von Hardware und Software. Der Marktführer in diesem hochspezialisierten und schnell wachsenden Segment ist Apple.

Als die Professional Photographers Association (PPA) 1993 mit den Vorbereitungen für ihre Jahreskonferenz im Opryland-Hotel in Nashville begann, nahmen die Organisatoren an, daß sie wieder auf Apple zählen könnten. Immerhin stellte Apple den Seminarleitern seit Jahren die neuesten Computer zur Verfügung, damit sie ihre Techniken demonstrieren konnten. Apple verlangte keine

Gebühren für die Nutzung der Ausrüstung, da die Firma ebenfalls profitierte: Die Profifotografen unterstützen Apple darin, ihre Produktlinie zum De-facto-Standard in der Branche zu machen, und förderten damit das Image und die Umsätze in diesem wichtigen Marktsegment erheblich.

1993 war ein (oder besser gesagt, ein weiteres) turbulentes Jahr für die Computerbranche, und für Apple Computer ganz besonders. In der Zentrale in Cupertino in Kalifornien kriselte es heftig, Entlassungen wurden ausgesprochen, und es herrschte ein ziemliches Durcheinander. So kam es, daß die Organisatoren der PPA-Konferenz das Gefühl hatten, gegen eine Mauer anzurennen, als sie sich nach den Geräten erkundigten, mit denen sie fest rechneten. Die bisher zuständigen Apple-Mitarbeiter waren in alle Winde zerstreut, und ihre Nachfolger schienen sich nicht im klaren darüber zu sein, daß Apple die Fotoprofis schon seit Jahren unterstützte. Sie ließen sie einfach abblitzen.

Schließlich wandten sich die Fotografen an die Apple-Niederlassung in Chicago, wo ihr Verband seinen Sitz hatte. Ohne Erfolg. Das Organisationskomitee wurde allmählich nervös, da das Datum der Konferenzeröffnung näherrückte. Wenn für die Seminare keine geeigneten Computer zur Verfügung standen, mußten manche Veranstaltungen ganz abgesagt werden, und andere konnten nur mit technologisch weniger ausgereiften Geräten durchgeführt werden.

Eine Konferenz mit 5000 Teilnehmern zu planen und Dutzende von Seminaren zu koordinieren, ist, um es vorsichtig auszudrücken, eine zeitaufwendige und komplizierte Aufgabe. Das letzte, was die Organisatoren in der allgemeinen Hektik gebrauchen konnten, war, von Apple im Stich gelassen zu werden. Genau eine Woche vor Konferenzbeginn fand sich ein Mitarbeiter, der den Fotografen endlich richtig zuhörte und dann handelte.

Steve Turner war »Market Development Executive« in Nashville, wo die Versammlung stattfand. Als der für die elektronische Bildverarbeitung zuständige Koordinator der PPA bei ihm endlich ein offenes Ohr fand, befand er sich schon längst in einem Zustand der fortgeschrittenen Verzweiflung, wie Steve sich später erinnerte. Er meinte zu Steve: »Sehen Sie, Apple profitiert doch enorm davon, wenn wir Ihre Produkte für die Vorführung verwenden. Eine bessere Kulisse zur Produktpräsentation könnten Sie sich gar nicht wünschen! Wieso will aber jetzt absolut niemand mit uns zusammenarbeiten?« Steve versuchte spontan, »sich in den Kunden hineinzuversetzen«. Die Professional Photographers Association verlangte kein Geld dafür, daß sie Apple unterstützte, und erwartete weder Geschenke noch Almosen. Sie wollte lediglich für die Zeit der Konferenz einige Geräte ausleihen, damit die Seminarleiter den Fotografen die vielfältigen Anwendungsmöglichkeiten der Apple-Produkte vorführen konnten. All die vorangegangenen Jahre hatte das doch wunderbar geklappt.

Steve erkannte, daß für Apple einiges auf dem Spiel stand, und wollte versuchen, den Fotografen aus der Bredouille zu helfen, falls das in der Kürze der Zeit noch möglich war. Er fragte sie nach den Geräten, die sie benötigten. »Wir brauchen zehn Ihrer Spitzencomputer, und zwar mit 20 Megabyte RAM, dazu jeweils einen großen Farbmonitor mit einer Videobeschleunigungskarte.« Das war nicht wenig.

Während er dieses Telefongespräch führte, fiel Steves Blick auf hervorragende Geräte, die direkt vor ihm im Büro standen. Aber wie sollte er sieben weitere Computer dieser Klasse auftreiben? Da er auf keinen Fall ein Versprechen geben wollte, mit dem die Fotografen vielleicht ein weiteres Mal enttäuscht worden wären, sagte er nur: »Ich werde alles für Sie tun, was in meinen Kräften steht. Im Moment kann ich Ihnen aber keine festen Zusagen machen. Wäre Ihnen denn geholfen, wenn ich Ihnen schon mal zwei oder drei Geräte reserviere?« Das PPA-Mitglied bejahte, denn so waren wenigstens die wichtigsten Seminare gesichert. Er schöpfte Hoffnung, daß sich die bevorstehende Katastrophe doch noch in letzter Minute abwenden ließ.

Da Apple den Fotografen mittlerweile schon genug Ärger verursacht hatte, gab Steve sich besonders viel Mühe, sie nicht wieder zu enttäuschen. Er widerstand der Versuchung, viel zu versprechen und wenig zu halten. Tatsächlich geschah das Gegenteil: Er versprach wenig, um die Erwartungen der Kunden auf ein realistisches Niveau zu bringen. Dann aber tat er alles, um ihre Erwartungen weit zu übertreffen.

Nach einer organisatorischen Meisterleistung schaffte Steve Turner es, nicht nur zwei oder drei, sondern fünf Spitzengeräte zu beschaffen. Er rief außerdem einen ihm bekannten Mitarbeiter des Monitorherstellers RasterOps an und bat ihn um einige Bildschirme. So bekam die Professional Photographers Association noch rechtzeitig vor Beginn der Seminare fünf hochmoderne Computersysteme ins Hotel geliefert.

Nach der anfänglichen Enttäuschung war die PPA nun sehr zufrieden über den Verlauf der Zusammenarbeit mit Steve. Dieser führte den Umschwung darauf zurück, daß er ihnen keine Illusionen gemacht hatte. Er sagte: »Wenn die Leistungen den Erwartungen entsprechen, dann ist alles in Ordnung.« Er wollte aber nicht nur, daß alles »in Ordnung« war, sondern daß die Fotografen begeistert waren. Deshalb schraubte er von vornherein ihre Erwartungen herunter, um sie hinterher – wenn alles klappte – weit zu übertreffen.

Entscheidend an dieser Geschichte war letztlich nicht so sehr das Gelingen der Konferenz, sondern die Rettung der Beziehung zwischen Apple und dem Fotografenverband. Im Rückblick meint Steve: »Das sind wirklich nette Leute, diese Fotografen. Sie haben mich nicht angebrüllt, und wahrscheinlich hätten sie auch keine bösen Beschwerdebriefe geschrieben. Natürlich bin ich sehr froh, daß sie schließlich an mich geraten sind, denn sonst wäre das wohl das Ende der Beziehung gewesen. IBM, Compaq oder andere hätten sich die Hände gerieben und ihr ganzes Arsenal an Geräten für die Tagung im kommenden Jahr zur Verfügung gestellt. In absehbarer Zeit wäre Apple vermutlich aus dem Fotogeschäft draußen gewesen.«

Was können Sie daraus lernen?

Wie ein roter Faden zieht sich das Thema »Beziehungen« durch alle Beispiele. Wenn Sie Ihre Marketingprioritäten auf den Kopf stellen, können Sie sich besser auf Ihre langfristigen Beziehungen konzentrieren. Das ist viel wichtiger als jedes noch so gelungene Krisenmanagement. Wertvolle Allianzen dürfen nicht durch Nachlässigkeit, Gedankenlosigkeit oder organisatorische Mängel gefährdet werden.

Es wird immer wieder zu Situationen kommen, in denen ein Kunde auf Ihre Hilfe angewiesen ist. Wecken Sie in einem solchen Fall nur Hoffnungen, die Sie ganz bestimmt erfüllen können. Wenn Sie die Erwartungen Ihres Kunden dann noch übertreffen, wird er um so begeisterter sein. Letztlich hängt jede erfolgreiche Beziehung zu einem Kunden davon ab, ob Sie seine Wünsche erkennen und befriedigen. Gelingt Ihnen das, dann wird er auf Ihrem Förderband bleiben.

Was Sie SOFORT tun können

- Überprüfen Sie, welche Bedürfnisse Ihrer Kunden Sie erfüllen können, und welche offen bleiben. Gehen Sie nur auf vereinzelte Wünsche ein, oder binden Sie Ihre Kunden enger an sich, indem Sie versuchen, eine breite Palette von Bedürfnissen zu befriedigen?
- Was geschieht mit den Verbesserungsvorschlägen Ihrer Kunden? Werden sie geprüft und in die Realität umgesetzt, oder landen sie in einer Schublade? Bevor Sie eine Aktion starten, um mehr Ideen von Ihren Kunden zu bekommen, sollten Sie dafür sorgen, daß ihre Bearbeitung gewährleistet ist.
- Machen Sie jedem einzelnen Mitarbeiter klar, daß er Mitverantwortung dafür trägt, die Kundenbedürfnisse zu erforschen und entsprechend zu *handeln*. Für die Verbreitung Ihrer Botschaft können Sie sich jedes Mediums bedienen, das Ihnen zur Verfügung steht: ein interner Nachrichtenbrief, elektronische Post und Voice-Mail-Systeme.
- Wenn Sie Brainstorming betreiben, ob firmenintern oder mit Kunden, sollten Sie sich nicht auf Ihre derzeitige Produktpalette beschränken. Vielleicht können Sie noch in ganz anderer Hinsicht auf Ihre Kunden eingehen – denken Sie an das Beispiel Airborne!
- Sind Sie ehrlich am Feedback Ihrer Kunden interessiert? Tun Sie alles, was in Ihren Kräften steht, um ihnen Rückmeldungen so einfach wie möglich zu machen?
- Betrachten Sie Ihre Kunden als Produktentwickler, und über-

prüfen Sie, ob Sie ihre Fähigkeiten nutzen. Unternehmen Sie etwas, wenn Sie feststellen, daß Sie dieses wertvolle Potential bisher völlig brachliegen ließen.

- Wie lange dauert es, bis Sie über das Kundenfeedback zu einem neuen Produkt informiert werden? Erhalten Sie täglich neue Zahlen, wie im Beispiel der Kunden von ATTUNE, jährlich oder sporadisch?
- Sorgen Sie dafür, daß die Kundenbedürfnisse kontinuierlich erforscht und analysiert werden, und nicht nur dann, wenn man gerade dringend eine Bedürfnisanalyse benötigt.
- Das Urteil Ihrer Kunden darüber, wie gut ihre Bedürfnisse erfüllt werden, resultiert aus den individuellen Erfahrungen mit Ihren Beschäftigten. Ziehen Sie daraus die Konsequenzen, und führen Sie in irgendeiner Form eine Leistungsbeurteilung ein, um Trends und notwendige Korrekturen frühzeitig zu erkennen.
- Denken Sie an das »Konzept«, das Ihre Kunden gleichzeitig mit dem Produkt kaufen – oder kaufen möchten. Könnten eine neue Marke, ein neuer Name oder sogar eine neue Firma besser geeignet sein, um das Konzept zu vermitteln?
- Finden Sie heraus, welche Faktoren die Befriedigung der Kundenbedürfnisse verhindern, und leiten Sie Gegenmaßnahmen ein. Denken Sie an die unterschiedlichen Assoziationen der Begriffe »Zufriedenheits-Budget« und »Zufriedenheits-Beihilfe«
- Versprechen Sie wenig, damit Sie um so mehr halten können. Befolgen Sie diesen Grundsatz auch bei scheinbar geringfügigen Anlässen, etwa wenn es um die Fertigstellung eines Berichtes oder die Einhaltung eines Besprechungstermins geht.
- Fördern Sie Veränderungen in Ihrer Unternehmenspolitik, damit es Ihren Mitarbeitern zur Gewohnheit wird, keine unrealistischen Erwartungen zu wecken.

Kunden auf das
Förderband bringen

Lesen Sie jetzt nicht weiter..., außer Sie sind sich ganz sicher, daß Sie schon alles in Ihrer Macht Stehende veranlaßt haben, um Kunden zu halten, die Ihr Förderband verlassen wollen. Überprüfen Sie auch kritisch, ob Sie genug für die Stabilisierung und Intensivierung Ihrer derzeitigen Kundenbeziehungen tun. Die Erfüllung dieser beiden Aufgaben ist nämlich weit profitabler als die Beschäftigung mit dem dritten Marketingziel, das im letzten Teil dieses Buches behandelt wird.

Natürlich können Sie mit den nachfolgenden Strategien Ihre Methoden der Neukundenakquisition effizienter und effektiver gestalten. Aber das soll nicht darüber hinwegtäuschen, daß die Neukundengewinnung an letzter Stelle unserer neuen Prioritäten steht. Weit durchschlagendere Erfolge erzielen Sie, wenn Sie laufende Kundenbeziehungen stärken und Ex-Kunden zurückgewinnen.

Die folgenden drei Kapitel habe ich trotzdem in mein Buch aufgenommen, weil die Methoden und Strategien der Neukundengewinnung einen Einfluß darauf haben, wie lange Ihre Kunden auf dem Förderband bleiben. Wenn Sie die folgenden Ratschläge befolgen, haben Sie schon viel dazu beigetragen, daß Ihre Kunden Ihnen lange treu bleiben.

Bei der Bearbeitung von Verkaufshinweisen sollten Sie Ihre Ressourcen intelligent einteilen. Denn für Ihre vielversprechendsten potentiellen Kunden sollte am meisten Zeit und Energie reserviert werden, damit Sie die Grundlagen für langfristige Beziehungen legen können. So schaffen Sie eine optimale Ausgangssituation.

7. Weg von der Al-dente-Akquisition

Von Peter Drucker stammt eine wichtige Definition zur Unterscheidung der Begriffe »Effizienz« und »Effektivität« in der Managementsprache. Effizienz heißt, etwas richtig zu tun; Effektivität dagegen heißt, die richtigen Dinge zu tun. Diese beiden Ziele in ein ausgewogenes Verhältnis zu bringen, ist in jedem Unternehmen eine wichtige Herausforderung, insbesondere wenn es um die Kundenakquisition geht.
Die meisten Maßnahmen zur Kundengewinnung kranken daran, daß sie ebenso ineffizient wie ineffektiv sind. Sie werden nach dem Al-dente-Verfahren durchgeführt, das jedem Nudelkoch wohlbekannt ist: Man schleudere einige Nudeln (oder Verkaufshinweise) an die Wand und stelle fest, ob sie daran kleben bleiben. Wenn ja, dann waren Sie erfolgreich! Die Nudeln sind fertig, Sie haben einen Interessenten gewonnen! Wenn nichts klebenbleibt, probieren Sie eben so lange weiter, bis es irgendwann klappt und Ihre Mühe sich gelohnt hat.
Ähnlich gehen viele Verkäufer vor: Sie reagieren auf viel zu viele Verkaufshinweise, verschicken teure Broschüren und Unterlagen in alle Richtungen, planen Besuche am laufenden Band und pflastern ihre Terminkalender mit einer Unmenge von Telefonkontakten zu. Gemessen am Aufwand, sind die Ergebnisse dieser Bemühungen aber relativ bescheiden. Die meisten der so umworbenen Interessenten haben nämlich überhaupt nicht vor, jemals einen Vertrag zu unterzeichnen.
Die undifferenzierte Verfolgung von Verkaufshinweisen ist nicht nur ineffizient, sondern auch ineffektiv. Anhänger der Al-dente-Methode sind so damit beschäftigt, jedem Verkaufshinweis hinterherzulaufen, daß sie den wenigen ernsthaften Interessenten nicht genug Aufmerksamkeit schenken können – obwohl sich der Aufwand nur bei ihnen wirklich lohnt.

Werben Sie um Beziehungen, nicht um Umsätze

Wenn Sie den Erfolg und die Rentabilität Ihres Unternehmens daran messen, ob es Ihnen gelingt, Ihre Kunden zu halten und an sich zu binden, dann sollten Sie schon im Pre-Sales-Bereich die Grundlagen dafür schaffen: Werben Sie um Beziehungen, nicht um Umsätze. Ist eine Marketingkampagne erfolgreicher, wenn sie 10 000 Käufer zu einem einmaligen Kauf bewegen kann, oder wenn 2 500 Kunden gewonnen werden, die jeweils viermal kaufen und möglicherweise noch auf Jahre hinaus Kunden bleiben? Ihr Ziel bei der Neukundenakquisition darf also nicht heißen, möglichst viele Interessenten zu finden. Statt dessen wollen Sie sich diejenigen herauspicken, die ernsthaft an einem Kauf und an einer sich daraus ergebenden Beziehung interessiert sind. Die undifferenzierte Verfolgung aller Verkaufshinweise kostet viel Geld und bringt wenig ein.

Interessenten finden kostet Geld

Zu meinem Kundenkreis gehört auch eine hervorragende Marketingfirma im Mittleren Westen. Sie will anonym bleiben, weil sie bei einer einfachen Frage einmal in große Verlegenheit geriet: »Welche Kosten entstehen Ihnen bei der Versendung von Werbematerial, das Sie an Interessenten schicken?« Die Antwort meines Kunden lautete:

»Das kann ich Ihnen gar nicht genau sagen. Ich habe aber deutlich das Gefühl, daß ich einen Schreck bekommen würde, wenn ich es wüßte. Überlegen wir mal. Die Verkaufshinweise müssen erst einmal erfaßt und sortiert werden. In der Marketingabteilung werden sie dann nach Vertriebsgebiet und Produktinteresse getrennt. Dann geht's weiter in die Datenerfassungsabteilung. Dort bleiben die Daten liegen, bis jemand Zeit hat, sich darum zu kümmern und kodierte Postversandetiketten vorzubereiten. Ein Mitarbeiter in der Versandstelle schließlich wählt anhand der Codierung die richtigen Broschüren aus und leitet sie zum Postausgang weiter. Ich schätze, daß pro Interessent etwa 25 Dollar an Bearbeitungskosten und etwa 4,50 Dollar an Materialkosten anfallen. Plus Porto. Das macht mindestens 30 Dollar pro Anfrage.«

Meine nächste Frage brachte ihn erst recht ins Grübeln: »Und was geschieht dann?«

»Einmal wöchentlich oder alle zwei Wochen stecken wir die ganzen Karten mit den Angaben über die Interessenten in einen Umschlag und schicken ihn an die Außendienstvertreter, in der Hoffnung, daß sie sich darum kümmern. Aber so genau wissen wir auch nicht, was sie damit anfangen.«

Ich weiß es. Und Sie können es sich denken. Der dicke Umschlag kommt an und wird in eine Ablage geschoben, weil die Vertreter schon wissen, was darin ist. Bei der nächsten Kaffeepause äußern sie sich dann ungefähr folgendermaßen:

»Die Jungs im Innendienst müssen ja ganz schön zu tun haben, der Umschlag ist dicker als je zuvor. Wo kriegen die eigentlich diese Namen her? Keiner von denen will wirklich kaufen. Ich habe manchmal Collegestudenten am Telefon, die lediglich Informationsmaterial für ihre Sonderprojekte suchen. Und mit den ›Interessenten‹, die von der Konkurrenz kommen und nur unsere Preise ausschnüffeln wollen, kann ich auch nichts anfangen. Andere können sich nicht einmal an unseren Firmennamen oder die Werbung erinnern. Wahrscheinlich ist ihnen nur langweilig, und sie suchen kostenloses Lesematerial. Ich käme überhaupt nicht mehr zum Verkaufen, wenn ich all diese wertlosen Hinweise verfolgen würde, die sich in den Umschlägen befinden.«

(Während Sie dies lesen, hoffe ich, daß Sie sich guten Gewissens ein besseres Zeugnis ausstellen können). Sie gehören zu einer kleinen Minderheit, wenn Sie die neuesten Programme zum Kontaktmanagement und zur Verfolgung von Verkaufshinweisen anwen-

den. In diesem Fall kann ich Ihnen nur gratulieren! Aber selbst das gibt Ihnen noch keine Garantie, daß Ihre Interessentensuche wirklich effektiv ist. Einer meiner Kunden hatte ein System eingeführt, das darauf basierte, daß die Außendienstbüros Postkarten mit Informationen über die Interessenten zurücksenden sollten: Bewertung des Kaufinteresses, in Frage kommende Produkte usw. Mein Kunde wundert sich darüber, daß die Rücklaufquote unter 50 Prozent liegt. Die Außendienstbüros seines Unternehmens sind jedoch unabhängig, und die jeweiligen Leiter haben gegenüber der Zentrale die Haltung eingenommen: »Wir wollen eure Hinweise gar nicht, auch wenn sie kostenlos sind!«
Eins steht fest: Interessenten zu finden, ist sehr teuer. Die Kosten, die entstehen, um die Hinweise auf potentielle Kunden zu verfolgen, sind geringfügig, verglichen mit denen, die Sie aufwenden müssen, um die Interessenten überhaupt zu finden. Teilen Sie sämtliche Kosten, die Ihnen entstehen, durch die Zahl der Interessenten, um zu ermitteln, was ein einziger Hinweis Sie kostet. Vergessen Sie nicht, die teuren Messeauftritte einzurechnen, das Personal für Ihren Stand, die Zeitschriftenanzeigen, die Radio- und Fernsehspots und so weiter... Sie kommen dann wahrscheinlich auf Kosten von 100 Dollar pro Interessent, in vielen Fällen sind es aber auch mehrere hundert Dollar.

Wozu braucht man Interessenten?

Es gibt drei wichtige Gründe dafür, daß so viele Unternehmen sich der undifferenzierten Jagd nach Interessenten widmen:

1. Es ist allgemein bekannt, daß eine Firma ständig neue Interessenten braucht.
2. Interessenten zu suchen, ist eine befriedigende Aufgabe, weil der Erfolg leicht meßbar ist, nämlich anhand der Anzahl der Hinweise.
3. Sie brauchen Interessenten, weil Sie mehr Kunden auf Ihr Förderband bringen möchten, was wiederum notwendig ist, weil so viele Kunden es wieder verlassen.

Zunächst einmal glaube ich, daß das, was alle anderen tun, kein Maßstab sein sollte. Im Gegenteil, eine gesunde Skepsis wird Ihnen ganz neue Perspektiven eröffnen. Vielleicht brauchen Sie gar keine neuen Interessenten. Ich will kein Plädoyer für die Einstellung sämtlicher Werbemaßnahmen halten, aber was wäre, wenn... Sie sich beispielsweise so intensiv um Ihre Kunden kümmern würden, daß sie Ihnen ausnahmslos treu blieben? Was wäre, wenn Sie die Mittel, die Sie für die Generierung und Bearbeitung von Verkaufshinweisen aufwenden, in die Intensivierung der bestehenden Kundenbeziehungen stecken würden? Was wäre, wenn Sie im kommenden Jahr überhaupt keine neuen Kunden gewinnen würden, dafür aber alle kaufenden Kunden hielten – und Ihren Absatz trotzdem um 15 Prozent steigern könnten? Wie würde sich das auf Ihr Gesamtergebnis auswirken?

Ich will Ihnen nicht ernsthaft vorschlagen, Ihre Aktivitäten zur Neukundengewinnung einzustellen. Ich meine aber, daß Sie die Prioritäten für die Verteilung Ihrer Mittel neu ordnen. Müssen Sie sich wirklich so intensiv um die Generierung von Kaufhinweisen kümmern, oder könnten Sie Ihre Mittel hier sparsamer einsetzen und weniger, dafür aber um so wertvollere Interessenten gewinnen? Verpuffen nicht die meisten Investitionen und Bemühungen um neue Interessenten ohnehin wirkungslos?

Die Masse Ihrer Verkaufshinweise ist mit Sicherheit nicht entscheidend. Eine hohe Anzahl von Interessenten kann sogar kontraproduktiv sein. Hören Sie deshalb auf, in diesen Zahlenangaben ein Kriterium für den Erfolg Ihrer Akquisitionsmethoden zu sehen. Hören Sie auf, die Verkaufshinweise zu zählen, und richten Sie statt dessen den Blick auf die Qualität der Ergebnisse, die am Ende Ihrer Bemühungen stehen.

Wenn Sie Ihre Marketingprioritäten neu geordnet haben, werden Sie ohnehin feststellen, daß es gar nicht mehr notwendig ist, so viele neue Kandidaten auf Ihr Förderband zu bringen. Ihre anderen Kunden bleiben nämlich länger auf dem Band, so daß Sie nicht ständig unter dem Druck stehen, die daraus resultierenden Umsatzverluste durch Neuabschlüsse auszugleichen.

Die Rolle der Werbemedien und Agenturen

Ich muß etwas gestehen: Gleich nach meinem Examen an der Business School habe ich in der Werbebranche gearbeitet. Einer meiner damaligen Klienten gab einen Katalog heraus, in dem Kleinunternehmer warben, die sich die traditionelleren Werbeträger nicht leisten konnten. Mein Auftrag lautete folgendermaßen: »Die Kleinunternehmen werben in unserem Katalog, weil wir so viele Verkaufshinweise generieren. Darum geht es ihnen, um sonst nichts. Wenn wir es schaffen, daß sie mit Anfragen überschwemmt werden, dann kriegen wir im darauffolgenden Jahr garantiert Folgeaufträge. Auf die *Qualität* der Hinweise kommt es ihnen dabei nicht an. Wenn das Geschäft nicht gut läuft, suchen sie die Schuld bei sich selbst oder ihren Verkäufern. Uns nehmen sie es nur übel, wenn die Anzeigen wenige Anfragen einbringen. Dann sind wir die Kunden los. Damit kennen Sie auch Ihre Aufgabe, George: Gestalten Sie unseren Katalog so um, daß unsere Werbekunden noch mehr Verkaufshinweise erhalten.«

Die Arbeit an dieser Aufgabe war hochinteressant. Ich erkannte bald, daß ich die Empfänger des Katalogs zu einer bestimmten Handlung animieren mußte: Sie sollten den Katalog auspacken, die Antwortkarte herausziehen und dann so viele Informationen anfordern, daß unsere Auftraggeber in Anfragen nur so schwammen. Es kam also nicht darauf an, einen »schönen« Katalog zu produzieren, sondern einen, der zum Handeln anregte. Tatsächlich zeichnete sich unser Katalog durch ein ausnehmend häßliches Cover aus, auf dem eine große Hand mit einem Stift Codenummern ankreuzte, um Informationen anzufordern. Wenn der Empfänger die Titelseite umblätterte, prangten ihm drei wichtige Anweisungen entgegen: »1. Bitte ziehen Sie die Karte gleich heraus – damit Ihnen niemand zuvorkommt. 2. Holen Sie einen Stift. 3. Kreuzen Sie an, für welche Firmen Sie sich interessieren.« Wir fügten sogar noch eine lose Postkarte bei, die gleich beim Öffnen des Katalogs herausfiel. (Übrigens *sollen* derartige Karten sofort herausfallen, damit Sie sie nach dem Aufheben gleich lesen. Und es funktioniert: Sie werden doppelt so häufig zurückgeschickt wie gebundene oder perforierte Karten.) Auf der von uns entworfenen

Karte waren die folgenden Anweisungen abgedruckt: »Sie haben diese Karte aufgehoben und halten Sie nun in der Hand. Holen Sie jetzt einen Stift, damit Sie ankreuzen können, für welche Firmen Sie sich interessieren.« Sogar ein Malwettbewerb wurde ausgeschrieben, an dem jeder Empfänger des Katalogs teilnehmen konnte ... *vorausgesetzt, er schickte die Antwortkarte ab.* Das Programm wurde ein voller Erfolg – für den Herausgeber zumindest. In einem einzigen Jahr stiegen die Anfragen bei den Werbekunden um 342 Prozent! Der Herausgeber wiederum konnte sich kaum retten vor Kunden, die im folgenden Jahr noch mehr Anzeigen schalten wollten. Sie zahlten die Gebühren sogar schon im voraus, um sich einen Platz in diesem supereffizienten Werbeträger zu sichern. Die Antwortkarten, die wir an die Datenerfassungsfirma schickten, damit sie die Versandetiketten für die Werbekunden herstellte, türmten sich und übertrafen den Stapel des vorangegangenen Jahres bei weitem.

Die Zahl der Leseranfragen explodierte, und der Herausgeber war begeistert. Er verkaufte seinen Katalog, zog sich mit Anfang Vierzig aus dem Geschäftsleben zurück und genoß die Früchte seiner Arbeit. Und wie erging es den Werbekunden? Ich glaube nicht, daß sie ebenso zufrieden waren. Gewiß, sie schwammen in einer riesigen Menge von Anfragen. Aber wie war es um ihre Qualität bestellt?

Das war nicht unsere Sorge. Werbekunden sind keine Verkaufsprofis, sondern Marketingleute. Sie wollen keine Geschäfte abschließen, sondern Interessenten auftreiben, und zwar viele. Wenn sich unter dem Strich nicht genügend Neukunden ergeben – wenn die Nudeln nicht klebenbleiben – geben sie der Verkaufstruppe die Schuld. Die Verkäufer wiederum begreifen nicht, warum sie so viele wertlose Hinweise bekommen.

Am Ende sind die Marketingstrategen, die Werbekunden und die Kundenbetreuer der Agenturen zufrieden, weil sie so viele neue Interessenten haben. Wen kümmert es, wenn die Verkäufer sie einfach ignorieren?

Denken Sie als Werbender deshalb immer daran, daß die Werbemedien ein Interesse daran haben, möglichst viele Anfragen auszulösen. Was Sie dann damit anfangen, ist Ihre Sache. Man fühlt sich an den bekannten Spruch erinnert:

»Ich weiß, daß die Hälfte meiner Werbung funktioniert, und die andere Hälfte nicht. Ich komme aber nicht dahinter, welche Hälfte es ist.«

Ich sehe das Verhältnis etwas anders. Vermutlich sind es nur 10 Prozent Ihres Werbeetats, die wirklich wertvolle Kaufhinweise einbringen. Die meisten anderen Interessenten haben zu keinem Zeitpunkt ernsthafte Kaufabsichten und sind für Sie damit völlig wertlos.

Nein sagen

Ich kann den Verkäufern, die sich darauf konzentrieren, neue Kunden zu gewinnen und sie auf das Förderband zu hieven, keinen besseren Rat geben als den: AUFHÖREN! Die Versuchung ist groß, den Weg als das Ziel zu betrachten. Wenn ein Vertriebsleiter fragt: »Wie kommen Sie mit der Akquisition voran?«, dann ist folgende Antwort verkehrt: »Großartig! Ich schicke Hunderte von Katalogen und Broschüren raus. Da warten garantiert einige gute Geschäfte auf uns.« Auf das effektivere und effizientere Vorgehen weist dagegen diese Antwort hin: »Großartig! Ich habe mit den meisten der hundert möglichen Interessenten schon Gespräche geführt. Etwa 25 dürften ernsthaft interessiert sein. Diesen 25 potentiellen Kunden widme ich meine ganze Aufmerksamkeit. Den anderen 75 werde ich einen kurzen Brief schicken.«

Zu meinen Kunden gehört auch eine sehr große Versicherungsgesellschaft. Die neuen Vertreter werden ständig dazu gedrängt, so viele Verkaufsgespräche wie nur möglich zu vereinbaren. Ich entwickelte ein Videotraining für diese Gesellschaft, um den Vertretern zu zeigen, mit welchen Methoden sie potentielle Kunden dazu bewegen konnten, sich die Zeit für ein persönliches Gespräch zu nehmen. Mein Ansprechpartner in der Versicherungsgesellschaft war sehr überrascht, als er den Seminarunterlagen entnahm, daß ich den Vertretern davon *abriet*, potentielle Kunden zu besuchen, die aller Wahrscheinlichkeit nach doch keine Police unterzeichnen würden. Aber ich konnte ihn überzeugen. Heute gehen die Vertreter mit einem besseren Gefühl zur Arbeit, weil sie keine Zeit und Energie mehr für Gespräche aufwenden müssen, die von vornherein aussichtslos sind. Statt dessen konzentrieren sie ihre Aufmerksamkeit auf die wirklichen Interessenten.

Mit weniger Hektik mehr Geschäfte machen

Der Messeberater Steve Miller, Autor von *How to Get the Most Out of Trade Shows*, weist auf das verbreitete Mißverständnis hin, daß der Erfolg eines Messeteilnehmers daran gemessen werden könne, wie umlagert sein Stand sei und wie gehetzt seine Verkäufer wirken. Dabei ist hektische Betriebsamkeit in den seltensten Fällen ein Gradmesser der Effektivität, im Gegenteil, sie verhindert oft die wirklich effektive Arbeit. Deshalb sieht es Steve als eine seiner wichtigsten Aufgaben an, den Unternehmen zu zeigen, wie sie mit weniger Betriebsamkeit mehr Geschäfte machen können. Die Durchschnittskosten pro Kaufhinweis können sich bei einer Messe leicht auf 400 bis 500 Dollar summieren. Es geht also um bedeutende Investitionen, die niemand gerne verschwendet.

DRIpride, ein Hersteller medizinischer Hygieneartikel, nimmt alljährlich an der Messe der American Healthcare Association teil. Vielversprechende Interessenten sind beispielsweise Messebesucher, die von einer Betreuungseinrichtung geschickt wurden. Bevor Steve das Messekonzept von DRIpride neu gestaltete, galt es als großer Erfolg, 1800 Verkaufshinweise mit nach Hause zu nehmen. Das Problem war nur, daß die Nachfaßaktionen geradezu kläglich endeten. Die Spaßvögel im Unternehmen mokierten sich über die Stapel von Visitenkarten, die nutzlos auf den Schreibtischen in der Zentrale herumlagen. Noch in dem Jahr, in dem Steve auf den Plan trat, sank die Zahl der Verkaufshinweise um zwei Drittel auf nur 600. Aber es handelte sich dabei um wirklich vielversprechende Interessenten. Der Erfolg ließ nicht lange auf sich warten: Sie erteilten in den neunzig Tagen nach der Messe Aufträge im Gesamtwert von 6,5 Millionen Dollar. Die Zahl der möglichen Interessenten war zwar gesunken, doch dafür zeigten sie ernsthaftes Interesse, und die Repräsentanten von DRIpride konnten sich intensiv um sie kümmern.

Steve weist die Messemitarbeiter seiner Kunden an, direkte und spezifische Fragen zu stellen, um die Besucher sofort näher einordnen zu können. Wenn sie auf vier Fragen – etwa nach dem Beruf, der Einkaufsvollmacht, der Unternehmensgröße etc. – nicht vier positive Antworten erhalten, sollten sie sich gar nicht weiterbemühen, rät Steve. In diesen Fällen sollten sie sich für das Interesse des Besuchers bedanken und ihm höflich klarmachen, daß das Produkt für ihn wohl nicht in Frage komme und er am Stand nur *seine* wertvolle Zeit verschwende.

Bestimmt haben Sie an vielen Messeständen schon die großen Gläser gesehen, in die Sie Ihre Visitenkarte einwerfen und damit an irgendeinem Preisausschreiben teilnehmen können. Die US-Bank beispielsweise hat damit auf Bootsmessen schon ihr Glück versucht, in der Hoffnung, daß der eine oder andere Käufer seine Yacht über die Bank finanziere. Das Glas füllte sich mit Hunderten von Visitenkarten, aber kaum ein Messebesucher kam mit der Bank ins Geschäft, soweit sich das nachweisen ließ. Als Steve beauftragt wurde, entfernte er sofort das Glas. Er wies das Personal am Stand an, direkten Augenkontakt mit den Besuchern herzustellen, gezielte Fragen zu stellen und anhand der Antworten zu beurteilen, ob sie ein ernstzunehmendes Interesse hatten. Es blieben 180 Interessenten übrig, die bereit waren, einen »nächsten Schritt« zu tun, ob das nun die Bitte um ein Finanzierungsangebot, die Vereinbarung eines Gesprächstermins oder gar ein Kreditantrag war. Die US-Bank tauschte ihr schönes Glas gegen ein Kreditvolumen von drei Millionen Dollar ein, das die Messebesucher innerhalb von dreißig Tagen generierten.

Wem nützt es, wenn Sie wählerisch sind?

Wer profitiert, wenn Sie frühzeitig differenzieren und wenig aussichtsreiche Interessenten aussortieren? Sie, Ihre derzeitigen Kunden und auch Ihre zukünftigen! Sie verschwenden keine knappen Ressourcen mehr, indem Sie Nudeln an die Wand werfen, teure Broschüren versenden, Ihre Außendienstler mit sinnlosen Listen nerven und Ihre Schreibkräfte teure Briefe an Empfänger tippen

lassen, die keineswegs die Absicht haben, treue Kunden zu werden. Statt dessen können Sie sich endlich auf die wirklich rentablen Aufgaben konzentrieren: den Kontakt zu Ihren Stammkunden zu intensivieren und instabile Beziehungen zu retten.
Der Nutzen für Ihre derzeitigen Kunden ist tatsächlich kaum zu überschätzen. Denken Sie daran, daß Kunden jede zusätzliche Aufmerksamkeit fast ausnahmslos begrüßen und eine engere Beziehung zu Ihnen zu schätzen wissen.
Auch Ihre zukünftigen Kunden profitieren, weil Sie sich ihnen intensiver widmen können. Statt jedem noch so aussichtslosen Hinweis hinterherzujagen, können Sie jetzt den wirklich interessierten potentiellen Kunden bei der Entscheidungsfindung helfen und sie so qualifiziert betreuen, daß sie loyale Stammkunden werden.

Mein eigenes Differenzierungssystem

Früher schickte ich jedem, der darum bat, Informationen über meine Rednertätigkeit. Viele meiner Kollegen glauben, daß sie potentielle Interessenten abschrecken könnten, wenn sie ihnen die Höhe der Honorare nennen, bevor sie ihre Broschüre gelesen, ihr Video gesehen und etwas über ihren Bekanntheitsgrad erfahren haben. Deshalb vermeiden sie es, beim ersten Kundenkontakt über konkrete Zahlen zu reden.
Ich habe festgestellt, daß die wenigsten Personen, die sich bei mir nach Vorträgen und Seminaren erkundigen, meine Honorare bezahlen können. Aus diesem Grund informiere ich sie, im Gegensatz zu vielen Kollegen, so früh wie möglich über meine Konditionen. Damit potentielle Auftraggeber meine Honorare schon kennen, bevor wir ins Gespräch kommen, habe ich ein Voice-Mail-System eingerichtet. Die Anrufenden erfahren schon bei der ersten Kontaktaufnahme, was ich für meine Dienste berechne. Erscheint ihnen der Betrag zu hoch oder sprengt er ihr Budget, dann wäre es ohnehin nicht zur Zusammenarbeit gekommen, und beide Seiten haben Zeit gespart.
Im ersten Gespräch mit einem Interessenten frage ich genau, was er sich von meinem Vortrag verspricht. Warum sollte ich einen Auf-

trag annehmen, wenn sich abzeichnet, daß ich ihn gar nicht zur vollen Zufriedenheit ausführen kann? Eine hilfreiche Frage in diesem Zusammenhang ist die nach den professionellen Rednern, mit denen der Auftraggeber in der Vergangenheit besonders gern zusammengearbeitet hat. Da ich die meisten meiner Kollegen kenne, kann ich mir ein Bild davon machen, was man von mir erwartet. Wenn ich das Gefühl habe, daß ich mit meinem Auftraggeber in zu wenigen Punkten übereinstimme, dann arbeiten wir auch nicht zusammen. Er wäre am Ende nur unzufrieden, und ich würde ihm das Honorar zurückerstatten.

Ich betrachte meine Nachfaßbriefe als 100-Dollar-Scheine. Ein ernsthafter Interessent möchte sich über meine Bücher, Kassetten und Videos informieren und meine Broschüre lesen. Also sende ich ihm wertvolles Material zu. Am wertvollsten ist aber die Aufmerksamkeit, die er erhält. In Anbetracht der möglichen Opportunitätskosten – ich könnte meine Zeit auch dafür verwenden, ein weiteres Buch zu schreiben oder mich um einen schon seit Jahren treuen Auftraggeber zu kümmern – erscheint mir der Betrag von 100 Dollar noch relativ gering geschätzt. Und da ich nicht gern 100-Dollar-Scheine verschwende, achte ich sehr darauf, meine Informationen nur an einen wirklich interessierten Kreis möglicher Auftraggeber zu schicken.

Es hat wenig Sinn, wahllos zu verkaufen, »egal an wen«. Sie möchten neue Kunden gewinnen, die Ihnen treu bleiben und Sie weiterempfehlen, so daß Sie noch mehr langfristige Beziehungen aufbauen können. Ein einmaliger Kunde dagegen, der unzufrieden ist, weil Ihr Produkt oder Ihr Service nicht seinen Erwartungen entsprechen, kann Ihnen möglicherweise sehr schaden.

Rechnen Sie einmal aus, was es Sie kostet, Verkaufshinweisen nachzugehen. Vielleicht ist Ihr Informationsmaterial keine 100 Dollar, sondern nur 20 oder 10 Dollar wert. Aber auch 10-Dollarscheine verschwendet niemand gerne.

Wenn abzusehen ist, daß Sie einem Verkaufshinweis nur halbherzig nachgehen, dann sollten Sie gar nicht erst reagieren. Reservieren Sie Ihre Energie und Ihre Ressourcen für die wenigen potentiellen Kunden, die ernsthaft interessiert sind.

Das Risiko läßt sich nicht von der Hand weisen, daß Sie einige wertvolle Hinweise übersehen, wenn Sie striktere Kriterien anwenden. Aber wenn Sie es nicht tun, besteht ein viel höheres Risiko, daß Ihre Firma sich in der undifferenzierten Bearbeitung von Hinweisen verzettelt.

Machen Sie das Beste aus jedem Hinweis

Stoßen Sie Interessenten, die Ihnen wenig vielversprechend erscheinen, aber nicht gleich vor den Kopf. Immerhin haben Sie einen gewissen Aufwand betrieben, um sie zu finden. Machen Sie das Beste daraus, auch wenn Sie wissen, daß kein gutes Geschäft winkt.

Machen Sie den Interessenten Ihren Standpunkt klar

Achten Sie darauf, Ihre Absage so zu formulieren, daß sie beim Interessenten keinen schalen Nachgeschmack hinterläßt. Nehmen wir an, Sie sind EDV-Berater und haben einen Interessenten am Telefon, dessen Bedürfnisse Sie nicht hundertprozentig befriedigen können. Sie haben sich nämlich auf die Vernetzung von Apple-Geräten spezialisiert, während Ihr Gesprächspartner sein Novell-PC-Netzwerk neu konfigurieren möchte. Natürlich werden Sie nicht sagen: »Ich habe nicht vor, meine Zeit mit Ihnen zu verschwenden, da Sie mir ohnehin keinen Auftrag erteilen.« Statt dessen werden Sie Ihre Ablehnung positiv formulieren:

»Serena, nach dem, was Sie mir über Ihre Anforderungen erzählt haben, bin ich nicht der bestmögliche Berater für Sie. Bevor wir beide unnötig Zeit verschwenden, möchte ich Ihnen jemanden empfehlen, der mit solchen Projekten mehr Erfahrungen gesammelt hat als ich. Ich kenne mehrere erfahrene Novell-Spezialisten und würde Ihnen gerne ihre Telefonnummer geben.«

Auf diese Weise profitieren auch Sie, weil Ihre Kollegen Sie in ähnlichen Fällen auch empfehlen. Am wichtigsten aber ist, daß Sie genau das getan haben, was dem Interessenten am meisten nützt. Ich bin der festen Überzeugung, daß dies immer die beste Vorgehensweise ist.

Wenn Sie dagegen versuchen, Ihr Produkt oder Ihre Dienstleistung an Kunden zu verkaufen, die damit langfristig nicht zufrieden sind, ist der Konflikt vorprogrammiert. Nun werden manche Leser und Leserinnen sagen: »Machen Sie Witze? Ich mache jeden Abschluß, der sich anbietet. Danach sieht man weiter!« Aber ich glaube, daß diese Einstellung keine langfristigen Erfolge bringt. Auf Dauer können sich nur die Unternehmen am Markt behaupten, die absolut kundenorientiert arbeiten. Die Zufriedenstellung des Kunden muß ihnen wichtiger sein als kurzfristige Gewinne.

Bitte um Empfehlungen

Wenn Sie einem Interessenten sagen, daß Ihr Produkt seinen Bedürfnissen nicht völlig entspricht und ihn dann weiterverweisen, spricht nichts dagegen, ebenfalls darum zu bitten, empfohlen zu werden. Im vorangegangenen Beispiel wäre es völlig angemessen zu sagen:

»Die drei Berater, die ich Ihnen empfehle, sind sehr erfahren und können Ihnen mit Ihrem Novell-Netzwerk bestimmt weiterhelfen. Mein Fachgebiet, ich habe es schon erwähnt, sind die Macintosh-Systeme. Ich gehe mal davon aus, daß einige Ihrer Kollegen auch mit Apple-Netzwerken arbeiten. Wenn ich Ihnen nicht weiterhelfen kann, dann vielleicht Ihren Kollegen? Wer sind die zwei oder drei Personen, die Ihnen einfallen?«

Sie haben Ihre Aufrichtigkeit schon unter Beweis gestellt und Zeit in das Gespräch investiert. Wenn Sie jetzt selbst um Hinweise auf Kunden bitten, haben sich die Investitionen schon gelohnt.
Ihr Ziel heißt nicht, eine maximale Anzahl von einmaligen Abschlüssen zu tätigen. Nehmen Sie sich lieber genügend Zeit, um zwischen vielversprechenden und wahrscheinlich aussichtslosen Anfragen zu differenzieren. Dann können Sie sich intensiv auf die

wenigen potentiellen Kunden konzentrieren, bei denen sich der Aufwand auch auszahlt.

Was Sie SOFORT tun können

- Stellen Sie ein Gleichgewicht zwischen Effizienz und Effektivität her. Beides ist für den Erfolg in der Kundenakquisition notwendig.
- Überprüfen Sie Ihr eigenes System ehrlich. Werfen auch Sie Nudeln an die Wand und hoffen, daß zumindest manche klebenbleiben?
- Gestalten Sie Ihre Systeme zur Gewinnung von Verkaufshinweisen so um, daß die Qualität der Beziehungen und nicht der Absatz im Vordergrund steht.
- Stellen Sie fest, was es Sie kostet, auf Anfragen Informationen zu versenden, und fragen Sie sich dann, ob diese Investition sich auszahlt. Wie sieht es mit Ihren Nachfaßaktionen aus?
- Seien Sie vorsichtig, wenn Werbevertreter Sie mit einer astronomisch hohen Zahl von Verkaufshinweisen ködern wollen, ohne ein Wort über die Qualität der daraus entstehenden Geschäfte zu verlieren.
- Ermutigen und belohnen Sie Verkaufsprofis, wenn sie Interessenten abweisen, die die Kriterien für eine langfristige Beziehung nicht erfüllen. Loben Sie ihre Entscheidungen, damit auch andere Verkäufer wissen, daß sie ihre Zeit und Energie nicht an aussichtslose Kandidaten verschwenden sollten.
- Bewerten Sie Ihre Messeauftritte. Finden Sie, daß Neuabschlüsse nur mit hektischer Betriebsamkeit zu erreichen sind? Vergessen Sie die Preisausschreiben und das Visitenkartensammeln; schärfen Sie Ihrem Personal ein, uninteressierte Besucher sofort auszusortieren und sich um so intensiver denen zu widmen, die eine langfristige Beziehung zu versprechen scheinen.
- Betonen Sie, wie wichtig es ist, daß die Interessenten, mit denen Sie nicht ins Geschäft kommen, Ihre Firma in guter Erinnerung behalten.
- Flechten Sie in die Gespräche mit derartigen Interessenten die Frage ein, ob sie Sie weiterempfehlen können.

8. Schnelligkeit ist keine Hexerei

Der Zeitfaktor spielt im Marketing heute eine entscheidendere Rolle als je zuvor. Wer sich einen Vorsprung vor der Konkurrenz erkämpft hat und in der Gunst eines potentiellen Kunden steht, muß unter allen Umständen am Ball bleiben. Aus der Art und Weise, wie ein Verkäufer den Erstabschluß vorbereitet und abwickelt, zieht der Kunde Rückschlüsse auf das Maß der Betreuung, das er später zu erwarten hat. Ein Kaufinteressent, um den sich niemand ausreichend kümmert, gewinnt den Eindruck, daß er auch als Kunde nicht genügend beachtet wird.

Wie schnell sind Ihre Mitarbeiter?

Am Anfang sollte ein Selbsttest stehen. Die zentrale Frage lautet: Wie schnell sind die Mitarbeiter Ihres Unternehmens derzeit im Nachfassen? Lassen Sie sich die Antwort auf diese Frage weder von einem Marketingexperten noch von einem Verkäufer geben, sondern finden Sie sie selbst heraus. Um eine möglichst genaue Antwort zu erhalten, müssen Sie die Schnelligkeit Ihrer Mitarbeiter testen. Werden Sie also Ihr eigener potentieller Kunde.
Offizielle Marktforschungsprojekte führen uns regelmäßig die traurige Wahrheit vor Augen. Ein Beispiel ist die Performark-Studie, die im *Wall Street Journal* veröffentlicht wurde. Die Informationsunterlagen und Broschüren, die angefordert worden waren, trafen im Durchschnitt erst 58 Tage später beim Empfänger ein; fast 25 Prozent der Anfragen blieben unbeantwortet. Nur jede achte Anfrage führte zu einem Verkaufsgespräch, und zwar durchschnittlich 89 Tage nach Eingang! Ich hielt ein solches Ergebnis für unmöglich, bis ich es überprüfte und bestätigt fand.

Testen Sie Ihr eigenes Unternehmen

Machen Sie die Probe aufs Exempel. Antworten Sie auf Ihre eigenen Werbeanzeigen. Fügen Sie einen Abteilungscode hinzu, wenn Sie Ihre Adresse auf die Antwortkarte schreiben oder am Telefon durchgeben. Wenn Sie beispielsweise auf eine Anzeige antworten, die am 17. Februar 1995 erscheint, dann fügen Sie Ihrer Adresse die Angabe »Abteilung 1725« hinzu. So können Sie nach Erhalt des Prospekts das Datum des Poststempels mit der Kennziffer vergleichen und ablesen, wie lange Sie auf die Sendung warten mußten.

Ich habe diese Methode schon bei vielen meiner Kunden praktiziert, und die meisten waren über die Ergebnisse schockiert. Probieren Sie es selbst aus, aber machen Sie sich vorsichtshalber auf das Schlimmste gefaßt.

Besser noch wäre es, wenn Sie sich einen Mitstreiter im In- oder Ausland suchen. Vereinbaren Sie, die Nachfaßbemühungen des jeweils anderen offen und ohne falsche Rücksichtnahme zu beurteilen. Instruieren Sie Ihren Partner, wie er in Ihrem Unternehmen am ehesten den Eindruck eines finanzkräftigen potentiellen Käufers erwecken kann. Testen Sie dafür im Gegenzug die Nachfaßbemühungen in seinem Unternehmen. Erstatten Sie sich später gegenseitig Bericht. Wie lange hat es gedauert, bis das geordnete Informationsmaterial eintraf? Wurden alle Fragen erschöpfend beantwortet? War ein Anschreiben dabei, das für einen positiven ersten Eindruck sorgte und Sie im Falle eines ernsthaften Interesses über die nächsten Schritte informierte? Sind Sie angerufen worden? Haben Sie als potentieller Kunde weitere Literatur oder anderweitige Beachtung erhalten (Ich hoffe es nicht, aber ich glaube fast, daß Sie über das Resultat schockiert sein werden.)

Nur durch einen Test unter realistischen Bedingungen können Sie herausfinden, wie es in Ihrem Unternehmen wirklich aussieht. Und wenn Sie wissen wollen, ob gegen unbefriedigende Zustände etwas unternommen wird, dann sollten Sie den Test in regelmäßigen Abständen durchführen. Ich habe *Verkaufe alles – nur nicht Deine Kunden* nicht geschrieben, damit Sie jetzt in Aktion treten und morgen schon wieder alles vergessen haben. Ich möchte, daß

Sie Ihre Prioritäten auf den Kopf stellen und dann langfristig danach handeln. Es reicht nicht, eine interne Prüfung durchzuführen, vom Ergebnis entsetzt zu sein, mit der Faust auf den Tisch zu schlagen und anschließend so zu tun, als wäre nichts gewesen. Bleiben Sie aktiv.

Der erste Eindruck ist der wichtigste

Mein Rat, bei Antwort- und Nachfaßschreiben schnell zu sein, gilt nicht nur für große, finanzstarke Vertriebsabteilungen, die sich teure Technologien leisten können. Eine kleine persönliche Aufmerksamkeit kann manchmal viel wirksamer sein. Ich bin Privatpilot und mußte den vorgeschriebenen körperlichen Eignungstest bei einem von der amerikanischen Luftfahrtbehörde zugelassenen Arzt durchführen lassen. Mein Fluglehrer verwies mich an Dr. Richard Pellerin in West-Seattle. Zwei Tage nach der Untersuchung erhielt ich einen handgeschriebenen Notizzettel, auf dem zu lesen stand: »Lieber George, es war nett, Sie kennenzulernen. Viel Glück beim Fliegen. Sie sind hier jederzeit als Patient willkommen. Unterschrift: Doc.« Ich war sehr angetan von dieser Notiz und werde darum gern wieder als Patient in Doktor Pellerins Praxis zurückkehren.

Bei meinen Seminaren über die Umkehrung der Marketingprioritäten stelle ich zur Veranschaulichung meiner Thesen gerne einen langen Tisch auf die Bühne und »spiele« dann während meines Vortrags die drei wichtigsten Phasen in einer Kundenbeziehung: aufbauen, pflegen, retten. Zur Veranschaulichung der ersten Phase steige ich mit unbeholfenen und unsicheren Bewegungen auf den Tisch. Um zu demonstrieren, wie wichtig es ist, Beziehungen weiterzuentwickeln und die Kunden in der Mitte zu halten, gehe ich dann vorsichtig Schritt für Schritt vorwärts. Zum Schluß führe ich das Ende einer langandauernden Beziehung vor, die eigentlich hätte gerettet werden müssen. Dazu balanciere ich zunächst unsicher an der Tischkante entlang und falle dann schließlich herunter. Nach einigen »Vorführungen« dieser Art kam mir eine Idee, wie ich meinen Zuhörern anschaulicher vermitteln konnte, daß der erste

Eindruck eines Kunden immer der wichtigste ist. Ich flechte deshalb immer folgende Episode ein:

»Kurz vor 7 Uhr war ich heute morgen hier, in diesem Hotelsaal, und traf die letzten Vorbereitungen für das Seminar. Da bemerkte ich, daß dieser Tisch nicht sehr stabil ist. Ich fragte mich: ›Was wäre, wenn er mitten im Vortrag zusammenbrechen würde? Was würde ich dann tun?‹ (An dieser Stelle halte ich immer das Branchentelefonbuch hoch.) Ich würde natürlich einen Anwalt anrufen!«

Und dann erzähle ich den Teilnehmern, wie es mir erging, als ich früh am Morgen einige Anwälte anrief. (Anwaltswitze erfreuen sich in den USA größter Beliebtheit.) Erstaunlich, wie viele Anwälte nicht einmal einen Anrufbeantworter besitzen! Dürfen neue Mandanten etwa nur während der Bürozeiten Probleme haben? Manche Kanzleien haben unmögliche Telefonzentralen, deren Mitarbeiter noch nicht einmal den Namen der Kanzlei richtig aussprechen können (der zugegebenermaßen recht lang sein kann: »Hier ist die Kanzlei Polito, Merill, Shucklin, VanDerbeek, Moschetto und Kopin, kann ich etwas für Sie tun?«) Dies ist sicherlich keine geeignete Methode, um neue Kunden auf das Förderband zu bringen. Ich habe Hunderte solcher Anrufe geführt und werde Ihnen im folgenden meine beiden Lieblingsbeispiele schildern – beide verdeutlichen das jeweils andere Extrem.
Einmal hielt ich ein Seminar in einem Vorort von Los Angeles. Vor Beginn der Veranstaltung blätterte ich 174 Seiten durch, auf denen Anwälte eingetragen waren. (Kein Wunder, daß es so viele Streitfälle gibt!) Ich rief eine Kanzlei an, deren Anzeige vielversprechend aussah: »Personenschäden! Ansprüche aus Schadensfällen! Bislang mehr als 320 Millionen US-Dollar Schadenersatz! Rufen Sie jetzt an.« Schon nach dem ersten Klingelzeichen wurde der Hörer abgenommen, und eine grimmig klingende, männliche Stimme brummelte: »Hallo.«
Ich sagte: »Guten Morgen, sind Sie der Anwalt oder der Anrufbeantworter?«
Er erwiderte kurz und bündig: »Der Anwalt.«

Ich sagte: »Vielen Dank, daß Sie meinen Anruf schon so früh am Morgen entgegennehmen. Mein Name ist George Walther, und ich werde gleich ein Seminar zum Thema ›Wie mache ich einen positiven, ersten Eindruck auf potentielle Kunden?‹ abhalten. Ich möchte gerne wissen, ob Sie viele Anrufe zu dieser frühen Stunde bekommen und welche Strategien Sie verfolgen, wenn Sie an einer Terminvereinbarung interessiert sind.«

»Kein Kommentar. Ich beantworte überhaupt keine Fragen«, fuhr er mich an und legte auf. Meinem ersten Eindruck nach verspürte ich wenig Lust, Mandant bei ihm zu werden.

Sein genaues Gegenteil fand ich auf der Insel Maui. Ich ging genauso vor wie im ersten Beispiel. Ich blätterte durch das diesmal sehr viel dünnere Branchenverzeichnis und fand die Anzeige eines Anwalts, der sich auf Personenschäden spezialisiert hatte. Der Anrufbeantworter meldete sich und gab eine Nachricht durch, die deutlich zu verstehen und inhaltlich durchdacht war. Sie lautete:

»Vielen Dank für Ihren Anruf. Mein Name ist Paul Yamato. Es tut mir leid, daß Sie anrufen mußten. Menschen, die sich mit einem Anwalt in Verbindung setzen, haben meist Probleme, sie sind schlecht behandelt worden oder in Auseinandersetzungen verwickelt. Der Anlaß, aus dem Sie anrufen, ist sicherlich alles andere als erfreulich, aber ich werde alles tun, unsere Zusammenkunft um so erfreulicher zu gestalten. Ich arbeite seit 17 Jahren als Anwalt auf Hawaii und habe in dieser Zeit hier und auf dem Festland viele Auszeichnungen erhalten. Doch im Moment zählt nur, was Sie auf dem Herzen haben. Während Sie zugehört haben, wurde ich bereits von meinem Telefonsystem angewählt, und ich freue mich darauf, gleich persönlich mit Ihnen zu sprechen. Ich bin jetzt bereit. Warten Sie bis zum Signalton, und geben Sie dann Ihre Telefonnummer ein. Sie wird auf meiner Anzeige erscheinen, und ich rufe Sie innerhalb von zwei Minuten zurück.«

So würde ich gerne meine Geschäftsbeziehungen zu einem Anwalt beginnen (wenn es denn sein müßte). Dieser Anwalt ist ganz offensichtlich sowohl einfühlsam als auch schnell. Und Schnelligkeit spielt bei Personenschäden nun einmal eine ganz entscheidende Rolle.

Lassen Sie Ihre Kunden nie zu lange warten

An einer früheren Stelle bin ich bereits darauf eingegangen, welche Rolle der erste Eindruck beim Beginn einer neuen Geschäftsbeziehung spielt. Die Meinung des Kunden wird überdurchschnittlich stark durch Anfangserfahrungen geprägt. Ist der erste Eindruck des Kunden ein negativer, dann wird er dem betreffenden Unternehmen aller Wahrscheinlichkeit nach keine zweite Chance mehr einräumen. Kommt es jedoch erst nach einem weitgehend positiv verlaufenen Jahr zu einem ärgerlichen Vorfall, wird der gleiche Kunde sehr viel versöhnlicher und verständnisvoller reagieren. Wenn ein Kunde nach einer Anfrage sehr lange auf seine Prospekte warten muß, wird er natürlich annehmen, daß er auf Lieferungen oder Dienstleistungen des Unternehmens später genauso lange warten muß.

Wenn Sie die Schnelligkeit Ihres eigenen Unternehmens testen, dann achten Sie auch darauf, wie lange es dauert, bis aus einem Interessenten ein Kunde wird. Die wirtschaftlichste und effektivste Methode der Kundengewinnung ist die, jeden, der eine Anfrage geschickt hat, sofort persönlich anzurufen. Es ist erstaunlich, wie einfach und zugleich wirkungsvoll ein rascher Anruf sein kann. Eine der Vertriebsleiterinnen, die ich für dieses Buch interviewt habe, bestand leider darauf, anonym zu bleiben, aber die Ergebnisse ihrer Untersuchung lassen sich ohne weiteres übertragen. Ihr Unternehmen verschickt auf Anfrage alle Unterlagen, die für eine Bestellung nötig sind. Dazu zählen unter anderem sorgfältig ausgearbeitete Anweisungen, eine Broschüre mit Hinweisen zur Auftragserteilung und ein Bestellformular, in das bereits Name und Adresse des jeweiligen Interessenten eingetragen wurden. Auch in diesem Unternehmen überprüfte man die Wirksamkeit der Nachfaßbemühungen. Während dieser Überprüfung wurden einige Kunden eine Woche nach Erhalt der Kaufunterlagen angerufen. Niemand übte dabei Druck auf die Kunden aus, es wurde lediglich nachgefragt, ob die Unterlagen eingetroffen seien, ob der betreffende Kunde bereits Zeit gefunden habe, sie durchzusehen, und ob er eventuell Fragen habe. Allein durch diese Anrufkampagne wurde das Auftragsvolumen um 30 Prozent erhöht. Inzwischen werden diese Anrufe routinemäßig durchgeführt.

Nutzen Sie die moderne Technik!

Es gibt mittlerweile eine Vielzahl von erschwinglichen Geräten, die es Ihnen erleichtern, einen schnellen und positiven ersten Eindruck auf Ihre Kunden zu machen. Sie sind jedoch lediglich Hilfsmittel. Die Entscheidung, schnell zu reagieren – ob mit oder ohne Spitzentechnologie –, müssen Sie fällen. Eine kurze, handgeschriebene Notiz wie die von Dr. Pellerin ist immer noch besser als gar nichts.

Wie MCI mich als Kunden gewann

Als ich mich Ende der achtziger Jahre in den Strom derer einreihte, die von Kalifornien nach Seattle zogen, wurde meine neue Büronummer in einer Art »brandaktueller Telefonliste« veröffentlicht. Ich weiß das nur, weil ich eines Tages plötzlich unzählige Anrufe von verschiedensten Telefonmarketingabteilungen bekam, die diese Liste anscheinend gerade erhalten hatten. An jenem Tag wurde ich unter anderem von Mitarbeitern dreier Telefongesellschaften angerufen, die einen Vertrag über Ferngesprächsdienstleistungen abschließen wollten.

Zunächst meldete sich die Firma Sprint. Die Anruferin machte ihre Sache sehr gut. Sie erklärte mir die Lichtleitfasertechnik von Sprint, sprach von großer Übertragungsreinheit, von niedrigen Gebühren und von einer detaillierten Rechnungsaufschlüsselung. Es klang alles sehr gut, und sie versprach:

»Ich schicke Ihnen unsere Broschüre und werde auch meine Visitenkarte beifügen. Rufen Sie mich an, wenn Sie mit der Durchsicht fertig sind. Ich werde dann umgehend alles Nötige veranlassen, damit der Vertrag ausgestellt wird und Sie sofort anfangen können, Geld zu sparen.«

Einige Stunden später rief ein Vertreter des »American Network« aus Portland, Oregon, an. Ich hatte zwar noch nie etwas von diesem Unternehmen gehört, aber er versicherte mir, daß American Network seine Übertragungskapazitäten von Sprint, AT&T und anderen Fernsprechunternehmen lease. Da die Firma keine eigenen Anlagen unterhalten müsse, könne sie ihre Leistungen zu sensationell niedrigen Gebühren anbieten. Auch dieser Anrufer versprach mir hochwertige Übertragungsqualität, transparente Rechnungstellung etc. Es schien, als würde ich mit American Network noch preiswerter fahren als mit Sprint, und so sagte ich: »Schicken Sie mir doch einmal Ihre Informationsbroschüre.« Er antwortete:

»Ich weiß, daß Sie sehr viel zu tun haben und häufig unterwegs sind, also werde ich Ihnen einen Teil der Arbeit abnehmen und das Vertragsformular bereits für Sie ausfüllen. Außerdem füge ich einen adressierten Rückumschlag bei, dann brauchen Sie mich nicht anzurufen, nachdem Sie die Broschüre durchgesehen haben. Schicken Sie lediglich das unterschriebene Vertragsformular zurück, und Sie werden dann innerhalb einer Woche an unser Netz angeschlossen.«

Der dritte Anruf kam von MCI. Der Mann am anderen Ende hatte *exakt die gleichen Verkaufsargumente* wie die beiden anderen! Er sprach von Lichtleitfasertechnik, Übertragungsreinheit, einer detaillierten Aufschlüsselung der Rechnungsposten, niedrigen Gebühren. Darüber hinaus aber sagte er noch etwas anderes:

»Mr. Walther, da Sie sehr viele Ferngespräche führen, wollen Sie von den Einsparungen, die MCI ermöglicht, sicherlich so früh wie möglich profitieren. Wie lautet Ihre Fax-Nummer?«

Ich gab sie ihm und hörte innerhalb von Sekunden, noch während wir sprachen, daß mein Faxgerät angewählt wurde. Er sagte:

»Ich glaube, ich höre da im Hintergrund schon Ihr Faxgerät. Ich bleibe gerne am Apparat, während Sie das Formular holen, das ich Ihnen zugefaxt habe. (Ich ging also und holte es.) So, jetzt brauchen Sie das Formular nur noch zu unterschreiben und an mich zurückzufaxen. Dann kann ich Sie direkt an unser Netz anschließen.«

Halt, einen Moment bitte. Sie glauben doch wohl nicht, daß ich mich so ohne weiteres von ihm einwickeln ließ? Ich bin ein bewußter Verbraucher und weiß genau, was ich sagen muß, wenn ich merke, daß ich kurz vor einer Kaufentscheidung stehe, nämlich: »Ich möchte mir Ihr Angebot noch einmal durch den Kopf gehenlassen. Können Sie mir weitere Informationen schicken?« Ich gehöre zu der Sorte Kunden, die sich gerne die Entfernungsangaben und Gebührentabellen näher ansehen. Ich möchte wissen, wieviel ich bei welchen Gesprächen zu welcher Tages- und Nachtzeit spare. Ich möchte einfach umfassend informiert werden. Meine Bitte bremste ihn jedoch keineswegs.

»Ja, natürlich. Ich besorge Ihnen gerne zusätzliche Informationen. Machen wir doch noch einen Gesprächstermin für heute aus (in diesem Moment hörte ich wieder mein Faxgerät). Paßt Ihnen 14.30 Uhr, oder wäre es Ihnen lieber, wenn ich etwas später anrufe?«

Was glauben Sie, wem ich schließlich den Zuschlag gab? Der Vertreter von MCI war in der Produktwerbung nicht geschickter als seine beiden Mitkonkurrenten vorgegangen. Leistungen und Preise der drei Anbieter dürften auch in etwa die gleichen sein. Dennoch profitiert MCI seit jenem Tag von meinem relativ hohen Ferngesprächaufkommen. Warum? Weil der Mitarbeiter dafür sorgte, daß ich seine Informationen sofort verarbeitete.
Jeder wird heutzutage regelrecht mit Informationen überhäuft. Wahrscheinlich hatte mir auch die Mitarbeiterin von Sprint eine sehr schöne und ansprechende Broschüre geschickt. Aber die darin enthaltenen Informationen haben mich nie wirklich erreicht. Vermutlich befinden sie sich noch immer in irgendeiner Ablage. Mit

dem Thema »Informationsflut« beschäftigte sich auch John Naisbitt in seinem ersten Management-Bestseller *Megatrends*. Er forderte alle Geschäftsleute dringend dazu auf, die wesentlichen Informationen schneller als bisher an die richtigen Leute zu übermitteln, damit diese umgehend handeln können.

MCI gewann mich deshalb als Kunden, weil mir der entsprechende Mitarbeiter rasch alle Informationen besorgte, die ich benötigte, und weil er sofort einen neuen Termin für ein Nachfaßgespräch vereinbarte, so daß meine Aufmerksamkeit nicht wieder erlosch.

Fax-Informationssysteme

Der Postweg ist für das Versenden von Verkaufsliteratur heute nicht mehr schnell genug. Es lohnt sich daher, faxgerechte Prospekte entwerfen zu lassen, die man interessierten Kunden direkt zukommen lassen kann. Diese Prospekte sollten klar gegliedert und einfach zu lesen sein (und eine schnelle Antwort ermöglichen). Sie sollten speziell für die Übermittlung per Faxgerät entworfen und auf Ihrem Computer jederzeit abrufbar sein. Es ist nicht notwendig, die Prospekte vorher drucken und dann durch herkömmliche Faxgeräte laufen zu lassen

Der Drucker, mit dem ich das Manuskript von *Verkaufe alles – nur nicht Deine Kunden* ausgedruckt habe, ist der ausgezeichnete LaserJet 4M von Hewlett-Packard. Ich habe ihn gekauft, nachdem ich in einer Anzeige von HP las, daß ich das Gerät an mein PC-Netzwerk und gleichzeitig an meinen Macintosh-Computer anschließen kann. In der Anzeige war eine Telefonnummer erwähnt, unter der man die technischen Einzelheiten des Druckers 24 Stunden am Tag abrufen kann. Als ich eines späten Abends dort anrief, wurde ich von der Stimme auf dem Band dazu aufgefordert, meine Faxnummer für die Übermittlung der Prospekte einzutippen. Wenige Sekunden später hielt ich die Verkaufsinformationen bereits in der Hand. Fax-on-Demand ist ein sehr zuverlässiges und preiswertes Instrument, schneller als andere zu sein. Nutzen Sie es.

Voice-Mail-Systeme

Ich weiß, daß man seine Anrufer durch ein schlechtes Voice-Mail-System leicht verärgern kann. Ich gebe auch zu, daß eine verständnisvolle und freundliche menschliche Stimme immer vorzuziehen ist. Falls man ein solches Wesen bedauerlicherweise nicht rund um die Uhr zur Verfügung hat, bietet die Voice-Mailbox zumindest eine gute Ergänzung. Das Leben findet längst nicht mehr nur zwischen 9 Uhr und 17 Uhr statt. Unsere potentiellen Kunden möchten uns erreichen können, *wann sie es wollen*.

John Haynes ist Gebietsleiter bei AT&T. Er ist für alle Produkte und Dienstleistungen verantwortlich, die AT&T anbietet, von der Übermittlung von Ferngesprächen bis hin zur Bereitstellung von kompletten Telefonanlagen und der Vermittlung von Satellitenleitungen. Zu seinem Kundenkreis zählen vor allem Beratungsunternehmen. Nachdem sich viele seiner Kunden bei ihm beklagt hatten, wie schwierig es sei, mit den Mitbewerbern oder auch anderen Abteilungen von AT&T in Kontakt zu treten, ließ Haynes folgende Zeile auf die Rückseite seiner Visitenkarte drucken: »Mit uns können Sie leicht Geschäfte machen«. Dahinter folgen sechs Nummern: Büronummer, Privatanschluß, Funktelefon, Faxnummer, die Nummer der elektronischen Post von AT&T und die Nummer der Voice-Mailbox.

Erleichtern auch Sie es Ihren Kunden, Geschäfte mit Ihnen zu machen. Nutzen Sie alle verfügbaren technischen Hilfsmittel wie Voice-Mailbox-System und Fax-on-Demand. Reagieren Sie schnell, ermöglichen Sie Ihren Kunden den Zugriff auf Produktinformationen rund um die Uhr.

Verlieren Sie keine Zeit, wenn es gilt, Probleme zu lösen

Heute ist es in jedem Stadium einer Geschäftsbeziehung wichtig, schnell auf die Wünsche und Bedürfnisse des Kunden zu reagieren. Besonders wichtig ist Schnelligkeit aber dann, wenn es gilt, Probleme zu lösen. Wenn Sie die vorangegangenen Kapitel dieses Buches noch einmal nach Möglichkeiten durchforsten, Ihre Ex-Kunden in Ihre besten Kunden zu verwandeln, dann denken Sie daran, wie wichtig das richtige Timing ist. Eine an sich gute Problemlösung wird vom Kunden nicht mehr gebührend gewürdigt, wenn sie mit erheblicher Verspätung präsentiert wurde und er schon gar nicht mehr mit Ihrer Hilfe gerechnet hat.

Kathy Shrovnal verkauft Reinigungsmittel und »Geruchsstopper« für das in Phoenix ansässige Unternehmen Neutron Industries. Sie zeigte mir den Brief eines Kunden, der sich darin für ihr schnelles Handeln bedankte. Der Kunde hatte statt der bestellten Geruchsstopper mit Apfelsinenduft irrtümlich solche mit Apfelduft erhalten. Kathy hatte natürlich sofort dafür gesorgt, daß er die richtige Lieferung nachgeschickt bekam. Durch einen zweiten Irrtum wurde ihm der Rechnungsbetrag jedoch gleich zweimal abgebucht. Besorgt faxte der Kunde die Abrechnung an Kathy, was diese dazu veranlaßte, auf der Stelle zum zuständigen Buchhalter zu gehen, damit der Betrag noch am gleichen Tag zurückgebucht werden konnte. Aus Dankbarkeit schrieb der aus Kalifornien stammende Kunde dann einen Brief. Aber er erwähnte darin weder die großartigen Produkte der Firma, noch den angenehmen Duft, den sie ausströmen. Er schrieb noch nicht einmal, wie glücklich er darüber war, daß er sein Geld wiederbekommen hatte. Er dankte Kathy schlicht dafür, daß sie so schnell gehandelt hatte, denn das hatte ihn bei dieser Aktion am allermeisten beeindruckt. Ein Kunde erwartet einfach, daß schnell gehandelt wird, und er erwartet es vor allem dann, wenn er verärgert ist.

Der Zeitfaktor spielt immer eine große Rolle – bei der Reklamationsabwicklung für einen langjährigen Kunden ebenso wie bei den Bemühungen um einen guten Ersteindruck auf neue Kunden. Es gibt heutzutage eine große Auswahl an technischen Geräten, mit denen Sie Zeit sparen können. Der erste und wichtigste Schritt besteht jedoch darin, zu erkennen, wie wichtig rasches Handeln ist.

Was Sie SOFORT tun können

- Testen Sie sich selbst, indem Sie Interessent für die eigenen Produkte werden, und achten Sie darauf, wie lange sie nach einer Anfrage auf Antwort warten müssen.
- Wenden Sie die Methode mit dem fiktiven Abteilungscode an, um zu prüfen, wieviel Zeit zwischen Anfrage und Antwort vergeht. Wiederholen Sie die Aktion. Verbünden Sie sich mit Kollegen in anderen Teilen des Landes, und tauschen Sie sich regelmäßig über die gegenseitigen Nachfaßbemühungen aus.
- Finden Sie heraus, welche Mitarbeiter und Mitarbeiterinnen den größten Einfluß auf den Ersteindruck des Kunden oder Interessenten haben. Honorieren Sie die Leistungen Ihrer Mitarbeiter und Mitarbeiterinnen in der Telefonzentrale und im Empfang.
- Fassen Sie nach, sobald Sie Bestellformulare verschickt haben. So haben Sie die Möglichkeit, Fragen zu klären, Spontankäufe zu stimulieren und erhalten Hinweise darauf, welche Art von Verkaufswerbung für welchen Interessenten geeignet ist.
- Richten Sie eine Fax-on-Demand-Station ein, damit interessierte Kunden sich jederzeit alle gewünschten Informationen verschaffen können.
- Benutzen Sie eine Voice-Mailbox, damit auch außerhalb der Arbeitszeit »jemand« für Ihre potentiellen und schon kaufenden Kunden erreichbar ist.
- Achten Sie vor allem genau darauf, wie schnell Ihr Unternehmen in Situationen arbeitet, in denen es ein Kundenproblem zu lösen gilt, und beseitigen Sie alle Hindernisse, die eine Problemlösung verzögern könnten.

9. Bringen Sie Leben in Ihre Kundenbeziehungen!

Wir nähern uns nun dem Ende von *Verkaufe alles – nur nicht Deine Kunden* und haben über das »Verkaufen« noch gar nicht richtig gesprochen. Auch dieses letzte kurze Kapitel kommt ohne den Begriff »Verkaufen« in der Überschrift aus. Aber Sie wissen ja mittlerweile, daß in diesem Buch alles auf den Kopf gestellt wurde. Und an die Gewinnung neuer Kunden sollten Sie zuletzt denken. Natürlich ist es auch wichtig, Neugeschäfte zu tätigen und zu diesem Zweck neue Kunden auf Ihr Förderband zu bringen – aber erst dann, wenn Sie die wichtigeren Aufgaben schon gelöst haben.

Verkaufstechniken standen bisher im Mittelpunkt des Interesses eines jeden Anbieters oder Verkäufers. Die Frage hieß immer: Wie bringe ich die Kunden zum »Abschluß«? Und die Antwort waren mehr oder minder sanfte Techniken, um den potentiellen Kunden auszutricksen oder unter Druck zu setzen. Im Gegensatz dazu sind Sie, spätestens nach der Lektüre dieses Buches, daran interessiert, Beziehungen zu beginnen. Ein Verkaufsprofi, der seine Marketingstrategien auf den Kopf stellt, ist an einem Abschluß gar nicht interessiert, der ihm keine langfristige Beziehung verspricht. Er weiß, daß die Akquisitionskosten den Gewinn aus dem ersten Auftrag bei weitem übertreffen, und sieht deshalb gar keine Veranlassung dazu, Kunden mühevoll auf sein Band zu holen, die ohnehin nicht daraufbleiben wollen.

Was bedeutet »Verkaufen«?

Bevor Sie in Ihrem Lexikon nachsehen, denken Sie daran, daß Lexika den allgemeinen Sprachgebrauch reflektieren, aber nicht normieren. Das Lexikon informiert Sie darüber, wie ein durch-

schnittlicher Sprachverwender (kein Akademiker) ein Wort definiert.
Unter dem Begriff »verkaufen« finden Sie viele unangenehme Definitionen. *Webster's Ninth New Collegiate Dictionary* hat beispielsweise folgendes zu bieten:

- in Verletzung einer Pflicht, des Vertrauens oder der Loyalität weitergeben oder aufgeben: Verraten
- für Geld in die Sklaverei verkaufen
- über etwas verfügen, um einen Gewinn zu erzielen, ohne Rücksicht auf Gewissen, Gerechtigkeit oder Pflichten
- aufzwingen: betrügen.

Nun ja. Möchten Sie, daß Ihre Tätigkeit so definiert wird? Leider haben viele Verkäufer ihre Kunden davon überzeugt, daß das Verkaufen eine Form der Manipulation ist – zum Vorteil des Verkäufers. Diese Kunden sagen etwa: »Die Verkäufer schwatzen so lange auf einen ein, daß man ganz mürbe wird, weil man ohnehin nicht zu Wort kommt. Sie würden alles tun, um einen zur Vertragsunterzeichnung zu bringen, nur damit sie ihre Provisionen kassieren.« Derartige Aussagen beruhen auf der Realität: Die Kunden hatten es mit Verkäufern zu tun, die sich genauso verhielten.
Kein Wunder, daß viele Vertriebsorganisationen ihre Verkäufer anders nennen, um abwertende Assoziationen auszuschließen: »Kundenbetreuer«, »Kundenberater«, »Anwendungsspezialist«, »Gebietsleiter« und so weiter.

»Abschlüsse« tätigen oder Beziehungen »eröffnen«

Schon wieder sind wir beim Thema Sprache. Die Begriffe, mit denen bestimmte Vorgänge beschrieben werden, beeinflussen unsere Ansichten und die Art und Weise, wie wir uns verhalten. (Wenn Sie erfahren möchten, wie Sie Ihr Leben verändern können, indem Sie Ihre Sprache verändern, dann lesen Sie mein Buch *Sag, was du meinst, und du bekommst, was du willst.*) Und wie reden die Verkäufer selbst über ihre Tätigkeit?

»Heute habe ich wieder einen erwischt! Der Grünschnabel hat unterschrieben, ohne eine einzige Frage zu stellen, und dabei habe ich es nur auf die sanfte Masche versucht. Damit kriege ich jeden rum!«

Ich entschuldige mich bei allen Verkaufsprofis, die sich durch diese Zeilen gekränkt fühlen. Sicherlich entsprechen nicht alle Verkäufer dieser Beschreibung. Aber viele tun es, und deshalb ist ihr Bild in der Öffentlichkeit weitgehend negativ gefärbt. Ich habe sogar mit Verkaufsleitern für große, angesehene Unternehmen zusammengearbeitet, die sich nichts dabei dachten, Begriffe wie »Abschußquote« zu verwenden.

Schaffen Sie also alle kontraproduktiven Bezeichnungen ab, so wie ich es schon in Kapitel 2 am Beispiel der »Schnorrer« empfohlen habe. »Schließen« Sie keine Geschäfte »ab«, wenn Sie die Kundenbeziehung nicht beenden wollen. Sie möchten Beziehungen lebendig machen – also »eröffnen«. Warum ersetzen Sie Ihre »Abschlußtechniken« nicht einfach durch »Eröffnungstechniken«?

Beziehungen lebendig machen

In der Vielzahl von Verkaufsseminaren, Büchern und Videos zum Thema setzte sich im vergangenen Jahrzehnt eine besonders vielversprechende Idee durch: der Trend zum »beratenden Verkaufen«. Statt den Kunden nur etwas zu verkaufen, bietet der Verkäufer ihnen auch eine umfassende Produkt- und Anwendungsberatung an. Er ist also auch Problemlöser. Dies ist eine gute Ausgangsposition dafür, langfristige Partnerschaften zu entwickeln.

Um zu illustrieren, daß Verkaufserfolge von der Anzahl und der Qualität der Kundenbeziehungen abhängig sind – und nicht von der Anzahl der Abschlüsse –, will ich Ihnen ein Dreipunktekonzept für das beratende Verkaufen vorstellen. Damit können Sie in der Phase der Verkaufsvorbereitung ein solides Fundament für den Aufbau lebendiger Beziehungen legen.

① Punkt eins unseres Konzepts heißt ganz einfach »Fragen«. Die Befragung ist der wichtigste Schritt in der Entwicklung jeder Kaufbeziehung. Wenn ich von Firmen beauftragt werde, Verkaufstrainings für ihre Mitarbeiter und Mitarbeiterinnen zu entwickeln, bitten mich die Manager häufig: »Können Sie uns einige schriftliche Unterlagen geben? Dann wissen unsere neuen Mitarbeiter gleich, was sie sagen sollen.« Diese Bitte lehne ich regelmäßig ab. Wer Kaufbeziehungen von Anfang an richtig gestalten will, konzentriert sich nicht auf das Sagen, sondern auf das *Fragen*!

Am Anfang eines jeden Verkaufsgesprächs sollten Sie Fragen stellen, mit denen Sie drei Dinge erreichen:

1. Sie zeigen dem potentiellen Kunden, daß Sie sich auf seine individuellen Bedürfnisse konzentrieren, nicht auf die eigenen Absatzziele.
2. Sie finden so schnell wie möglich heraus, welchen Kommunikationsstil der Interessent bevorzugt, damit Sie sich anpassen können.
3. Sie kristallisieren die unmittelbaren Ansprüche Ihres Interessenten heraus.

Beachten Sie dabei, daß es drei Arten von Fragen gibt: Offene Fragen, Mehrfachfragen und Ja/Nein-Fragen. Letztere sollten Sie nach Möglichkeit vermeiden. Eine Frage, die mit Ja oder Nein beantwortet werden könnte, müssen Sie anders formulieren. Einsilbige Antworten sind wenig informativ und tragen außerdem nichts dazu bei, den Interessenten am Dialog zu beteiligen.

Nehmen wir an, Sie verkaufen Wohnmobile. Es wäre sehr ungeschickt, wenn Sie Ihr Verkaufsgespräch mit Fragen wie den folgenden einleiten: »Haben Sie vor, viele lange Reisen zu machen?« oder »Werden Sie öfters in Gesellschaft verreisen?« Verwenden Sie Ja/Nein-Fragen nur unter ganz besonderen Voraussetzungen, wenn Sie beispielsweise das Gefühl haben, daß Ihr Interessent Sie hinhält. Sie haben ihm schon viele Unterlagen zugeschickt, ihn besucht, angerufen und anderes mehr. Ihr Gefühl sagt Ihnen, daß der Interessent keine Kaufabsicht hat. Irgendwann ist es dann an der Zeit zu fragen: »Mr. Cowan, haben Sie wirklich vor, ein Wohnmobil zu kaufen oder nicht?«

Viel wirkungsvoller als die Ja/Nein-Fragen sind die Mehrfachfragen: »Haben Sie vor, viele kurze Wochenendausflüge zu machen, oder planen Sie wenige, aber dafür längere Reisen, oder vielleicht auch beides?« Derartige Fragen erleichtern es dem Interessenten, genauer zu definieren, welche Anforderungen er stellt. Trotzdem sind auch sie für die Einleitung nicht geeignet, weil die Antworten eher kurz ausfallen und wenig Informationen über den Kommunikationsstil des Interessenten preisgeben. Außerdem wissen Sie noch gar nicht, welche Alternativen Sie in derartigen Mehrfachfragen nennen sollen, weil Sie die Bedürfnisse Ihres Interessenten noch nicht kennen.

Deshalb ist es am besten, mit offenen oder frei beantwortbaren Fragen zu beginnen: »Erzählen Sie mir etwas darüber, was Sie mit Ihrem Wohnmobil vorhaben. Wie werden Sie es nutzen? Welche Art von Reisen wollen Sie unternehmen?«

Wenn Sie gut zuhören, gewinnen Sie wertvolle Einsichten in die wichtigsten Interessen ihres potentiellen Kunden, und außerdem erfahren Sie etwas über den Kommunikationsstil, mit dem Sie Anklang finden. (Eingehende Empfehlungen dazu, wie Sie etwas über die »Wellenlänge« Ihres Gegenübers erfahren, finden Sie in *Phone Power*.) Sie zeigen gleichzeitig, daß Sie sich primär auf die Bedürfnisse des Interessenten und nicht auf Ihre Produkte oder Dienstleistungen konzentrieren.

Nachdem Sie eine Reihe von frei beantwortbaren Fragen gestellt haben, können Sie dazu übergehen, die Bedürfnisse des Interessenten näher einzugrenzen. Stellen Sie dazu Auswahlfragen: »Werden Sie und Ihre Frau alleine reisen, oder nehmen Sie manchmal Gäste oder Enkel mit?« – »Wollen Sie regelmäßig Motels oder private Campingplätze anfahren, oder kann es auch vorkommen, daß Sie tagelang keine Dusche in der Nähe haben?« – »Nehmen Sie ein Boot mit in den Urlaub?«

Wenn Sie nach derartigen gezielten Fragen den Eindruck gewinnen, daß Sie in der Lage sind, mit Ihren Produkten die Bedürfnisse des Interessenten zu erfüllen, können Sie die nächsten

Schritte unternehmen. Und wenn das nicht der Fall ist? Empfehlen Sie den Interessenten an einen anderen Anbieter weiter, der ihm besser helfen kann. Versäumen Sie es bei dieser Gelegenheit nicht, selbst um einige Empfehlungen zu bitten.

② Wenn Sie feststellen, daß Sie das richtige Angebot für Ihren potentiellen Kunden haben, dann gehen Sie zu Punkt zwei über: Übereinstimmung suchen. Zeigen Sie ihm, daß Ihr Angebot sich mit seinen Anforderungen deckt:

»Nach dem, was Sie mir gesagt haben, Mr. Cowan, suchen Sie also eine Art Wohnmobil fürs Alter. Sie wollen viele lange Reisen machen, also legen Sie Wert auf hervorragende Fahreigenschaften und viel Platz. Ihre erwachsenen Kinder werden Sie in den Sommerferien ab und zu begleiten, so daß sie für mindestens zwei weitere Personen bequeme Schlafgelegenheiten benötigen. Alle paar Tage wollen Sie in Motels übernachten und wahrscheinlich auch private Campingplätze ansteuern, so daß Ihr Wunsch-Wohnmobil nicht unbedingt ein komplettes Bad enthalten muß. Ich bin überzeugt, daß ich etwas Passendes für Sie habe.«

③ Nun kommt Punkt drei Ihrer beratenden Verkaufsphilosophie: Sie machen Ihrem Kunden konkrete Vorschläge. Dieses ist der letzte Schritt, der vor der Kaufentscheidung steht.

»Ich rate Ihnen, sich auf Wohnmobile mit einer Länge zwischen neun und elf Metern zu konzentrieren. Wir haben zwei Modelle da, die ich Ihnen gerne zeigen möchte. Fangen wir mit dem längeren Wohnmobil an, weil es Ihnen alles bietet, was Sie brauchen.«

Ob Sie Aktien oder Lkws, Reinigungsmittel oder Kameras unter die Leute bringen, ob Sie Schlosserdienste oder Mitgliedschaften in Fitneß-Clubs anbieten oder eben Wohnmobile verkaufen, die beschriebene Dreipunktemethode läßt sich immer anwenden:

Fragen: Leiten Sie das Gespräch mit einer oder zwei frei beantwortbaren Fragen ein, damit der Interessent sich öffnet und Sie soviel wie möglich über seine Bedürfnisse, seine wichtigsten Anliegen und seinen Kommunikationsstil erfahren.
Übereinstimmung suchen: Prüfen Sie, ob Sie die Bedürfnisse des Interessenten befriedigen können. Wenn nicht, sollten Sie ihn an einen anderen Anbieter verweisen und sich einem anderen Interessenten zuwenden, mit dem eine langfristige Beziehung eher denkbar ist.
Beraten: Wählen Sie die Lösung aus, die Ihrer Meinung nach die Anforderungen des Interessenten am umfassendsten erfüllt. Machen Sie ihm deutlich, daß Sie sich an seinen individuellen Bedürfnissen und nicht an Ihren Absatzzielen orientieren.
Der erste Kauf ist nur der Beginn, nicht das Ende der Beziehung. Versuchen Sie immer, gleich am Anfang den richtigen Ton zu setzen. Mit dem Dreipunktekonzept wird Ihnen das gelingen. Zögern Sie nicht, Ihre Verkaufsabsichten zu begraben, wenn Sie nicht der richtige Anbieter sind. Denken Sie an die Risiken, die Sie eingehen, wenn Sie einem solchen Kunden doch etwas verkaufen: negative Mundpropaganda, ein angekratztes Image und nicht zuletzt die emotionale Belastung, mit einem von Grund auf unzufriedenen Kunden umzugehen.

Was Sie SOFORT tun können

- Überprüfen Sie die Sprache, die Sie im Verkaufstraining und auch in informellen Unterhaltungen benutzen. Vermeiden Sie konsequent alle Begriffe, die abwertend sind.
- Ersetzen Sie die »Abschlußtechniken« durch die »Eröffnungstechniken«. Ihre Verkaufsprofis sollen sich darauf konzentrieren, Beziehungen zu beginnen, nicht darauf, Geschäfte abzuschließen.
- Lesen Sie das Buch *Sag, was du meinst, und du bekommst, was du willst*. Dort finden Sie viele weitere Vorschläge, wie Sie sich eine Sprache der Unterstützung und Überzeugungskraft aneignen.

- Seien Sie auf der Hut vor »Ja/Nein«-Fragen, und schalten Sie diese aus Ihren Verkaufsgesprächen aus, am besten auch aus anderen Alltagsunterhaltungen.
- Starten Sie ein informelles Anreizprogramm, um es Ihrem Team zu erleichtern, auf die gewohnten »Ja/Nein«-Fragen zu verzichten. Vielleicht können Sie diejenigen Mitarbeiter belohnen, die ihre Kollegen bei solchen Fragen »ertappen«.
- Sammeln Sie in einem Brainstorming mit Ihren Verkaufsprofis sinnvolle frei beantwortbare Fragen und Auswahlfragen.
- Leiten Sie Ihre Verkäufer dazu an, in ihren verkaufsvorbereitenden Gesprächen das Dreipunktekonzept anzuwenden.

Schlußbemerkung:
Die Dichotomie Berufsleben – Privatleben

Was unterscheidet die Beziehungen Ihrer Firma zu den Kunden von Ihren privaten Beziehungen zu Freunden, Angestellten oder Kollegen, zum Partner oder zur Partnerin oder irgendeiner anderen Person, die *außerhalb* Ihres Berufslebens steht? Nicht viel.
Wir lernen einen Partner oder eine Partnerin häufig erst nach längerer Suche kennen; in der Werbungsphase überschlagen wir uns geradezu mit Versuchen, von unserem Wert zu überzeugen, und wenn alles klappt, landet der oder die Umworbene schließlich glücklich auf dem Förderband. Dann, ganz allmählich, gewöhnen wir uns an die Gegenwart unseres Partners oder der Partnerin, wir widmen ihm oder ihr immer weniger Aufmerksamkeit, interessieren uns immer weniger für seine oder ihre Meinung, und irgendwann – allzu häufig – bemerken wir es kaum noch, daß die Beziehung sich verschlechtert und kaputtgeht. Aber das macht ja nichts, es gibt ja genügend andere Kandidaten oder Kandidatinnen. Wir machen uns erneut auf die Suche und versuchen, wieder jemanden auf unser Band zu bekommen, ohne einmal danach zu fragen, welche Fehler wir in der letzten Beziehung gemacht haben. (Auch meine erste Ehe wurde geschieden, und ich fand schnell eine neue Partnerin. Heute weiß ich nicht einmal, wo meine erste Frau lebt und was aus ihr geworden ist.)
Oder wir lernen neue Freunde kennen, laden sie ein, stellen fest, daß wir viele Gemeinsamkeiten haben und beginnen eine schöne Freundschaft. Es dauert nicht lange, bis wir in eine Phase geraten, in der wir beruflich sehr eingespannt sind, wir hören auf, miteinander zu telefonieren und uns gegenseitig einzuladen, und bald heißt es: »Wie geht es eigentlich den Lackeys? Ich fand sie sehr nett, aber im vergangenen Jahr haben wir uns aus den Augen verloren.«
Wir stellen neue Mitarbeiter und Mitarbeiterinnen ein, bilden sie aus, investieren in ihre Weiterbildung, widmen ihnen viel Aufmerk-

samkeit und geraten dann doch wieder ins Fahrwasser der wohlwollenden Vernachlässigung. Statt die Zusammenarbeit kontinuierlich zu verbessern und nach neuen Ideen zu fragen, unterwerfen wir uns dem Diktat des Zeitdrucks, verzetteln uns in dringenden Projekten, denken nicht mehr daran, wie wichtig Lob und Anerkennung sind, und irgendwann staut sich deshalb Groll auf. Schließlich kündigen sie, oder wir kündigen ihnen, ein letztes, flüchtiges Gespräch wird geführt, und dann sind wir schon auf neuer Mitarbeitersuche. (Auch ich habe diesen Fehler einige Male begangen.)

Wir kaufen Managementliteratur, entschließen uns, unsere Kundenbeziehungen zu verbessern, sie zu pflegen und so rentabel wie möglich zu machen. Währenddessen leiden aber vielleicht unsere persönlichen Beziehungen. Ist es nicht absurd zu glauben, wir könnten einen besseren Umgang mit den Kunden erlernen, wenn wir gleichzeitig unsere privaten Beziehungen vernachlässigen?

Deshalb möchte ich nicht, daß *Verkaufe alles – nur nicht Deine Kunden* nur ein Buch fürs Berufsleben ist. Natürlich hoffe ich, daß Sie und Ihr Unternehmen von den einfachen Prinzipien, die ich beschrieben habe, profitieren. Mein aufrichtiger Wunsch ist es aber auch, daß Sie sie in Ihren persönlichen Beziehungen ebenso anwenden.

Die offensichtliche Dichotomie zwischen Berufsleben und Privatleben bereitet mir große Sorgen. Ich strebe einen *ausgewogenen* Erfolg im Leben an und hoffe, daß Sie das auch tun. Deshalb fordere ich Sie auf: Fangen Sie an, die Prinzipien dieses Buches zu Hause und am Arbeitsplatz anzuwenden. Behandeln Sie geliebte Menschen, als wären sie auf Ihrem Förderband. Wenn die Beziehungen mit Ihren Kindern oder Ihren Eltern nicht so stark sind, wie Sie sich das wünschen, dann investieren sie Zeit, um sie wieder zu kitten. Wenn sie bemerken, daß sie kurz davor stehen, vom Band herunterzuspringen, dann tun Sie alles, was in Ihrer Macht steht, um sie davon abzuhalten. Je früher Sie die Gefahr erkennen, desto größer sind Ihre Chancen, eine wirkliche Erneuerung zu bewirken.

Konzentrieren Sie sich auf die persönlichen Beziehungen, die Sie schon haben. Bekommen Ihr Partner oder Ihre Partnerin, Ihre

Freunde und Verwandten die Bestärkung, die sie verdienen? Können Sie die Beziehung vertiefen, indem Sie neue Gemeinsamkeiten suchen? Erübrigen Sie genügend Zeit, um die Beziehungen zu intensivieren, die Ihnen heute wichtig sind? Wie wäre es, wenn Sie einem geliebten Menschen einen Blumenstrauß oder eine Karte schicken – jetzt sofort. Betrachten Sie es als eine Übung, wie Sie Ihren Kunden Ihre Anerkennung ausdrücken können.

Kümmern Sie sich auch wieder um Menschen, mit denen Sie einmal wichtige Beziehungen *hatten*, genauso wie Sie den Kontakt zu einem Kunden erneuern können, der lange Zeit nichts mehr bestellt hat. Während ich dieses Buch für Sie schrieb, beschloß ich, weit in meine Vergangenheit zurückzugehen und mich bei einer Lehrerin, die mich in der achten Klasse unterrichtete, für ihre großartige Arbeit zu bedanken. Am 22. Februar 1963 hatte sie eine nette Bemerkung über meine Hausaufgaben geschrieben. Die kurze Notiz bedeutete mir so viel, daß ich sie drei Jahrzehnte lang in meinem Notizbuch herumtrug. Sie wies darin auf meine persönlichen Eigenschaften hin, ermutigte mich sehr und gab mir Unterstützung. Ich weiß, daß ihre freundlichen Worte und ihr guter Unterricht mir geholfen haben, den Weg zu gehen, den ich gegangen bin. Sie hat es verdient, das zu erfahren. Als ich Madalen Rentz nach 30 Jahren anrief, machte ich einer bezaubernden 84jährigen Frau eine Freude, die immer noch voller Eifer und Begeisterung ist. Ich bin dankbar, daß sie sich wieder auf meinem Förderband befindet.

Welche Menschen haben zu Ihrem Erfolg beigetragen? Welcher Ihrer Lehrer hat besonders gute Arbeit geleistet oder Ihnen ein schwieriges Fach nahegebracht? Welche Mentoren haben sich die Zeit genommen, Sie eingehend zu beraten? Wer hat geholfen, Ihre Selbstachtung aufzubauen; wer hat Sie auf besondere Fähigkeiten hingewiesen und dafür gelobt?

Rufen Sie die Menschen einfach an, die Ihnen geholfen haben, das zu werden, was Sie heute sind. Schicken Sie Ihnen Dankesbriefe. Erneuern Sie Beziehungen, die eingeschlafen sind. Gehen Sie mit Ihren persönlichen Beziehungen so sorgfältig um wie mit denen in Ihrem Berufsleben.

Behandeln Sie Ihre Kunden wie Menschen, die Ihnen im Privatleben wichtig sind, und behandeln Sie umgekehrt geliebte Menschen wie Kunden.

Ich danke Ihnen, daß Sie mein Buch gelesen haben und meine Gedanken umsetzen werden.

Register

AAA (Amerikanischer Automobilclub) 8, 87–90, 186
Absatz- und Gewinnpotential 10
Abschlußquote 254
Abschlußtechniken 254, 258
Abteilungscode 240, 251
AEI Music Network Inc. 130–135
After Market Group 14, 182, 184 f.
Airborne Express 9, 122, 141, 203–206, 211, 220
Akquisition 199, 231
–, eigentliche 9, 12
Akquisitionskosten 10, 252
Akquisitionsmethoden 228
Al-dente-Verfahren 224
Alexis Motorcars 214
ALS 205
American Express 15, 91
American Healthcare Association 232
American Network 246
Ameritech Publishing 8, 40–43
Analyse der Kundenbedürfnisse 203, 215, 220 f.
Anreizprogramm, informelles 259
Anrufkampagne 245
Apple Computer 9, 216–219, 236 f.
AT&T 246, 249
ATTUNE 208 ff., 221
Auftragsvolumen, Erhöhung des 192
Auswahlfragen 256
Außendienstrepräsentanten 182, 185
Außendienstautomatisation 177

Auto Locator 32
Avon Cosmetics 137

Baker & Taylor 50
Bank of Montreal 181
Belohnungssystem, internes 199
Berichterstattungssystem 135
Beschwerdebriefe 23
Beschwerden 25, 28, 54, 123
–, Bearbeitung von 30 ff., 74 f.
–, Behandlung von 59
–, Reaktion auf 29
Beschwerden-Kampagne, anonyme 74
Bestellvolumen 194, 200
Beziehungen, persönliche 261 f.
–, private 150
Beziehungsmarketing 152
BMW 32
Boeing 210
Book People 50
Brainstorming 220, 259
Briefwerbung 155
Brock Control System 176–181

CareerTrack Seminars 9, 154 ff., 189
CD-Rom 51
Celestial Seasonings 188 f., 191 f.
Central Print-Service 205
Clinipad Corporation 162–167
Commerce Park 207
Compaq 219
Costco 119 f.
Cross Selling 195, 200
Customer Care Activity Manager 177

265

Danke-schön-Anruf 93
Dankesbriefe 262
Database Marketing Activity Manager 177
Dataquest 210
Desktop publishing 153
Dichotomie 261
Digital Equipment 210
Direktmarketing 69
Direktversandwerbung 154
Direktvertrieb 186
Diskussionsgruppen 187, 202, 207
Dreipunktekonzept 9, 49, 51, 200, 254, 257 f.
DRIpride 232

Earthwise 189
Effektivität 224, 238
–, Gradmesser der 232
Effizienz 224, 238
Eindruck, erster 167
Einfühlungsvermögen 63
Einigungsvorschlag 67
Embassy Suites, Vierphasenformel von 59
Embassy-Suites-Kette 8, 52–57, 59
Empathie 63
Empfehlungen 195–199, 237, 257
Engagement, persönliches 51
Entschuldigungsschreiben 68, 72
Erfahrungen, negative 111
Eröffnungstechniken 254, 258
Erstkunden 143
Ex-Kunden 7 f., 14 f., 20 ff., 30, 32, 50, 118, 126, 142, 223, 250
Extrabonbons 76

F&FTire Service 40–43
Fax-on-Demand 248 f., 251
Faxback 153, 169
Federal Express 46, 122, 137
Feedback 23, 57, 122 f., 153, 187, 209, 211
Feedback-System 74, 200

Feindbild 63 f.
Fielmann-Optik 175 f.
Follow-me-Home-Programm 207
Ford Motor Company 79 ff., 212
Ford Motor Credit 81 f.
Förderband-Marketing 14
Fortune100 34
Fusionen 145, 147, 150

Gemeinkosten 193, 206
Geschäftsablauf, Bindungsfaktoren im 192 f.
Geschäftsbeziehungen 150, 168
–, Beginn von 243
–, langfristige 141
Gewinnkomponente 81
Glaubwürdigkeit 21
Graphic Controls 115–118, 186
Group W Cable 95 ff.
Gruppendiskussion 158, 169
GTE 157 ff.

Haltung, offene innere 61
Heiligenschein-Effekt 172 f.
Hewlett Packard 210, 248
Hilton 45
Holzhammermethode 79, 81, 86
Hopkins-Seminare 44–48
Hypothekenzwangsvollstreckung 97

IBM 9, 13 ff., 141, 182–185, 205, 210, 219
Image-Studien 157, 169
Informationsbrief, Kommunikation per 153 f.
Informationsflut 248
Informationsschreiben 169
Ingram 49 ff.
Inkassobüros 106, 117
Inkassokosten 99
Innovationen 204, 206
Interessenten, Jagd nach 227, 233
Intuit Inc. 207
ISO 9000 204

Ja/Nein-Fragen 139, 255 f., 259
Jack in the Box 130
Jaguar 32
Johnson & Johnson Hospital Service 52

Kapitalwert 75, 81 ff., 106
Kaufentscheidung 247
Kentucky Fried Chicken 162
Kommunikation, fehlende 114
– Mangel an 142
–, persönlich direkte 152
–, zweigleisige 154, 169
Kommunikationsprozeß 60
Kommunikationsstil 256, 258
Kommunikationsübungen 63
Konfrontation 98
Konkurrenz 21, 28, 122 f., 127, 139, 197, 226
Kontakt, persönlicher 151, 159
Kontaktpflege 171, 173 f.
Konten, umsatzlose 115, 117 f.
Kontenauflösung 125 f., 148
–, erzwungene 130, 139
Kontoüberziehungen 127
Körpersprache 60
Kraft 189
Kreativprojekte 189
Kunden, Bedürfnisse der 201 ff.
–, Kommunikation mit 161
–, lobende 56 f.
–, säumige 77, 86, 91 ff., 98, 100, 103, 105
–, Toleranzgrenze der 186
–, Toleranzskala der 109
–, zahlungsunfähige 85
Kunden-Dialog 63
Kundenabwanderung 134
Kundenakquisition 110
Kundenbetreuung 17
Kundenbeziehungen 167 f.
–, Aktivposten der 136
–, Neudefinition von 9
–, neue 142 f.
–, optimale 12

–, Phasen der 241
–, schwache 202
–, Stille in 110, 138
Kundenbindung, Schwächung der 129
Kundenfeedback 25, 114, 220 f.
Kundenfluktuation 10
Kundenfluktuationsrate 75
Kundengewinnung, effektive 244
Kundenkontakt, enger 176
Kundenkontaktprogramm, effektives 175
Kundenkreditkonto 83
Kundenmeinung, Erforschung der 209 f.
Kundenorientierung 78
Kundenpflege 177
Kundenprofile, aussagekräftige 148
Kundenrettungs-Manager 131
Kundenseminare 169
Kundentreue 28
Kundenverhalten, Veränderungen im 137
Kundenverlustrate 17
Kundenvorschläge 158
Kundenzufriedenheit 181
–, optimale 211 f.

Lebenszeitwert 84, 105
Lexus 9, 32, 211–215
Lifeco Express 205
Limited, The 130
Lincoln Services 181
Loyalität 35, 93, 101, 108, 110, 136, 150, 201

Macmillan 151
Mahnbriefe 84
Manipulation, Form der 253
Markentreue 81
Market Development Executive 217
Marketing, Schlüsselaufgaben im 7

267

Marketinginstrument, geheimes 208
Marketingkonzept 211
Marketingprioritäten, neue 19
Marketingstrategie 203 f.
Marktbedingungen, veränderte 211
Marktforschung 33 ff., 148 f., 152, 157, 159, 177, 187, 239
Marriot Hotels 130
Massenabwanderung, potentielle 151
–, kostenintensive 150
MBCC 160, 169, 187
MBWA 160
MCI 245–248
MedSurg Industries 36–39
Mehrfachfragen 256
Mercedes 32
Messeauftritte, Bewerten der 238
–, Kosten der 227
Messekonzept 232
Michelin Tire Company 42
Misco 136
Mittelsmänner 161 f., 170
Mundpropaganda 83
–, negative 21, 26, 31, 77, 123 f., 258
–, positive 66

Nachfaßaktionen 238, 241, 251
Nachfaßbriefe 235
National Speakers Association 111
Nebelschleier-Taktik 130, 133, 135
Negativwerbung 28
Neukunden 7, 10, 98
–, potentielle 14 f.
Neukundenakquisition 7, 9, 16, 20, 30, 67, 74, 178, 223, 225
Neutron Industries 250
New Pig Corporation 13 f.
Newsletter 153, 169, 171
Nörgler 11, 23, 33
Novell-Netzwerk 236 f.
Nullumsätze 11

Opportunitätskosten 119, 235
Opryland Hotel 216

P-Day-Kampagne 13 f.
Pacific Pipeline 50
Performark 177
–Studie 199, 239
Philip Morris 189
Pioneer Savings 145
Porsche 32
Post-Sales-Service 8, 17 f.
PPA 216–219
Preis-Leistungs-Verhältnis 167
Preisgestaltung 14
–, Transparenz in der 149
Preisnachlaß 31, 40 f.
Proactive Team 16
Problemkunden 11, 43
Produktentwicklung 122, 207
Produktinformationen, Zugriff auf 249
Produktpräsentation 217
Produktverbesserung 119 f.
Professional Services Organization 181
Publicity, negative 26
Pufferzone, Einrichtung einer 170

Quill Office Supplies 136

RasterOps 219
Re-pork Card 13
Reaktivierungskampagne 115
Reklamationen 30 ff., 68, 74
–, Kosten der 69, 76
Reklamationsabwicklung 250
Results in Sales and Marketing Ltd. 44, 47 f.
Rock Island Arsenal 154 ff.
Rollenspiele 59 f.
Rückmeldungen 13, 23 f., 220

Schlüsselziele der Unternehmen 11 f.
Schnorrer 77, 79, 81, 94, 105, 254

Schubladendenken 78
Schuldeneintreibung 79, 103
Schuldner 77, 79, 104
Sears Mortage 45, 47 f.
Secret Shopper 148
Selbsttest 239 f.
Service 7, 121
–, schlechter 171
Servicemängel 34
Sky Courier 206
Sprint 245 ff.
Staffelpreise 193 f., 200
Stammkunden 7, 176, 234
–, stille 56
Stichprobenbefragung 154
Sun 210
Synergieeffekte 18, 149, 168

TARP 24, 26, 29 f., 113
TCI Cable TV 94–97
Telefonaktionen 168
Telefonbanking 146 ff.
Telefonbetreuung 207
Telefonmarketing 245
Telefonpolitik 106
Telefonverkauf 13, 185 f.
TeleMark Financial Group 125
Telemarketing 14, 115, 125, 177, 200
TeleSales Group 204
The Creative Alliance 189 f.
The Principal Financial Group 120
Thorndike Press 151, 186
Time-Life Libraries 122 f.
Timing, richtiges 250
Tip des Tages 174, 199
Toyota 211
Toyota-Touch-Konzept, The 213
Trainingssitzungen, interne 59
Transaktionsanalyse 59
Traumabschlüsse 185

US Bank 233
United Airlines 71 ff., 130
Unternehmensphilosophie 190
Unternehmenspolitik 76, 221
UPS 122, 137
US WEST Cellular 8, 15 ff., 99 f., 102 f., 107, 124, 143 f., 171 ff.

Verantwortung 57
Vereinbarungen, eindeutige 70
Verkaufen 252 f.
–, beratendes 254
Verkaufsargumente 246
Verkaufsförderung 45
Verkaufsgespräch 255
Verkaufshinweise, Bearbeitung der 223, 226, 229, 235
Verkaufsphilosophie 257
Verkaufsprofis 254, 258
Verkaufstrainer 44
Verkaufstraining, kreatives 106
Vernachlässigung 108
Versandkosten, reduzierte 155
Versprechen 215
–, voreilige 71
Vertrauensverhältnis 126
Vertriebspolitik 50
Verwaltungsaufwand 193 f., 206
Voice-Mailbox 75, 169, 220, 234, 249, 251
VW 27

Wallace Vacuum 183
Washington Mutual Savings Bank 141, 144–150, 186
Werbeetats 231
Werbekunden 230
Werbemaßnahmen 228
Werbematerial, Versendung von 225
Westin 34 f.
Wettbewerb 121
Wiederverkäufer, industrieller 185
Willkommensanrufe 128, 130, 143
Willkommensbrief 143
Willkommensmappe 128, 145, 168

269

Wisconsin Bell 40 ff.
Wisconsin Restaurant Association 109

Zahlungsmoral 10, 93
Zahlungsrückstand, Gründe für 83
Zahlungsversprechen 104

Zeitfaktor 239, 250
Zufriedenheitsbudget 213 f., 221
Zufriedenheitsbeihilfe 214, 221
Zuhören, aktives und effektives 61 f., 125
Zwischenhändler 162 ff., 166

Titel der amerikanischen Originalausgabe: Upside Down Marketing. Originalverlag: McGraw-Hill, New York. Deutsch von Maria Bühler. Copyright © 1994 by George Walther.

Wenn Sie Fragen, Anregungen oder Beschwerden haben, rufen Sie uns bitte an: Bettina Querfurth, ECON Verlagsgruppe, Tel. (02 11) 4 35 96; Fax (02 11) 4 35 97 68

Die Deutsche Bibliothek – CIP-Einheitsaufnahme

Walther, George: Verkaufe alles – nur nicht Deine Kunden/George Walther. – Düsseldorf; Wien; New York; Moskau: ECON Verl., 1994. Einheitssacht.: Upside down marketing ‹dt.›. ISBN 3-430-19484-9.

Copyright © 1994 der deutschen Ausgabe by ECON Executive Verlags GmbH, Düsseldorf, Wien, New York und Moskau. Alle Rechte der Verbreitung, auch durch Film, Funk und Fernsehen, fotomechanische Wiedergabe, Tonträger jeder Art, auszugsweisen Nachdruck oder Einspeicherung und Rückgewinnung in Datenverarbeitungsanlagen aller Art, sind vorbehalten.
Lektorat: Bettina Querfurth. Gesetzt aus der Times, Linotype. Satz: Lichtsatz Heinrich Fanslau. Papier: Papierfabrik Schleipen GmbH, Bad Dürkheim. Druck und Bindearbeiten: Bercker Graphischer Betrieb GmbH, Kevelaer. Printed in Germany. ISBN 3-430-19484-9.